文明

# 揭秘

上

丁宥允◎编著

中国出版集团
现代出版社

**图书在版编目(CIP)数据**

上古文明揭秘(上)／丁宥允编著. —北京：现代
出版社，2014.1

ISBN 978-7-5143-2145-6

Ⅰ. ①上… Ⅱ. ①丁… Ⅲ. ①中华文化－青年读物
②中华文化－少年读物 Ⅳ. ①K203－49

中国版本图书馆 CIP 数据核字(2014)第 008595 号

| | |
|---|---|
| 作　　者 | 丁宥允 |
| 责任编辑 | 王敬一 |
| 出版发行 | 现代出版社 |
| 通讯地址 | 北京市安定门外安华里 504 号 |
| 邮政编码 | 100011 |
| 电　　话 | 010－64267325 64245264(传真) |
| 网　　址 | www.1980xd.com |
| 电子邮箱 | xiandai@cnpitc.com.cn |
| 印　　刷 | 唐山富达印务有限公司 |
| 开　　本 | 710mm×1000mm　1/16 |
| 印　　张 | 16 |
| 版　　次 | 2014 年 4 月第 1 版　2023 年 5 月第 3 次印刷 |
| 书　　号 | ISBN 978-7-5143-2145-6 |
| 定　　价 | 76.00 元(上下册) |

# 目　录

## 第一章　世　界(上)

# 第一章　世　界（上）

## 古埃及王国的建立

在古老的尼罗河畔，一场大战在阵阵呐喊声中激烈地进行着：头戴白冠、冠上饰有一只凶猛的神鹰的美尼斯国王威风凛凛地立于阵前，亲自督战。但见刀光闪烁，战旗错杂，厮杀之声不绝于耳。要想弄清这一激战场面的来龙去脉，那还得从源远流长的尼罗河说起。

古代埃及位于非洲东北角，是古代人类文明的摇篮之一。埃及气候十分炎热，几乎终年都不下雨，纵贯全境的尼罗河却使干旱的土地得到了灌溉。尼罗河发源于非洲中部高原，全长约 6500 公里，流经森林和草原地带。

早在公元前 8000 至公元前 6000 年，古埃及人逐渐在这里定居下来。最初，他们过着原始生活，用石器和简陋的铜制工具开垦土地，清除了两岸的荆棘和荒草，兴建堤坝，进行大规模的农业生产，终于使这个气候干燥的地区变成了古代著名的粮仓。

随着农业、手工业、畜牧业的不断发展，埃及的原始公社制度逐渐解体，缓慢地进入了奴隶社会。公元前 4000 年左右，尼罗河两岸出现了 40 多个小国家。这些国家面积很小，都有自己的名称、保护神和一套国家机关，他们经常为争夺土地、水源、财富和奴隶而进行战争。经过长期的战争和兼并，狭长的尼罗河谷地被分成两部分，形成了上埃及和下埃及两个大的独立王国。上埃及王国在南部，国王戴白冠，以神鹰为保护神，以白色百合花为国徽；下埃及王国在北部，国王戴红冠，以蛇神为保护神，以蜜蜂为国徽。

上、下埃及之间经常发生战争。大约在公元前3000年前后，上埃及逐渐强盛起来，国王美尼斯率军亲征下埃及。美尼斯国王所率的兵士个个神勇无比，第一批兵士倒下，第二批便紧随而上，他们有力地挥舞着手中的大旗和武器，高声呐喊着冲向下埃及军队。下埃及军队在这强大的攻势下渐渐有所不支，经过三天三夜的艰苦奋战，下埃及军队全军覆灭。

美尼斯为了纪念这次战争的胜利，把决战之地命名为"白城"，后来这里成了新的首都——孟斐斯。美尼斯完成了统一，自称"上下埃及之王"，有时戴白冠，有时戴红冠，有时两冠合戴，象征着上下埃及的统一。

从第三王朝开始，埃及逐渐建立起一套专制统治机构，全国最高统治者是"法老"（国王，原指宫殿），国王之下设有各级官吏。国王总揽大权，王权被看做神圣不可侵犯。国王的命令就是法律，必须绝对遵从。大臣们朝见国王时，要说一番"尊敬的法老，您乃天降睿智，洞察万物，必定过于神明……"这样的颂词，并且伏在他的脚前，吻着地上的尘土。石刻或壁画总把国王画成一个巨神，或画成神鹰、神蛇的形状。

从公元前30世纪美尼斯统一埃及开始，一直到公元前11世纪，埃及共经历了前王国、古王国、中王国、新王国等几个时代。新王国后期，埃及国势日衰。利比亚人从西部沙漠入侵埃及，从爱琴海和小亚细亚一带来的"海上民族"，也掳掠埃及沿海地区并入侵三角洲地带。国内人民为劳役和租税所迫，多次爆发武装起义，使法老的专制统治难以持续。公元前11世纪初，埃及重又陷于分裂和瓦解。

新王国瓦解以后的数世纪中，埃及先后遭到利比亚人、亚述人的入侵，以后又被波斯帝国、希腊马其顿所征服，于公元前30年被并入罗马版图。

古埃及是世界文明的发源地之一。古埃及的文化对西亚和欧洲曾经产生过相当大的影响，对人类做出了不可磨灭的贡献。

## 古埃及文明是如何形成的

尼罗河是古埃及文明的源头，它发源于非洲中部，长约6500公里，每年七月到十月定期泛滥，给埃及带来了充沛的水源和肥沃的土地，也带来了生命和繁荣。大约在公元前五六千年前，古埃及人逐渐在这里定居下来。最初，他们过着原始生活，用粗陋的工具清除了两岸的荆棘和草莽，开渠筑坝，在河水灌溉的土地上种植农作物，终于使这个气候干燥的地区变成了古代著名的粮仓。

古埃及文明是人类早期先进文明的代表。在尼罗河谷地的新石器时代文化遗址中，发现了大量石刀、石簇、石斧、石镰等等。到公元前4000年，埃及进入金石并用期，出现了铜器。从这个时期坟墓中发现的刀、钻、斧、锄等工具来考察，冶炼技术已相当发达。

公元前4000年代中叶，北部三角洲地区各州以布陀州为中心，形成下埃及王国。国王戴红冠，以蛇神为保护神，以蜜蜂为国徽。下埃及王国出现后，以尼赫布特为中心，也形成了一个独立的上埃及王国。国王戴白冠，以神鹰为保护神，以白色百合花为国徽。

下埃及的文化发展较快，但在政治和军事上，它不如上埃及强大。公元前3200年，上埃及国王美尼斯征服下埃及，实现了埃及的统一，开创了埃及的第一王朝。古埃及经过几度繁荣昌盛，逐渐衰落，随着波斯帝国的征服，它逐渐退出了历史舞台。然而，古埃及给人类留下的文化遗产却是不可磨灭的。

下埃及最先出现了文字。如画成三条波形的横纹，表示水流动的样子，就逐渐演变为"水"字。有些图形文字逐渐演变成音节符号和指意符号，其后又有一音一符的字母，共二十四个。各种符号组成词组，共有六百多个词组。书写用的是纸草，其茎干剖为长条，彼此排齐连结成片，然后压平晒干成纸。这种纸草后来成为古代地中海区域一种通用的纸。古代埃及人的笔用芦管制成，墨汁用菜汁加烟渣调和而成。古埃及建筑艺术十分兴盛。古代埃及统治者兴建宏伟的建筑，目的是为了体现法老神权的无上威力。第四王朝的大金字塔在 19 世纪巴黎埃菲尔铁塔建成以前是世界最高的建筑，被誉为古代世界的奇观。完成于拉美西斯二世时的底比斯卡尔纳克神庙主殿，总面积 5000 平方米，有 134 根圆柱，中间最高的 12 根圆柱高达 21 米，每个柱顶上可以容纳 100 人。其他如路克索尔神庙、吐坦哈蒙墓、拉美西斯二世墓、埃尔—阿玛尔纳的宫殿，也都庄严宏大。

另外，古埃及人在天文、艺术、数学以及医学等各方面都取得了高度的成就。现行公历就是从古埃及的太阳历演变而来的。古埃及人已经会计算等腰三角形、方形、梯形和圆形面积，并算出圆周率的近似值为 3.16。木乃伊的制作反映了古埃及人丰富的人体解剖知识。


## 古埃及人是白人还是黑人

古埃及人是谁，是哪一个种族创造了埃及古文明，这在人类学上曾有过激烈的争论，主要集中在古埃及人是白人还是黑人的辩论上。

在近代白人殖民者横行的时代里,埃及古文明被明白无误地标明是由白人创造,因为白人殖民者认为黑人是不可能创造出如此璀璨的古文明的。近年来,有的人类学家通过对木乃伊的骨骼测定和在显微镜下的黑色素测定,认定古埃及人是黑色种族。这种观点还从一些古代记载中得到印证。如公元前4世纪古希腊哲学家亚里士多德在其著作《容貌》中称:"太黑的人是懦夫,比如说埃及人和埃塞俄比亚人。但是,肤色太白的人也是懦夫,这点我们可从妇女身上看出来。勇士的肤色介于二者之间。"有人认为狮身人面像的头部也体现着黑人特征:厚嘴唇、圆脸、宽鼻子等。

但是,从流传下来的古埃及人大量的肖像画中,可以看出他们的外表特征并不是单一的。颧骨有的高耸,有的平坦;鼻子有的扁平,有的呈弓型;肤色有白,也有棕色。这些体形特征,如单用白人或黑人来解释都是不恰当的。因此,一个比较合理的解释就是:古代埃及是一个多种族的混居地,既有来自南方的尼格罗人,即黑人;也有来自西亚和地中海周围的高加索人、地中海人等,他们的肤色较白。种族混居与埃及所处的地理位置密切相关。埃及的北面是地中海,西为利比亚,南接苏丹和埃塞俄比亚(即古代的努比亚),东隔红海与阿拉伯半岛相望,东北角通过西奈半岛与西亚相连,是亚、非、欧的一个交会之地。因此,埃及不可避免地成为周边各种族的融合之地。至公元前18世纪,随着西亚和欧洲移民的增多,埃及尤其是尼罗河三角洲的下埃及地区的居民,其外表特征中白色人种的成分逐渐上升。

## 古埃及人为什么崇拜太阳

古代埃及宗教的一个突出的特点,就是信奉的神数目众多,而且具有动物、各种自然物或人的形象。这些众多的神还没有系统化，彼此之间缺乏有机的联系，一个神往往由于没有明显的个性而与另一个神混为一体。尽管不同地区有不同的地方神和当地的众神殿，但从埃及尼罗河的南端到北端，作为生命之神的太阳神瑞和作为死亡之神的冥王神奥西里斯大体上总是高踞于众神的特殊地位，受到埃及人普遍的敬拜。瑞和奥西里斯均被国王视为与自己有血缘关系的保护神。太阳是生命的源泉，是人类生存所依和生活所系，因此而受到原始人类的普遍崇拜。大概是因为太阳光芒普照大地的缘故，上下埃及统一之后，太阳神就成了历代王朝的最高保护神。公元前2650年～公元前2500年的第四王朝、公元前2500年～公元前2350年的第五王朝起，国王（法老）开始自称为瑞神的儿子。

在第五王朝"太阳之城"赫列欧帕里斯成为统一王朝政治中心的时代，该城地方保护神阿图姆地位上升，进而与瑞神统一为阿图姆—瑞神，成为全国崇拜的最高神。在金字塔经文中，阿图姆的神性变得高大而且重要，被说成是自存自主的创造主，他从该城"原始水"中浮现出来，创造了诸神和宇宙。阿图姆神的形象原先是狮子形，后来才变作人形。

作为埃及统一之神圣象征的大神，其最为古老者可能是鹰形苍天神霍鲁斯，此神本是希埃拉孔和埃德福地区的部落神或地区保护神。这一地区的首领霍鲁斯约在公元前4000年末起事，完成统一全埃及的大业，建立第一、第二王朝。霍鲁斯于是便从部落神中脱颖而出，成为全国信奉的神。

在古代埃及人的宗教观念中，鹰是太阳的象征，太阳在天空的运行被幻想地说成是鹰的飞翔，所以，霍鲁斯被视为太阳神。在后来的神话中，霍鲁斯又被说成是奥西里斯（太阳神之子）的遗腹子。在一些古埃及的宗教画中，霍鲁斯被描画为一只头佩日轮的鹰，或一个戴有王冠的鹰头人。鹰（霍鲁斯）与日轮（瑞）的结合、王冠

（国王，法老）与鹰头人（霍鲁斯）的统一，显然是神权与君权合为一体的象征，是宗教国家化的具体体现。古代埃及的国王因此而自称是霍鲁斯的化身。

后来，祭司神学逐渐把杂乱的神灵世界统一起来，建立一定的天国秩序。瑞神不仅被说成是世界的创造主，而且按照他的旨意建立起世界的秩序。祭司们还把这种世界秩序人格化为一个神——麦特。麦特是瑞神的女儿。她的神性代表真理、正义和秩序。众神与世人皆必须遵守麦特立下的秩序。法老的任务就是在世界上实现麦特的秩序。

## 金字塔与狮身人面像

在神秘的非洲大漠边缘，一座座精美绝伦的金字塔成了千古不解之谜；威猛奇异的狮身人面像面露微笑，俯瞰众生，它想向人们讲述一段什么样的历史呢？"马斯塔巴"又是什么意思呢？要想对这一切探个究竟，还得先了解一下埃及的墓葬形式。

埃及人自古以来就相信灵魂不灭，他们把人的死亡看做是到另一个世界里"生活"，所以，在埃及修墓之风非常盛行。

埃及最早的墓葬形式是在地上挖一个坑，把尸体埋下，再堆成一个沙堆。以后墓穴越挖越深，逐渐成为地下室，人们又在地面沙堆周围砌上石墙，盖上木顶或砖拱顶，这种既有地下墓室，又有地面建筑的坟墓就叫做"马斯塔巴"（意为石凳）。

到了公元前 27 世纪的埃及第三王朝，法老的权力大为加强。法老杰赛尔认为这种石凳式陵墓不能作为法老的永久住所，于是，他任命建筑师伊姆荷太普为他修建了一座巨大的石砌的"马斯塔巴"。坟墓修好后，法老觉得它还不够雄伟，又在上面加了五个一层比一层小的"马斯塔巴",使它高达 61 米,这是埃及第一座塔形陵墓。它的外形很像汉字的"金"字,所以我们叫它"金字塔"。

以后,历代法老都兴师动众,为自己建造庞大的金字塔,并且越建越宏伟。第四王朝的法老胡夫即位后,决心给自己造一个最大的金字塔,于是他就强迫所有埃及人都服这个劳役,因此成千上万的人被派到山里运石头。据估计,每块石头约重两吨半,而修这座金字塔总共需要 230 万块石块,当时没有什么机械的运载工具,这么多石块怎么运呢?据说,有 10 万人花了 10 年时间铺设运石的道路,然后把石头放在木橇上,用人或牲畜来拉。同时,另有 10 万人花了 20 年时间开凿地下甬道和墓穴以及建造地面的塔体。

坐落在基泽的胡夫金字塔是埃及所有金字塔中最大的一座,此塔原高 146.59 米,经过几千年的风吹雨打,剥蚀了将近 10 米。塔的底面呈正方形,每边长 230 多米,绕金字塔一周,差不多要走一公里的路程。

这些石块之间没有任何水泥之类的黏合物,只是一块石头叠在另一块石头之上,但却砌得十分牢固。石头磨得很平,直至今日,人们也很难把一把锋利的铅笔刀插入石块之间的缝隙。

胡夫金字塔外观巍峨雄伟,内部结构复杂,如同一座巨大的"永久宫殿"。塔内共有三处墓室:从北面 13 米高的入口进去,是一条不到一人高的甬道,沿甬道一直向下,约 100 米处有一石室;在下坡甬道的中途又开了一个上坡甬道,通向"王后墓室";在上坡甬道上端有一条大走廊,过了大走廊的墓室就是安放胡夫石棺的"法老墓室"。

胡夫死后不久,离他的金字塔不远,又建了他儿子哈夫拉的金字塔,它比胡夫金字塔低 3 米,但有更完整的附属建筑。塔的附近建有两座神庙,庙的西北方,是一个雕着哈夫拉的头部配着狮身的巨大雕像,就是我们所说的"狮身人面像"。这座雕像面向东方,高

20 米，长 57 米，一只耳朵就有两米多高，整座狮身人面像是在一块大岩石上凿成的。

到了公元前 23 世纪第六王朝以后，随着古王国的分裂和法老权力的下降，金字塔建筑逐渐衰落。埃及金字塔从发展到衰落，前后延续了 1000 多年时间，这期间总共建筑了 70 多座金字塔，散布在尼罗河下游地区。

一座座金字塔，至今还矗立在开罗附近的沙丘中。为了修金字塔，埃及的奴隶和劳动人民蒙受了巨大的苦难，金字塔是古埃及人民勤劳和智慧的结晶，也是古埃及悠久历史的见证。

## 神秘的古埃及文字是如何被破译的

公元前 525 年，埃及被波斯人征服，被迫使用波斯文字来记载历史。尽管古埃及人遗留不少图画语言史料，由于文字的读法早已失传，后人无法解读。因此，古埃及的历史成了待解之谜。

1799 年，拿破仑·波拿巴带领法国远征军到了非洲东部，准备攻击英属印度殖民地。拿破仑没有越过尼罗河，他的出征失败了。但意外地，法国的那次远征却为古埃及解决图画语言的问题创造了机遇。

事情是这样的。一天，拿破仑手下一名叫布夏尔的青年军官带领士兵在尼罗河口的罗塞达城附近修筑防御工事时，发现了一块令他感兴趣的石碑。这块别致的黑色玄武岩上，像其他许多埃及古迹一样，雕满了各种小像。但不同的是，碑上用两种文字三种字体刻着同一篇碑文。最上面用的是古埃及的象形文字，中间是古埃及的草书体象形文字，下面是希腊文字。这就是后来被世人称之为"罗塞达碑"的著名石碑，现收藏于伦敦的大英博物馆。

罗塞达石碑的发现引起学术界的重视，许多学者都想抓住这个契机，一举破译古埃及象形文字，从而真正了解古代埃及的文化和历史。碑上的希腊文很快就被读通了，碑中间的那段文字也很快被确认是古埃及的民书体文字，并且借助碑上的希腊文，领悟到象形文字和民书文字的含义，却依然没有解开古埃及的象形文字之迷。

时光一晃就是 20 年，古埃及文的破译工作几乎毫无进展。就在这时，法国一位叫商博良的年轻学者，通过不懈努力，竟完成了解读象形字的历史重任。商博良生于 1790 年 12 月 23 日，父亲是法国南方小城中的书商。在书堆里长大的孩子，对书有着特殊的爱好，尤其着迷语言文字本身。小商博良 4 岁学会读写法文，年仅 9 岁便掌握了古希腊文和拉丁文。10 岁时，商博良与 22 岁的哥哥同住在格勒诺布尔市，结识了著名物理学家与数学家傅立叶。傅立叶收藏了一些用古埃及文写成的纸草文献，他得悉兄弟二人是古埃及迷，就请他们参观他的收藏品。纸草是古埃及人发明的书写材料。在尼罗河三角洲生长着一种近似芦苇的水生植物纸草，古埃及人割下纸草，取出草骨，切成小薄条，在木板上一块块贴起来，压平晒干后即成黄色纸卷。笔管则用纸草茎，墨水由纸草炭化加水配制。由于古埃及干燥少雨，许多古代纸草文献完好无损地保留下来，傅立叶借工作之便收集到的正是这种古文献。

当傅立叶遗憾地告诉兴致正浓的商博良，纸草上的象形文字还无人可解时，11 岁的商博良决心解开古埃及象形文字。从此，他开始了艰苦的准备工作。具有语言天才的商博良不仅掌握了希腊文、拉丁文、希伯来文，还学会了阿拉伯文、古印度的梵文，以及公元 3 世纪以来埃及人用的科普特文。掌握了语言武器，他便能随意阅读各种原始著作，而不必借助翻译作品了。商博良 14 岁时就开始写作三卷本的《法老统治下的埃及史》，这为他解读象形文准备了最基本的条件。1821 年，商博良定居巴黎，得到一份字迹清晰的罗塞达碑文抄本，于是全力以赴进行破译工作。

商博良丰富的外语知识有了用武之地，人类破译象形文的梦想在他手里实现了。商博良发现，古埃及人写国王名字时，都要加上方框，或者在名字下面划上粗线。"罗塞达碑"上也有用线条框起来的文字，是不是国王的名字呢？经过不断探索，商博良终于对照着希腊文，读通了埃及国王和王后奥帕特拉这两个象形文字，它们可以从右到左，也可以从左到右，或者从上到下拼读出来。商博良由此确信，象形文字中的图形符号，总的来说，代表的是发音的辅音符号。1822 年 9 月 27 日，商博良在皇家科学院宣读了关于象形文字释读的学术报告，这标志着一门人类知识的新学科——埃及学的诞生。古埃及 5000 年历史的宝库向人类敞开了大门，而这位天才的埃及学之父当年才 32 岁。两年后，商博良发表了关于象形文读写法的专著。

原来，罗塞达碑上的碑文是公元前 196 年埃及孟斐斯城的僧侣们给当时的国王歌功颂德而刻写的。这位国王就是托勒密五世。小小的罗塞达城，由于有了这块借以解开埃及象形文字之谜的石碑而举世闻名。

埃及的象形文字产生于公元前 4000 年左右。它同苏美尔文、古印度文以及中国的甲骨文一样，都是独立地从原始社会最简单的图画和花纹产生的，但这种文字最初仅仅是一种图画文字，后来才发展成象形文字。

象形文字是由表意、表音和部首三种符号组成。表意符号是用图画来表示一些事物的概念及定义。但是表意符号都不能表示字的发音，因此古埃及人又发明了表音符号。表音符号也是一些图形，它共有 24 个子音，在这一基础上，又构成了大批的双子音和三子音。为了区分不同范畴的符号，古代埃及人又发明了类似于汉字中的部首偏旁的部首符号。绝大多数的埃及文字都有部首符号。

埃及的象形文字，在古代埃及历史的不同阶段，随着社会生活的需要出现过多次变化。中王朝时期出现过祭司体，后王期时期出现过民间体，在罗马统治时期又出现了科普特文字。由于种种历史原因，古代埃及文字没能发展成字母文字。但是，古代埃及文字却对腓尼基字母的形成有着重要的影响。腓尼基拼音字母，为世界各地拼音字母之始。

古代埃及历史，从公元前 3500 年左右城邦的出现开始，到公元前 525 年被波斯所征服为止，除有过希克索斯人入侵外，基本上保持了埃及文化的单一发展过程。但由于古代埃及象形文字的繁难，随着古埃及的灭亡，这种文字逐渐变成死文字，完全被人们遗忘。正是由于罗塞达石碑的发现和商博良对埃及象形文字解读的成功，才使古埃及历史全部展现在我们面前。


# 图特摩斯三世

古埃及不但有灿烂的文明，而且国势也曾十分强大。埃及帝国最强大的时候地跨欧、亚、非三洲，那么完成统一这个帝国的人是谁呢？他就是古埃及著名的国王——图特摩斯三世，图特摩斯三世是古埃及新王国时期的国王。古埃及王国是怎样划分时期的呢？这要从埃及古王国时期说起。

古王国末期，埃及爆发了大规模的农民、奴隶大起义，这时埃及的阶级社会发生了翻天覆地的变化，古王国在人民起义的打击下瓦解了。

公元前 3000 年代末，埃及进入中王国时期。中王国时期并不长，仅存在 300 多年便崩溃了，埃及又陷入了分裂与混乱的状态，这时又爆发了贫民、奴隶大起义。这次大起义后不久，来自亚洲的

希克索斯人趁机占领了埃及的大部分地区，建立了政权。直到 150
年后，公元前 1570 年，雅赫摩斯（公元前 1570 —公元前 1546 年在
位）领导人民赶走了希克索斯人，埃及才重获独立和统一，进入了
新王国时期。这一时期，历代法老不断发动大规模的对外征战，使
埃及成了地跨北非、西亚的奴隶制军事帝国，其中，图特摩斯三世
功绩非常显著。

图特摩斯三世一生征战，率领军队击溃了由米坦尼支持的、以
卡迭什为首的叙利亚联军，又进一步打败了米坦尼王国，使米坦尼
成为埃及的盟友，不再与埃及为敌，这样，埃及在叙利亚的统治就
得到了巩固。图特摩斯三世的威名传遍了整个西亚，亚述和巴比伦
尼亚也纷纷与埃及建立友好关系，巴比伦尼亚的国王还把自己的一
位公主送给埃及法老做妃子。

在图特摩斯三世的一生中，总共进行了 17 次征战，对被征服的
地区，图特摩斯三世派总督治理，派精良的军队驻防，这样就有利
于当地土著王公进行统治，也表现了他的管理才能。图特摩斯三世
每占领一个地方，总要把当地统治者的孩子带回埃及作人质，同时
让这些孩子接受埃及的教育，等到这些孩子的父亲死后，就让他们
返回故乡即位，充当埃及的忠实傀儡。

图特摩斯三世同第 18 王朝初年的其他法老们一样，总是把战场
上取得的胜利归于神灵的保佑，特别是归功于当时埃及的主神阿蒙
神的保佑。他为何会存有这种想法呢？原来，在第 18 王朝中叶的时
候，埃及王室发生了女王同图特摩斯三世的争权斗争，这两方面的
力量都去寻求阿蒙神庙祭司的支持。这件事给了阿蒙神庙祭司势力
插手政治的机会。最后女王胜利了，她便命令图特摩斯三世到阿蒙
神庙去做祭司。在女王晚年时（有的学者断定是女王死后），祭司们
又拥戴图特摩斯三世复位。图特摩斯三世感激不尽，每次战争胜利
后，他都要给神庙很多战利品。有一次，他给了神庙 2800 斯塔特

（计量单位）土地，还有 1078 个奴隶和其他财富。阿蒙神庙祭司集团势力的扩大，不仅危及其他奴隶主的利益，而且逐渐危及王权，从而埋下了矛盾的祸根。

图特摩斯三世的后继者阿蒙霍特普二世继续巩固图特摩斯三世远征的战果，但却未能进一步扩大埃及帝国的地盘。

埃及帝国的形成是通过野蛮的战争实现的，战争在客观上促进了东部地中海地区的经济文化交流，同时也造成了极大的破坏，长期的掠夺性战争给被征服地区的人民带来了无穷的灾难。

## 埃赫那吞改革

我们都知道，在古埃及有著名的阿蒙神庙，那里面供奉着著名的阿蒙神。可是，在埃及还有一个著名的神呢，他就是太阳圆盘神阿吞。阿吞神和阿蒙神都是古埃及人信奉的神，但是因为是信奉阿蒙神还是阿吞神的问题，在古埃及还引起了一场改革斗争呢！公元前 1887 年，阿马尔那的一个农民在犁园的时候，发现了一大批泥版书，经过专家的翻译，这场改革才被世人所知晓。

埃及的法老们为了维护自己的统治，常常把自己装扮成神的化身，宣扬"君权神授"。新王国时期的法老们在埃及诸神中，特别推崇阿蒙神。法老们经常把奴隶、土地以及大量的财物赐给阿蒙神庙，阿蒙神就成了埃及新王国时期的最高神，神庙的祭司地位高于一切贵族。埃及历史上的第一个女王哈特舍普苏特甚至还虚构了阿蒙神令她母亲怀孕而生了她的神话，这个神话至今还雕刻神庙的墙壁上。

阿蒙神庙势力的不断壮大逐渐威胁到了王权。王权的代表法老对阿蒙神庙祭司产生了怀疑，对阿蒙神的信仰本身也产生了疑虑，所以，在图特摩斯四世时，就开始崇拜一个古老的太阳圆盘神阿吞神。在一次对西亚的纳哈林远征胜利后，图特摩斯四世不是像以往那样把胜利归功于阿蒙神，而是把胜利归功于阿吞神的保佑，并把战利品赠送给他，这样阿吞神开始逐渐被法老重视了。

图特摩斯四世以后的法老阿蒙霍特普三世更加明显地表现出了对阿吞神的崇拜。他违背贵族们的意愿，娶了一个平民女子提伊作为王后，他还在底比斯修建了阿吞神庙，他的一个卫队的名字也叫阿吞神。这样，法老和阿蒙神庙祭司之间的权力对比就失去平衡，他们的关系也发生了转变，由原来的互相利用转化为彼此冲突，终于爆发了新旧宗教之争。阿蒙霍特普四世（公元前 1379 年—前 1362 年在位）对阿蒙神庙祭司忍无可忍，同阿蒙神庙势力进行斗争，开始了著名的阿蒙霍特普四世的宗教改革，也叫埃赫那吞改革。

阿蒙霍特普四世废除了对阿蒙神和其他一切神的崇拜，尊崇阿吞神为宇宙间惟一的神。阿蒙霍特普四世还把自己名字中的阿蒙去掉，改名"埃赫那吞"，意思是"阿吞的光辉"。他下令没收阿蒙神庙和其他一切神庙的财产，把这些财产转交给了阿吞神庙。为了摆脱阿蒙神庙祭司的控制和影响，他把首都从底比斯迁到了埃及中部的阿马尔那，新都取名"埃赫塔吞"，意为"阿吞的世界"。种种改革措施表明，埃赫那吞同阿蒙神庙祭司势力决裂了。与此同时，埃赫那吞提拔了许多出身低微的人担任高级官吏。有一个叫麻伊的人担任了官吏，他在铭文中说："我，按父母双方来说都只是小奴隶主，君主成全了我，而以前，我是一个没有财产的人。他使我得到很多人，我提拔我的兄弟们。他使我周围所有的人都关心我。……"

埃赫那吞的改革，只得到人数很少的中等阶层和新贵族的支持。广大的劳动群众并没有从改革中得到任何实际的好处，相反，他们因为修建新首都而加重了负担，所以，他们对改革并不热心。改革期间，埃及的对外战争停止了，军队得不到战利品，更得不到赏赐，所以军队也不支持改革。阿蒙神庙势力不断向埃赫那吞施加压力，斗争十分激烈，反对改革的势力极为强大并且富有经验。

这些原因终于导致了改革的失败。埃赫那吞死后，他的继承者图坦哈蒙放弃了改革，埃及又恢复了对阿蒙神庙的崇拜。他以后的法老们还是信奉阿蒙神，改革被彻底葬送了，改革之都阿马尔那成了一片废墟，被人遗忘了。

## 银板和约

公元前 1296 年，在埃及法老的王宫里，赫梯新王哈吐什尔派来的使团给埃及带来了一个和约。这是一块用银子做成的字板，上面雕刻着双方结束战争、缔结和约的 18 条条文，所以又叫银板和约。这是世界外交史上最早的和约。

赫梯在小亚细亚（今土耳其），埃及在北非，两国相距千里，为什么会发生战争呢？这要从叙利亚和巴勒斯坦地区说起。这个地区虽然是一个古老的文明地区，但由于一直没有形成统一的国家，所以常常受到侵略。埃及第 18 王朝前期的法老在侵占叙利亚、巴勒斯坦时，曾经和这个地方的大国米坦尼发生严重冲突，米坦尼为了防范亚述而与埃及结盟。这个时候，小亚细亚又兴起了赫梯王国，它打败了米坦尼王国，和埃及产生了冲突，两国为了争霸中东，进行了长期的斗争。

在拉美西斯二世统治时期，埃及同赫梯的争霸战争达到了高潮。

公元前 1300 年，叙利亚的雨季过后，拉美西斯二世率领他的军队从三角洲的沙苏出发，进军叙利亚。赫梯国王穆瓦塔鲁也把军队开进了叙利亚，与埃及军队在叙利亚的交通枢纽卡迭什展开了会战。

赫梯国王把军队埋伏在卡迭什城东部，准备把埃及军队诱至城中，然后包围起来，一举歼灭。

　　埃及军队抓到了两个密探，是两个牧人打扮的赫梯骑兵。"你们的军队现在在何处？"拉美西斯二世厉声问道。那两个人装作十分惶恐的样子，战战兢兢地回答说："启禀陛下，我们的军队还在很远的地方。"拉美西斯二世听信了这个假情报，轻敌冒进。他坐在一辆四周镶嵌着黄金和宝石的华丽战车上，只率领少量警卫部队和一个军团，孤军深入，进驻卡迭什城北安营，其他三个军团落在后边。

　　直到这个时候，拉美西斯二世还不知道赫梯大军近在咫尺，正准备围歼他们。此时，赫梯国王已经率领大军沿着东面的河谷，包抄到了埃及法老的背后，那两个被捕获的赫梯人是赫梯国王派来迷惑埃及人的，结果埃及法老果然被骗上当。赫梯国王准备第二天围歼埃及军队，活捉拉美西斯二世。

　　这时，拉美西斯二世再度审问那两个人，这两个人无法承受酷刑，只好实招，泄露了赫梯国王的秘密。拉美西斯二世得知实情后紧张万分，忙派人去通知援军。但是，这时已经晚了，赫梯军队已经行动起来，把埃及军队团团围困在卡迭什城。

　　埃及法老冒险突围，但寡不敌众只好败退下来。赫梯军队冲入埃及的军营，见到一箱箱的金银财宝，赫梯兵士看得眼睛都发红了，纷纷上前抢夺起来。不久，埃及援军赶到，双方展开殊死拼杀，卡迭什尸横遍野。

　　卡迭什会战以双方都遭到惨重的损失而暂时结束。赫梯和埃及的战争却没有真正停止，前后持续了十六年。公元前1296年，赫梯国王穆瓦塔尔死了。他的弟弟哈土西尔即位。由于国内矛盾十分尖锐，不能再继续打下去了，他决定跟埃及讲和。公元前1284年，两国缔结了停战和约。银板上雕刻的和约原是赫梯的楔形文字，为了昭信于世，人们又用埃及的象形文字把它雕刻在埃及一个寺庙的墙壁上。

# 木乃伊

木乃伊就是"干尸"的音译，最早使用这种方法的人是埃及人。古埃及人认为，每个人的身上都有"卡里"（意即同貌人），人死了以后，"卡里"就会离开人的躯体，但只要躯体保存得好，"卡里"就可以再回来，人就会复活。为了使尸体不腐烂，埃及人发明了制造木乃伊的方法，使尸体可以完整的保存几千年。

在古埃及，木乃伊的制作方法随着时代的改变而改变，但大致上都是一样的。木乃伊通常由祭司制作，他们先解剖尸体，取出脑浆和内脏，用椰子酒和香料反复把腹腔洗干净，再把桂皮、没药、乳香等香料填进空腹，然后照原样缝好。当缝好的尸体浸在防腐液中70天以后，再把它取出来冲洗，并用麻布裹好，然后用松脂将尸体全身涂抹一遍。这样，木乃伊就制成了。

制作木乃伊要使用许多珍贵的香料，而且制作过程复杂，所以只有法老、上层的贵族、僧侣等才可以在死后被制成木乃伊。法老的木乃伊被放入人形棺材中，这种棺材常常用包着金叶和镶着金块的木料或水晶做成。做好的木乃伊一般都放在封闭的墓室中，有的保存千年也不腐烂。

1922年秋，考古学家在埃及发掘了图坦卡蒙法老的陵墓，出土了著名的图坦卡蒙木乃伊。图坦卡蒙是埃及第18王朝的法老，他的棺木非常奇特，是一个巨大的镶嵌着蓝色釉瓷的包金木套。考古学家在这个木套的边上找到了一扇门，他们打开门闩，里面竟是一个同样的套子，再打开，里面还有一个，这样由大到小，竟有四个套子。

最后一个套子打开后，里面是一个由水晶制成的棺材。打开棺盖，里面裹着一层层的布，把这些布除掉之后，出现了一个金光闪闪的棺材。

打开了这个包着金叶和镶着金块的棺盖，里面是一个缠着布的棺材。除掉了缠布，又是一个棺材，竟然是用一个长1.85米的金块做成的。考古学家打开这个金棺后，图坦卡蒙法老的木乃伊出现了。木乃伊的头上戴着一只金面套，可以看出这位法老的面容——这真是古代埃及人创造的一个奇迹！

古埃及人在制作木乃伊的过程中，积累了许多解剖学的知识。他们已经知道心脏和血液的循环关系。古埃及人在医术上尤为发达，这和他们解剖尸体、制作木乃伊是分不开的。

木乃伊体现了古埃及人高超的医学成就。

## 卡尔纳克神庙

古埃及人民在建筑方面表现出了高度的智慧和技巧。古埃及的建筑大多使用石料，以雄伟浑厚而为世人瞩目。除了大金字塔以外，坐落在底比斯的卡尔纳克神庙也是古代埃及人的杰作。

金字塔建筑随着古王国的消亡而衰落，从中王国时期起，历代法老开始在各地为诸神建造神庙——卡尔纳克神庙就始建于中王国时期。这座神庙大规模的建筑却是在新王国时期，这一时期的哈特舍普苏特女王、图特摩斯三世、阿蒙霍特普三世、拉美西斯二世等法老都对这座神庙的建筑做出了贡献。直到希腊人占领时期，古埃及人民才结束了卡尔纳克神庙的修建。

同其他新王国时期的埃及神庙建筑一样，卡尔纳克神庙的外形是长方形，建筑物都坐落在一条中轴线上。神庙由开阔的庭院、柱廊、宏伟的大殿、祭祀殿、供奉神像的殿堂等组成，神庙周围竖有巨型圆柱。

卡尔纳克神庙的主殿十分壮观，总面积达 5000 平方米，由排成 16 列的 134 根巨石圆柱支撑。中间的 12 根大圆柱每根高 70 英尺（相当于 21 米），每个柱头作开花的样子，上面大约可以站 100 个人。其余的 122 根圆柱高 45 英尺（相当于 13.5 米）。圆柱身上布满浮雕和象形文字，墙壁上也满是各种雕刻图案和象形文字铭文，其题材有不少是反映社会生活的，有农业、园艺、手工作坊的劳动场面，也有畜牧、狩猎、日常生活场景等，著名的《图特摩斯三世年代记》、拉美西斯二世卡迭什战役的情景也都刻在这些圆柱和墙壁上。

卡尔纳克神庙入口处的两侧立着方尖碑。方尖碑是古埃及特有的一种建筑形式，它是用一整块石头凿成的，上面刻着国王的名讳和封号。

除了金字塔和卡尔纳克神庙以外，埃及的建筑成就还表现在要塞建筑上，比如中王国时期在尼罗河第二瀑布地方修建的要塞。古代埃及人给人类留下了雄伟的建筑，建筑中保留着丰富的艺术作品，为研究古代埃及的历史提供了极为丰富生动的资料，这是古埃及人留下的宝贵财富。

## 最早的太阳历

我们都知道，一年有 365 天，分为 12 个月，这种计算方法是从什么时候开始的呢？今天，世界上大多数国家使用公历，这种公历是从罗马的儒略历发展而来的，而儒略历的产生又受到埃及太阳历的重大影响。

早在公元前 3000 年，勤劳聪慧的埃及人就制定出了世界上最早的太阳历。新王国时期，埃及人已经知道43个星座的位置，在天文观察的基础上，产生了古埃及人自己的历法。

古埃及人在长期的生产实践中，观察到尼罗河水的涨落与太阳的变化存在着某种联系。他们把尼罗河每次泛滥的时间刻在木杆上，然后加以比较，发现每年三角洲地区的尼罗河涨水时，太阳与天狼星同时从地平线上升起，两次泛滥相隔的时间总是365天左右，所以，他们把这样的现象前后两次发生之间的时间定为一年，把天狼星和太阳同时从地平线升起的那一天定为一年的起点，把全年分为12个月，每个月30天，年终加5天作为节日。

这样，经过不断的观察和总结，古埃及人发明了最早的太阳历。

太阳历把一年定为365天，与现在的公历一年也就是地球绕太阳公转一周的时间只相差一天的1/4，这在数千年前的古代已经是很准确的了。埃及历法中年和月的长度是固定不变的，各个月份在公元前6世纪没有名称，后来用每个月中的节日来称呼，年底的那5天节日不属于任何一个月。

公元前46年，古罗马独裁者恺撒在埃及历法的基础上又制定了儒略历法。儒略历对太阳历每年1/4天的误差进行了调整，设平年和闰年，平年365天，闰年366天，每四年设一个闰年，单月31天，双月中除2月外每月30天，其中2月平年29天，闰年30天。恺撒死后，继承人奥古斯都因为自己出生在8月，就从2月中抽一天放在8月，这样8月也变成了大月。他又将9月和11月改为小月，10月和12月改为大月，这样变动以后，各月的天数已经和现在的很接近了。

到公元6世纪时，基督教徒把他们认为的500多年前耶稣基督诞生的那一年定为公元元年，"公元"的拉丁文意思是"主的生年"，这一年以前是"公元前"。

这样，在太阳历的基础上，经过后人的补充和修改，终于演变成我们今天使用的公历。

## 楔形文字

在尼罗河畔古埃及文明高度发展的同时，西亚的两河流域地区也成了世界文明的另一摇篮。

两河都发源于现今土耳其境内，然后向东南流入波斯湾，其中一条河叫幼发拉底河，另一条名叫底格里斯河。沿河的两岸地区水源丰富，土地肥沃，适宜农业生产。公元前4000年以前，这里的居民为苏美尔人，他们逐渐建立起奴隶制国家，创造了灿烂的苏美尔文化。

苏美尔人最伟大的文化成就之一就是文字的发明。早在公元前4000年，他们在开发两河流域时，就创制了楔形文字。最开始，这种文字是象形的，例如"鱼"写成"〤"，"足"写成"𛱙"等。渐渐地，这种图画文字发展成苏美尔语的表意文字，例如，代表"口"的符号用来表示动词"说"；代表"眼"和"水"的符号用来表示"哭"。随着文字的普遍使用，最后他们干脆用一个符号表示一个声音，例如"箭"和"生命"这两个词在苏美尔语中是同一个音"提"，就用同一个符号来表示。

最开始，苏美尔文字是刻在石头上的，后来，苏美尔人用削成三角形尖头的芦苇棒（或是骨棒、木棒）当笔，把文字刻在潮湿的软泥板上，字形自然形成楔形，所以这种由横的、竖的、斜的楔形笔画组成的字就叫楔形文字。楔形文字的符号数目总共不到600个，常用的有300个，每个符号至少有一个或两个意义。

楔形文字是写在潮湿的泥板上的，为了长久的保存，需要晾干后再进行烧制。这种烧制的泥版文书不怕虫子蛀，也不会腐烂，还经得起火烧，但不足的是容易破碎，并且很笨重，无法装订，所以，书写的时候，上块泥版最后一行要和下块泥版的第一行重复，这样以便衔接。到现在为止，已经发掘出几十万块泥版，最大的泥版有2.7米长，1.95米宽，最小的不到2厘米。

苏美尔语和楔形文字对西亚许多民族语言文字的形成和发展都产生了重要影响。西亚的巴比伦、亚述、赫梯、叙利亚、古伊朗都曾采用楔形文字作为表达自己语言的工具。到了公元前1500年左右，楔形文字已经成为西亚地区通用的国际文字。楔形文字一直使用到公元前后，直到腓尼基人创制出字母文字才被代替。

## 阿卡德国王萨尔贡

相传，有一天，一个园丁经过幼发拉底河时，忽然发现从河的上游漂来一个篮子。园丁把篮子打捞了上来，自言自语地说："这个奇怪的篮子里不知会装些什么东西。"说着他就打开了篮子，"啊！"他大吃一惊，原来篮子里面竟躺着一个胖胖的婴儿！"唉，这一定是个弃婴！"园丁叹息着将婴儿带回了家，亲自将他抚养成人。园丁没有想到的是，这个胖胖的小婴儿后来竟然成了苏美尔地区的第一个霸主——阿卡德国王萨尔贡。

苏美尔是两河流域最早出现国家的地区。公元前3000年，这里开始出现了数十个奴隶制城邦国家，这些城邦国家是由几个农村公社围绕着一个中心城市组成的。为了争夺奴隶、土地和水源，这些城邦国家之间不断发生战争。公元前2369年，阿卡德国王萨尔贡征服了周边国家，打败了苏美尔地区的城邦之国，在两河流域建立了第一个中央集权的国家，萨尔贡成为两河流域的第一个霸主。

萨尔贡出身非常低微，他自己说："母亲地位低下，父亲不知道是谁。"他出生后，他的母亲把他丢弃在幼发拉底河河边。

萨尔贡长大以后，开始在苏美尔的基什城邦国王乌尔扎巴巴的花园里做园丁。后来，他成了国王的近臣，负责给国王拿杯子。

萨尔贡很不满意自己卑贱的地位，当基什被乌玛王卢伽尔扎吉西打败而一蹶不振的时候，萨尔贡意识到自己的机会来了，他趁机夺取了基什王权。由于基什旧贵族的势力比较强大，所以萨尔贡仍然使用基什国号，自称"基什王"。等到他的地位巩固之后，萨尔贡就自己建了新都阿卡德。

萨尔贡组建了一支由5400人组成的常备军，经过34次浴血奋战，打败了苏美尔人的另一个城邦乌尔。他用套狗的绳圈把乌尔国王拖到尼普尔城的恩利尔神庙前，当做牺牲（祭祀用的牛、羊、猪），用火烧了祭神。接着，萨尔贡挥兵南下，收服了50多个城邦小国，建立起自己的霸权。昔日的苏美尔城市几乎都被摧毁了，一个阿卡德王国建立了，萨尔贡成为整个美索不达米亚南部地区的国王。

萨尔贡并不满足于已有的统一，他连年发兵，远征埃兰，打败了幼发拉底河中游至叙利亚北部的各个城邦，攻占了盛产银矿的安纳托利亚南部山区的各城邦，自称"天下四方之王"。

萨尔贡建立了中央集权的国家，铭文中说"他使全国只有一张嘴"。他的王宫里拥有众多的官员，他组建的5400人常备军，这在两河流域历史上均属第一次。

萨尔贡的统一带动了两河流域的发展。农业生产进步了，修建了许多新的水渠，灌溉网得到了扩大和完善，农业生产水平有了提高，特别是对外商业贸易有了很大发展。阿卡德王国和印度河流域、阿曼沿海地区、波斯湾沿岸都建立了密切的贸易联系，巴达赫尚的天青石，黎巴嫩的雪松，陶鲁斯山区的银矿，甚至克里特的商品，在阿卡德王国都能见到。

　　萨尔贡统治时期是两河流域的一个重要发展期，它对美索不达米亚的社会和文化发展产生了深远的影响。但是，阿卡德王国内部存在着十分尖锐的阶级矛盾，被征服者的反抗斗争此起彼伏。大约公元前 2191 年，来自东北山区的一支游牧部落库提人入侵了两河流域，阿卡德王国灭亡了。

## 古巴比伦王国的建立

　　底格里斯河和幼发拉底河中下游，通常称做美索不达米亚（希腊语意为"两河之间的土地"）平原，这里是古代人类文明的重要发源地之一。

　　两河流域文明的先驱是苏美尔人，早在公元前 4000 年前后，可能是来自伊朗高原上的苏美尔人就已经在两河流域建立了规模较大的村镇和城市，有了先进的灌溉农业，有了神庙。大约在公元前 3500 年前后，苏美尔人已经以神庙为中心建立了一些城邦国家。

　　公元前 3000 前后，苏美尔经济繁荣的同时，城邦战事不断。最后，公元前 2371 年，来自北方的阿卡德人统一了苏美尔城邦。阿卡德人建立的王朝只存在了一百多年，也灭亡了。公元前 2200 年左右，来自叙利亚草原的另一支闪族阿摩利人攻占这座小城，建立了国家。骁勇善战、争强尚武的阿摩利人以此为中心，南征北讨，四处征战，最终建立了一个强大的巴比伦帝国，历史上称之为"古巴比伦王国"。

　　古巴比伦最杰出的国王汉谟拉比在位时（公元前 1792—1750），巴比伦已从微不足道的村落发展为一个繁荣的大城。汉谟拉比登上王位后，即着手进行统一两河流域的战争。汉谟拉比采取了比较灵活的外交政策，首先与拉尔撒结盟，灭亡伊新；接着又与马里联合，征服拉尔撒；灭亡拉尔撒后，他又掉转矛头，挥兵直逼马里城下，迫使马里俯首称臣。除北部的亚述，汉谟拉比基本上统一了两河流域，最后定都巴比伦。

汉谟拉比不仅是个征服者，也是一个有才干的管理者和立法者。汉谟拉比在统一巴比伦尼亚的过程中，建立起强大的中央集权的奴隶主专政的国家机器。他总揽全国的立法、司法、行政、军事和宗教大权，并把自己加以神化，自称为伟大的天神的后裔。他任命中央各部大臣，委派地方各级官吏。从中央到地方，设立一系列法庭，不服从法庭判决的人可直接向王上诉；向各阶级征税，包括僧侣在内；征兵令严格执行，违者处死；奖励农商，兴建神庙，在基什和波斯湾之间开凿了一条运河。泥版文书记载，这条运河的开凿，不但使大片荒地变成良田，而且使南部许多城市永绝水患之灾。总之，在汉谟拉比时代，豪华雄伟的宫殿，巍峨壮丽的神庙，横跨幼发拉底河的大桥，跨海运输的商船……这一切无不显示巴比伦的辉煌与兴盛。巴比伦城不仅是强大王国的首都，而且成为了世界性的大都会。

汉谟拉比以后，巴比伦王国渐趋衰落，先后受到赫梯人、喀西特人的入侵。直到公元前 729 年，古巴比伦王国终于被亚述帝国吞并。

# 历史上真有通天塔吗

巴别塔，又名通天塔。据《圣经·旧约·创世记》第 11 章记载，是当时人类联合起来兴建，希望能通往天堂的高塔。上帝为了阻止人类的计划，让人类说不同的语言，使人类相互之间不能沟通，计划因此失败，人类自此各散东西。此故事试图为世上出现不同语言和种族提供解释。那么,历史上是否真有巴别塔呢?

在希伯来语中,"巴别"是"变乱"的意思,于是,这座塔就称作"巴别塔"。也有人将"变乱"一词解释为"巴比伦",称那座城叫"巴比伦城",称那座塔叫"巴比伦塔"。而在巴比伦语中,"巴别"或"巴比伦"都是"神之门"的意思。同一词汇"巴别"在两种语言里竟会意思截然相反,着实令人费解。其实这是有缘由的。公元前586年,新巴比伦国王尼布甲尼撒二世灭掉犹太王国,拆毁犹太人的圣城耶路撒冷,烧掉神庙,将国王连同近万名臣民掳掠到巴比伦,只留下少数最穷的人。这就是历史上著名的"巴比伦之囚"。犹太人在巴比伦多半沦为奴隶,为尼布甲尼撒修建巴比伦城,直到70年后波斯帝王居鲁士到来才拯救了他们。亡国为奴的仇恨使得犹太人刻骨铭心,他们虽无力回天,但却凭借自己的思想表达自己的愤怒。于是,巴比伦人的"神之门"在犹太人眼里充满了罪恶,遭到了诅咒。他们诅咒道:"沙漠里的野兽和岛上的野兽将住在那里,猫头鹰要住在那里,它将永远无人居住,世世代代无人居住。"

事实上,巴别塔早在尼布甲尼撒及其父亲之前就已存在,古巴比伦王国的几位国王都曾进行过整修工作。但外来征服者不断地将之摧毁。尼布甲尼撒之父那波博来萨建立了新巴比伦王国后,也开始重建"巴别"通天塔,他在铭文中写道:"巴比伦塔年久失修,因此马尔杜克命我重建。他要我把塔基牢固地建在地界的胸膛上,而尖顶要直插云霄。"但尼布甲尼撒之父只将塔建到15米高,尼布甲尼撒自己则"加高塔身,与天齐肩"。塔身的绝大部分和塔顶的马尔杜克神庙是尼布甲尼撒主持修建的。备受人称赞的"巴别塔"一般指的就是那波博来萨父子修建而成的那一座。

这座塔的规模十分宏大。公元前460年,即塔建成150年后,古希腊历史学家希罗多德游览巴比伦城时,对这座已经受损的塔仍是青睐有加。根据他的记载，通天塔建在许多层巨大的高台上，这些高台共有8层，愈高愈小，最上面的高台上建有马尔杜克神庙。墙的外沿建有螺旋形的阶梯，可以绕塔而上，直达塔顶；塔梯的中腰设有座位，可供歇息。塔基每边长大约90米，塔高约90米。据19世纪末期的考古学家科尔德维实际的测量和推算，塔基边长约96米，塔和庙的总高度也是约96米，两者相差无几。巴别塔是当时巴比伦国内最高的建筑，在国内的任何地方都能看到它，人们称它"通天塔"。也有人称它是天上诸神前往凡间住所途中的踏脚处，是天路的"驿站"或"旅店"。

考古学家和历史学家认为，巴别塔除了奉祀圣灵还有另外两个用途。其一是尼布加尼撒二世借神的形象显示个人的荣耀和威严，以求永垂不朽。其二是讨好僧侣集团，换取他们的支持以便稳固江山。美索不达米亚是一个宗教盛行的地方，神庙林立，僧侣众多。僧侣不仅在意识形态上影响着人民，而且掌握着大量土地和财富，如果不在政治上得到他们的支持，恐怕王位也会风雨飘摇。这种忧虑不是多余的，据历史学家研究，尼布甲尼撒之后，新巴比伦王国迅速衰落，以致波斯人不费一兵一卒就占领了巴比伦城，这与失去僧侣集团的支持有莫大关系。

公元前1世纪的希腊历史学家认为，巴别塔是一个天象观测台。新巴比伦人信仰拜星教，星体就是神，在他们的神话中，马尔杜克是木星。新巴比伦王国的僧侣们神秘地登上塔顶，难道真的是侍奉半躺在床上的马尔杜克大神吗？对此希罗多德颇不以为然，现代学者更不相信，说不定正是他们半躺在床上观测天象呢！而且，人类早期的天文知识直接产生于宗教和巫术之中，掌握这些知识的多是僧侣。新巴比伦人取得了当时世界最杰出的天文学成就，这座塔的功劳恐怕不可抹杀。

也有人认为，"巴别"塔是多功能的。塔的底层是祭祀用的神庙，塔顶则是用于军事瞭望的哨所。

## 强大的亚述帝国是如何由盛转衰的

亚述为古代西亚的奴隶制国家。公元前31世纪末，闪族人的一支在底格里斯河中游建立亚述尔城。前21世纪末，形成阶级社会和国家。前8世纪后半期建立了庞大的军事帝国。前7世纪一度占领埃及。帝国的穷兵黩武和高压统治，激起了被征服地区的不断反抗，前612年，米堤亚和迦勒底联军攻陷亚述首都尼尼微。前605年赫美士战役后，亚述帝国灭亡。

"我用敌人的尸体堆满了山谷，直达顶峰；我砍掉他们的首级，我用他们的人头装饰城墙，我把他们的房屋付之一炬，我在城的大门前建筑了一座墙，包上一层由反叛首领身上剥下来的皮，我把一些人活着砌在墙里，另一些人沿墙活着插进尖木桩，并加以斩首。"这是亚述那西尔帕二世的铭文中对自己的描述，记载的是亚述帝国时期对被征服地区的野蛮和残暴。

公元前10世纪前期，亚述四周无强敌：埃及帝国已不再强大，后王朝时代的埃及常处于外族入侵的威胁之下，更无力对外进行征服；"海上民族"摧垮了赫梯王国；南方的巴比伦尼亚更加弱小；米底和波斯在东方尚未成气候；北方稍微强大一些的乌拉尔图，也阻止不住亚述的扩张。

铁器在亚述国内的使用，可以开垦更多的土地，使社会经济迅速发展，雄厚的物质基础有利于对外扩张。铁器还为其军队提供了更为锐利的武器，增强了战斗力。亚述从公元前10世纪末叶开始，经过两个多世纪连续不断的征服战争，统治着两河流域南部和埃及这两大文明中心，成为铁器时代的第一个帝国。

亚述在对每个地区进行征服之前，都进行过认真的准备。亚述在征服一个地区前很久就派间谍去刺探情报。那西尔帕二世统治时期，亚述帝国开始对外征服，他征服了北部叙利亚。继他之后的沙尔马纳塞三世，同阿拉伯人、埃及人支持的南叙利亚同盟进行了三次战争，确立了对整个叙利亚的领导，并迫使巴比伦尼亚地区向其进贡纳赋。

提格拉特帕拉沙尔三世于公元前 745 年执政，进行了军事改革，把军队分成若干专门的兵种，大大加强了亚述的军事力量。提格拉特帕拉沙尔三世打败了乌拉尔图，使整个叙利亚地区归顺自己，在巴比伦扶植傀儡国王，随后将巴比伦与亚述合二为一，自己成了巴比伦之王。亚述帝国的真正创建者是提格拉特帕拉沙尔三世。他两次打败以色列和乌拉尔图，埃及支持的叙利亚、腓尼基等地的起义也被他镇压。

提格拉特帕拉沙尔三世的继任者辛那赫里布平息了由腓尼基人、犹太人和巴比伦尼亚的起义，并毁灭了古都巴比伦。公元前 7 世纪时的阿萨尔哈东统治时，亚述征服了埃及，孟斐斯城被阿萨尔哈东很容易地攻下了，号称上下埃及之王和埃塞俄比亚之王，让埃及人每年进贡重量合 180 公斤的黄金和 9 吨的白银。不久，埃及重新独立。阿萨尔哈东还重建了巴比伦城，以便争取巴比伦人。

如前所述，亚述军队所到之处，城镇被毁为废墟，财物被掠夺，居民或被杀戮，或被掳走，大片土地荒芜，许多地方赤地千里、人口锐减、生产衰退。这种野蛮的政策激起了被征服地区人民异常激烈的反抗。神庙祭司、奴隶主和工商业奴隶主集团也因为无法进行剥削而感到不满。

于是，提格拉特帕拉沙尔三世在公元前 8 世纪后期进行了改革。他不再对被征服地区烧光、杀光、抢光，而是将其居民从一个地方迁到另一个地方去。并且将不同地区、讲不同语言的居民混合起来居住，造成他们交往不便。但他准许带上部分财产并携带妻子儿女。同时把土地分给这些被迁居到不同地方居住的人进行独立经营，但土地不归他们所有，这些人也没有人身自由，产品的大部分要交给亚述奴隶主。提格拉特帕拉沙尔三世的改革使不同集团之间的矛盾在一定程度上得到缓和，亚述的军事力量得到加强，又征服了更多的地方。

亚述人对所有战败的国家进行残酷的压榨，不但被征服国家或地区的百姓要承担十分繁重的捐税，国王和贵族也受尽凌辱，整个东方都在亚述的残暴统治下呻吟。那些被征服国家的奴隶和下层平民及被奴役国家的贵族都盼望亚述帝国灭亡。

幅员辽阔、军力强大的亚述帝国是借助血腥掠夺、残酷镇压而建立起来的。亚述巴尼拔是亚述的最后一位著名国王。良好的教育使他成为一名博学多才的大政治家和外交家。世界上最早的图书馆是他在皇宫中设立的。但这只是他的光明一面，他的另一面是他对先辈们的残忍。亚述巴尼拔为了稳固自己的统治，竟下令把敢于反抗亚述统治的地区的居民，无论老人、妇女、儿童都斩尽杀绝。

亚述的残暴激起了越来越猛烈的反抗浪潮。庞大的亚述帝国在亚述巴尼拔死后便迅速土崩瓦解了。埃及首先宣布独立，叙利亚和腓尼基也紧跟其后。巴比伦为争取独立，于公元前626年与米提人结成同盟反亚述。米提人公元前614年攻下亚述城，城中贵族都被杀死，城市被洗劫一空。巴比伦和米提联军公元前612年攻陷了尼尼微，同样将城市洗劫一空。最后一代亚述王为了不被生擒，跳入海中自尽。

## 汉谟拉比宝典

1901年，一支法国考古队在伊朗的苏萨挖出了一根黑色玄武岩的大石柱，这根石柱上面刻满了象形文字，经过考证，才知道它不是伊朗的古代文字——波斯文，而是五六千年以前由苏美尔人创造，以后为巴比伦人广泛使用的楔形文字。显然，这是古代波斯人征服巴比伦以后，作为战利品，才把这根巨大的石柱带回伊朗的。

经过考古学家们的仔细考证，原来石柱上面刻的全是法律条文，总共是282条，这就是著名的汉谟拉比法典，是公元前18世纪古巴比伦王国国王汉谟拉比颁布的。

两河流域的阿卡德灭亡后不久，乌尔统一了苏美尔和阿卡德，公元前2006年，乌尔王朝又灭亡了。公元前2000年代初，位于幼发拉底河的巴比伦王国强盛起来。

公元前18世纪，古巴比伦王国国王汉谟拉比登位后第二年，开始着手制定一部法典。到他统一两河流域后，法典便已完成。遵照汉谟拉比的指示，人们将法典刻在一根玄武岩石柱上。这根石柱高2.25米，上方刻着浮雕像：雕刻的是两个人，一个坐着，右手握着一根短棍，另一个站着，双手打拱，好像在朝拜。坐着的人是太阳神沙马什，站着的人是汉谟拉比。太阳神沙马什手里握着的那根短棒就是"权杖"，象征着统治权力。汉谟拉比正从太阳神沙马什那里接受"权杖"，以此来统治世上的人民。浮雕下面是用楔形文字镌刻的铭文。法典由前言、正文和结束语三部分组成，前言的主要内容是宣扬君王的权力是神赐给的，颂扬汉谟拉比的丰功伟绩；正文包括282条条文，内容包括诉讼手续、盗窃处理、债务、婚姻、遗产继承、奴隶买卖和处罚等；结束语中表示汉谟拉比尊奉神的旨意，保护百姓，所以创立了这部公正的法典，流传后代，后世中不遵守这部法典的君王，一定会因为违反神的旨意而受罚。

自然，法典的目的根本上还是在于保护奴隶主贵族的利益，加强对百姓和奴隶的统治。法典第15—19条规定：被抓到的奴隶应该归还原主，抓逃奴的人有赏，拐带和私藏奴隶的要定为死罪。

　　古巴比伦王国中战俘奴隶的处境最悲惨，法典不保护他们的生命，奴隶主可以任意对待、处罚他们，打死一个奴隶，只是奴隶主的一点损失而已。

　　法典中还表明了当时奴隶的地位和牲畜是一样的。法典第199条规定：如果有人伤害了奴隶的眼睛，必须按照这个奴隶身价的一半赔给奴隶的主人。法典的第247条还规定：如果有人伤害了牛的眼睛，必须按照牛价的一半赔偿给牛的主人。可见，牛和奴隶当时是被一样的对待。

　　汉谟拉比法典是根据阿摩利人的习惯法以及两河流域统一之前各邦的旧法律而编写成的，所以法典中还保留着习惯法的残余，例如刑法中以眼还眼、以牙还牙的复仇方式。法典中规定：如果建筑师为别人建造的房子因为工程的失误而导致倒塌，压死房主，那么应该处死建筑师；如果压死的是房主的儿子，那么被处死的也将是建筑师的儿子。

　　那根记载汉谟拉比法典的石柱，现在还保存在法国巴黎卢浮宫博物馆里。


## 赫梯的兴衰

　　公元前1283年，在埃及法老的王宫里赫梯国使团与埃及法老缔结了一个和约，和约被刻在一个银板上，上面写着18条条文："伟大而又勇敢的赫梯人哈土什尔"和"伟大而又勇敢的埃及法老拉美西斯"发誓互相信任，永不交战。而且，一国与别国作战时要互相救援……原来显赫一时的古巴比伦王国没有逃出异族侵略的命运，最终败在赫梯人的手里。

　　赫梯国家是由讲赫梯语的哈西特人和讲涅西特语的涅西特人共

同创造的，它的中心地区位于小亚细亚东部。公元前 19 世纪，赫梯人建立了第一个奴隶制国家。国王哈吐什尔一世时期，赫梯的版图开始扩张，占有了安纳托利亚（今土耳其）的大部分地区和叙利亚北部。这一时期，"赫梯"开始表示整个赫梯人的国家。

哈吐什尔一世死后，赫梯发生了"王子们的奴隶起义"。原来赫梯的统治者每征服一个地方，就派自己的王子去统治那里，王子们的奴隶起义就是被征服地区人民的起义。

哈吐什尔一世的继承者穆尔西里一世联合贵族，镇压了这次起义。对外，他征服了哈列布，又野心勃勃地把矛头指向了两河流域南部。赫梯军队沿幼发拉底河侵袭，公元前 1595 年攻占了巴比伦城，古巴比伦王国灭亡。穆尔西里一世夺取并且毁坏了巴比伦城，掠抢了大批的战利品。哈吐什尔和穆尔西里两人的征服活动威震整个近东地区，赫梯成了当时近东地区的大国。

穆尔西里后来死于宫廷阴谋。他死以后，围绕着王位继承，赫梯陷入了长达十年之久的王位争夺战中。为了平息内乱、解决王位问题，国王铁列平进行了改革。

铁列平确定了专门的王位继承法，规定王位首先应该由长子继承，如果长子不在，就按照王子的年龄从大到小继承；如果没有王子，就让长女选择丈夫去做国王；国王不可以残杀兄弟姐妹。这样就巩固了王权，争权夺位的内乱就此平息下来了。

公元前 14 世纪，赫梯进入鼎盛时期。赫梯国王不但是一国之主、最高的军事领袖和法官，而且还是雷雨之神在人间的代表，死后就成为神。赫梯的经济比较发达，国内有丰富的铁、银、铜等矿产。

赫梯在鼎盛时期也没有停止版图的扩张。公元前 1600 年，赫梯人攻占了叙利亚和巴勒斯坦；5 年之后，又攻陷了巴比伦帝国的首都巴比伦城，彻底洗劫了这座当时世界上最繁荣的城市。后来，它与埃及在叙利亚进行了争霸斗争。公元前 14 世纪上叶，埃及国王埃赫那吞忙于国内的改革，没有时间顾及叙利亚地区，赫梯就趁着这个机会，插手进去，从此，赫梯与埃及为争夺叙利亚不断发生战争。公元前 1299 年，双方发生了著名的卡迭什大战，使争霸战争达到了顶峰，双方损失都十分惨重，这样就没有再继续争霸下去。在公元前 1283 年，两国缔结了和约，这就是史称的"银板和约"，这是世界上最早的和约。

卡迭什战役后，赫梯的形势非常严峻，两支异族开始入侵赫梯。公元前 13 世纪末，赫梯帝国在一支异族的打击下陷入崩溃，到了公元前 8 世纪，亚述席卷了残存的赫梯王国，赫梯灭亡了。

## 星期和阴历

星期的意思是什么？现在通行的 7 天一星期制度是怎样起源的呢？星期的来历，要从古巴比伦的天文学开始说起。

在农业生产中，人们为了安排农时，就需要掌握四季规律，苏美尔人很早就开始注意观察天象。当时，在古巴比伦，天文学和占星术是混在一起的，寺庙中都设有天文台，僧侣们用肉眼观察星象，然后记录下来，这样积累了丰富的天文资料。约公元前 2000 年，古巴比伦人已经能把行星和恒星区别开来，并且知道火、水、木、金、土五大行星的运行轨道，他们把星辰划分为星座，观察出太阳在恒星背景中的运行轨道——黄道，依照这些星座划出黄道十二宫。

古巴比伦人用日、月、火、水、木、金、土七个星球的名称，给一周中的 7 天命名，所谓星期，就是星的日期。太阳日是星期日，月亮日是星期一，火星日是星期二，水星日是星期三，木星日是星期四，金星日是星期五，土星日是星期六，现在通用的星期制就是这样起源的。古巴比伦人是根据月相的周期变化把一个月分为四周、每周 7 天的，这和古埃及人的太阳历不同，原来，古巴比伦人使用的是阴历。

汉谟拉比统治时期，下了一道圣旨，圣旨的全文是这样的："奉汉谟拉比的圣喻，现在因为本年的年日不足，所以把现在已经开始的月份称为第二爱路尔月，并且把原来定在直西里月 25 日上缴巴比伦的赋税，改在第二爱路尔月 25 日交。"这个圣旨到底是什么意思？"年日"为什么会"不足"呢？"爱路尔月"和"直西里月"是什么意思？为什么还会有个第二爱路尔月呢？

原来，古巴比伦人根据月亮变化的规律，制定了阴历，这是世界上最早的阴历。这种历法把一年分为 12 个月，每个月以刚刚露出月牙的这一天作为这个月的开始，以月亮最圆的那天为月中，把月亮又变为月牙的那天作为这个月的结束。这样一个月一个月周而复始，其中六个月每月 30 天，另六个月每月 29 天，阴历 12 个月加起来 354 天，这和我们知道的一年大约 365 天不一样，过了两三年，就要差一个月，这就是圣旨上的"年日不足"。

为了解决这个问题，古巴比伦人每过两年或三年都要加一个"闰月"，也就是说一年有 13 个月。"爱路尔月"是 6 月，"直西里月"是 7 月，第二爱路尔月就是 6 月与 7 月之间加的闰月。

这样，圣旨的内容就明白了，人们也了解了古巴比伦的阴历。古巴比伦的阴历和星期的规定，一直保存到今天，这是他们对天文学的发展做出的重要贡献。

## 《吉尔伽美什》

古代两河流域的文学创作十分丰富，大多是宗教神话和史诗，

其中最著名的就是长诗《吉尔伽美什》。这首诗早在 4000 多年前就
在苏美尔人中流传，经过千百年的加工提炼，最终在古巴比伦王国
时期以文字的形式固定下来，成为一部巨著。

　　在这部史诗中，吉尔伽美什被描绘成一个半人半神的英雄，他
骄傲暴戾，力大无穷，到处惹祸，弄得乌鲁克居民不得安宁。天上
的神仙知道后，非常不满，诸神创造了巨人安吉杜去惩罚他。

　　安吉杜和吉尔伽美什打得难解难分，谁也战胜不了谁，两个人
在战斗中却成了好朋友。

　　此后，吉尔伽美什改恶从善，和安吉杜共同为乌鲁克的百姓造
福，他们打死了狮子，除掉了妖怪，立下许许多多功绩。

　　吉尔伽美什的英雄行为引起女神伊斯塔尔的爱慕，但吉尔伽美
什拒绝了女神的求爱。女神气得发抖，向天神们诉说了她的遭遇，
神仙们决定要用夺取安吉杜生命的方法打击吉尔伽美什。

　　安吉杜从此得了重病，他面色渐渐变黑，呼吸日益微弱，双目
黯淡，濒临死亡。吉尔伽美什日夜守在他的身边，不敢离开半步。
一日，他一摸安吉杜的心脏，已经停止了跳动。吉尔伽美什为朋友
的死感到万分悲痛，他悲戚地大喊："人为什么要死呢?"

　　吉尔伽美什安葬了朋友以后，决心去寻找长生不死之方。历经
千辛万苦，吉尔伽美什终于得到了长生不老的仙草，他想把仙草带
回去，让每一个人都长生不老。

　　吉尔伽美什在归途中又累又热，他把仙草放在一条河的岸边，
跳进水里洗澡。当他洗完澡上岸的时候，突然发现仙草不见了踪影，
原来在他洗澡时，仙草已被蛇偷偷吃了。那条蛇吃掉仙草后，蜕掉
了它的外皮，飞快地游走了。结果吉尔伽美什无功而返，他叹着气
说："蛇可以蜕皮永生了，而人类却注定要衰老和死亡。"

　　长诗《吉尔伽美什》是古巴比伦文学的珍宝。它所塑造的英雄
吉尔伽美什和安吉杜，具有坚忍不拔的战斗精神，他们永远归属于

人民。它生动地反映了人们探索生死奥秘的愿望，也体现出了人们所具有反抗意志，但最终却难免失败的悲剧。同时，它阐述了一个普通而又深刻的哲理：人虽然都会死，但是人民的事业是永恒的。史诗《吉尔伽美什》所表现的英雄精神是两河流域精神意志的象征，数千年来一直教育和鼓舞着人们。

## 巴比伦的空中花园

巴比伦城以宏伟高大的城墙和精巧华丽的空中花园闻名于世。"空中花园"被称为世界七大奇迹之一，它位于新巴比伦王国的首都巴比伦城王宫的宫墙内。空中花园并不是悬在半空中的，而是建筑在一系列塔庙的平台顶上。

这是一座阶梯式的多层建筑。层层升高的同时又层层收缩。每一层都由坚固的砖砌弯拱支撑，上面栽着大树和奇花异草，最高一层有个贮水池，可以供水灌溉。远远望去，在高高的蓝天下一片葱绿红黄，色彩绚丽的建筑物掩映其间，宛如一座空中花园。

空中花园是怎么建立起来的呢？有这样一个传说。

公元前614年，巴比伦和米底两国联合攻打亚述帝国。为了巩固友好同盟，两国国王决定联姻，巴比伦太子和米底公主订婚。以后，经过两国的协同作战，终于在公元前605年灭亡了军事强国亚述。

公元前604年，古巴比伦老国王去世，太子尼布甲尼撒即位成了新国王。他举行了婚礼，米底公主赛米拉斯成了他的王后。王后一来到巴比伦，看见一片平原，满地黄土，就生起了思乡病。巴比伦国王非常着急，王后的故乡伊朗高原山峦起伏，森林茂密，巴比伦却荒芜干旱，遍地黄土，怎么办呢？

国王请来了许多建筑师，经过几年的营造，在首都建造了一座大假山。这座假山每边长 120 多米，高 25 米，在塔庙顶铺上了石板和台级，形成了平台，这些石头都是从几百公里之外运来的。假山分为上、中、下三层，每层铺上芦苇、沥青和铅等材料，以防渗水。为了防止万一，上面又铺了两层砖头，还浇铸了一层铅。然后，在这些平台上堆上肥沃的泥土，种植了许多奇花异草。

空中花园种上了草木，浇水怎么办呢？为了提供水来浇灌，人们专门在顶上设计了机械的提灌设备，用螺旋泵不断地从幼发拉底河抽水，这在当时是十分艰难复杂的大工程。传说，米底公主从此心情很好，身体一下子完全康复了。

空中花园只是巴比伦建筑的一个组成部分。尼布甲尼撒建设的巴比伦城是当时世界上最繁华的城市。整个巴比伦城是用砖砌和油漆浇铸而成的。黄色的城墙呈四边形，长达 22 公里，十分宽厚，上面是一条宽阔的大道。城墙共有三道，有的厚 3 米，有的厚达 8 米，城墙与城墙之间有壕沟，在城被包围的时候，城外的居民可以进到最外层的城墙里避难。全城有 100 多座城门，全都用铜铸成。此外，城上还有一套复杂的水力防御装置，如果敌人侵入城下，就放水淹没城外土地。

巴比伦城的北门有两重，高 12 米，两旁有突出的拱楼，门墙和塔楼上嵌满了有各种浮雕的琉璃砖，色泽鲜明，姿态多样。城内贯穿南北的"圣道"两旁的墙上，装有白色和金色的狮子像。圣道的尽头，是直径六七十米的大神庙，并建有一座七级寺塔。神庙前面是一个大理石做的贮水池。人们进入巴比伦城，便仿佛进入了艺术之都。

巴比伦城地处交通要冲，被称为"天上的门户"，世界各国的商人都会到这里来开展各种经营，是当时亚洲西部著名的商业和文化中心。国王尼布甲尼撒二世（公元前 604 — 公元前 562 年）在位时国势最盛，经济、文化、城市建筑都有空前的发展。首都巴比伦城变成拥有几十万人口的大城市。

公元前4世纪末，巴比伦城由富庶转向衰落，到公元2世纪化为了废墟。空中花园，这朵古代两河流域的文明之花，经过岁月的磨难，也只遗留下一些残缺的基座，我们今天已经无法寻觅空中花园当年的盛景了。

## "宇宙四方之王"居鲁士

"报告国王，不好了……波斯军队冲进城里来啦！"一天傍晚，巴比伦国王正在寝宫里休息，忽然看到惊慌失措的侍卫跑进来，上气不接下气地对他喊道。

"什么？这怎么可能？"巴比伦国王一听，惊吓得立即从躺椅上挺起身来，瞪大眼睛说："难道他们是插上了翅膀飞进来的吗？快，快传我的命令，火速派兵前去抵抗！"

然而，他们行动为时已晚，波斯军队已闪电般占领了巴比伦城。

强大的波斯实际兴起于公元前6世纪后半期，公元前550年，居鲁士起兵灭了米底王国，建立了波斯王国的第一个王朝——阿黑门尼德王朝。居鲁士雄才大略，他在统一伊朗，征服小亚细亚半岛以后，又向新巴比伦发起进攻，把巴比伦城团团围住。

巴比伦城的防御十分严密，不仅墙厚城高，壁垒森严，而且装有特殊的灌水系统，只要一开水闸，幼发拉底河的大水就会冲到城下，城外的土地就会变成泽国。所以，当士兵前来报告波斯军队攻城的消息时，国王那波尼达发出放水的命令后就回到寝宫等候好消息去了。那波尼达十分自信，他无论如何也没料想到波斯军队会以如此快的速度攻进城来。

那么，波斯军队是如何进城的呢？原来，巴比伦王国的统治者分为三个集团：王室、富商、祭司。他们相互勾心斗角，很不团结。波斯国王居鲁士看到了这一点就派密探潜进巴比伦城，用重金收买了富商贵族和祭司，保证进城后不伤害他们，并且对他们说，如果能献出巴比伦城，还要给予重赏。于是，这些家伙便卖国求荣，暗中把幼发拉底河的水引到一边，连夜打开城门迎接波斯军队。就这样，在里应外合之下，公元前538年，居鲁士轻易攻取了这座古代的大城市。

进入这座当时世界上最繁华的城市之后，居鲁士释放了被囚禁的犹太人，随后灭掉了整个新巴比伦王国，并把波斯帝国的首都迁到巴比伦城，又宣布自己是"宇宙四方之王"。

波斯帝国是当时世界上最强大的国家之一，居鲁士靠着军事征服和外交手段，使波斯地跨欧、亚、非三洲，波斯王被称为"众王之王"，波斯人尊敬地称他为"波斯之父"。

居鲁士不满足于已有的成就，他的下一个征服对象是埃及。为了远征埃及，先要巩固自己的后方，于是，居鲁士率兵进军里海，准备先灭掉那里的马萨盖特国。

在马萨盖特的王宫里，女王悲痛地说："波斯军队侵占了我们的土地，屠杀了我们的人民，还杀死了我的儿子，我们一定要报仇！"于是女王和大臣们商量了一个计策。

马萨盖特女王先是诱敌深入，向大草原退却，居鲁士以为马萨盖特军队已经战败，只率领少数骑兵长驱直入去追击。突然，四面八方爆发出怒吼声，隐藏着的马萨盖特骑兵突然铺天盖地地袭来，居鲁士这时想退兵也已经来不及了。居鲁士军队寡不敌众，被团团围住，"宇宙四方之王"被擒了。女王大声说："你贪血，就用血来浸透你！"她下令割下了居鲁士的头，将之扔在装血的袋子里。

后来，居鲁士的尸体被运回波斯，葬在一座豪华而宏大的陵墓里。他的陵墓至今还保存在伊朗高原上。

居鲁士死后，他的儿子冈比西斯继承了他的事业，冈比西斯在公元前 525 年终于灭掉了埃及。公元前 522 年，波斯帝国内部发生了动乱，高墨达冒充冈比西斯的弟弟发动了政变，夺取了政权，冈比西斯因绝望而自杀身亡。

## 高墨达暴动

"推翻冈比西斯的统治！"

"坚决支持高墨达！"

……

一浪高过一浪的呼声在起义的人群中回荡着，刚刚成立不久的波斯帝国陷入了尖锐的冲突之中。

波斯帝国虽然立国时间不长，但是矛盾十分尖锐。波斯统治集团的掠夺和征服，给被征服地的人民带来了深重的灾难：各个被征服地的统治者因为丧失了自己的权力和利益，十分不满波斯人的统治；波斯国内的百姓因为长期的对外征战而背负了沉重的负担；波斯帝国的贵族因为王权的加强而降低了地位，他们的特权也逐渐消失，这些矛盾日益激化。

冈比西斯刚刚率军远征埃及时，波斯人民便骚动起来，在波斯、米底，还有其他的许多地方，"发生了巨大的灾祸"。

公元前 522 年 3 月 14 日，当冈比西斯的军队在埃及受到重大挫折时，波斯帝国的庇里什瓦德的阿卡德里什山地方爆发了高墨达暴动。

高墨达打着冈比西斯的弟弟巴尔狄亚的旗号起兵（传说冈比西斯杀死了自己的兄弟巴尔狄亚），并自立为王，号召各地的人民起来拥护他，抛弃冈比西斯。高墨达曾经派人到各地宣布免除三年的兵役和赋税。

暴动得到了各地人民的响应。《贝希斯敦铭文》中说："于是所有的人民，波斯人、米底人以及其他诸省的人都骚动起来，从冈比西斯转而倾向于他（指高墨达）。"波斯帝国处于风雨飘摇之中，面临着全面崩溃的危险。

正在埃及的冈比西斯得到了高墨达暴动的消息后，立即动身回波斯，准备回去镇压高墨达暴动。但是，在回波斯途中，冈比西斯却突然死去。

出身于阿黑门尼德氏族的大流士等七个贵族密谋杀死高墨达，他们在米底的尼塞亚地区一个名字叫做西卡亚瓦基什的堡垒中杀死了高墨达及暴动的主要成员。这样，历时 7 个月的高墨达暴动最终归于失败。

古希腊史学家希罗多德在评价高墨达统治时说："高墨达大大地给他的全体臣民以恩惠，以致在他死后，除了波斯人以外，没有一个亚细亚人不盼望他回来。"


## 大流士改革

在今天伊朗西部的大悬崖上，刻着一块摩崖，摩崖的上方刻着一个威武的人，他高昂着头，挺着胸，一副骄傲的姿态。在他的脚下还刻着一群跪着的人，旁边还有九个囚犯。这个威武的人就是波斯国王大流士，旁边那九个囚犯传说就是大流士击败埃及等国反抗时捕获的国王。高墨达暴动被镇压后，大流士当上了国王。当时，巴比伦、埃兰、亚述、埃及趁着暴动都脱离了波斯，宣布独立。大流士是一个有作为、有志向的国王，他南征北讨，平定了国内的叛乱和被征服国家的反抗。在他的铁腕政治下，重新建立起地跨亚、非、欧三洲的波斯大帝国。

为了纪念胜利，大流士命人用埃兰、波斯、巴比伦三种楔形文字，把自己的文字刻在伊朗西部的大悬崖上，这个地方叫贝希斯敦，所以称之为"贝希斯敦摩崖"。

大流士执政后，为了加强中央集权的统治，先后进行了一系列的改革。

大流士征服了许多国家，他把这些国家划分为若干"行省"，直接派总督去统治，被征服国家的财富源源不断地流入波斯帝国的首都。大流士规定只有中央政府可以铸造金币，地方行省只能铸造银币、铜币。大流士统一了货币，命令所有被征服的地方，一律使用帝国铸造的金币。这种金币正面是大流士像，背面是一个弓箭手，称为"大流克"。币制改革加强了中央对经济的控制，有利于商品经济的发展。

大流士亲理国政，发布命令，控制了军权。为了防止叛乱，大流士在行省的总督身边设立了"皇室秘书"，负责宣读皇帝的命令。他还在各地安排了"眼目"，监视行省的行政和军事人员。大流士明确地规定了各个行省的贡赋数额，并采用了包税制度。奴隶主和富商做包税人，管理征税事务。包税的奴隶主和富商与地方官吏串通一气，巧立名目，大肆搜刮，人民在这种剥削下痛苦不堪，与此同时，波斯的国库却日渐充实了。

大流士改组了军队，自任最高统帅，直接指挥一切军事行动。他的近卫军有 12 000 人，其中长矛手有 1000 人，身穿护身长甲，所持长矛下面装饰着金制的或银制的小球；骑兵 1000 人，身穿鳞片的铠甲，头戴厚粗布帽，配备着弓、剑和盾；步兵 1000 人，被称为"不死军"，因为他们的人数永远不变，随时有预备队可以补缺。大流士在各个行省都派驻了军队。他利用地中海沿海的腓尼基人兴建了一支海军，拥有数百只战船。

　　大流士为了更快地调遣军队，传达政令，就修筑了许多条驿道，其中一条全长 2000 多公里，名为"皇道"。从苏萨一直通到爱琴海，全线设有 100 多个驿站，皇家信使骑着快马，用接力奔跑的方式递送文书，从爱琴海抵达王宫只用三天。皇帝需要的土产、鲜货也用这种方式运送。大流士只喝故乡苏萨的河水，每天要派很多人用银器把那里的水运来；他喜欢吃爱琴海的鲜鱼，信差们就从皇道接力传递把鲜鱼送到皇宫。

　　大流士的改革使波斯帝国成为中央集权的奴隶制君主专制国家，波斯帝国在大流士的领导下走向了繁荣。但是，大流士征服世界的野心并没有停止。为了征服希腊，大流士挑起了著名的希波战争。公元前 492 年，一场风暴摧毁了波斯舰队对雅典的远征。公元前 490 年，波斯再次进攻，被希腊人大败于马拉松。大流士不甘心连续的失败，他又开始策划第三次进攻，可是，他不久就死去了。波斯帝国从此走向衰落。

## 悲伤地薛西斯

　　在萨拉米斯狭窄的海湾处，一位威武的皇帝站在一艘战舰上，望着近处的海面，手按胸口，露出十分沉痛的表情。海面上漂浮着一具具士兵的尸首，战舰的残骸撞击着他们，泛红的水波拍打着他们，然而他们已经没有任何反应。

　　"太悲惨了！太悲惨了！"这位皇帝双目含泪，喃喃低语，"将士们付出的代价的确太大了！这真是一场毁灭性的战争！"

　　"传令下去，立即撤军！"他紧攥拳头，痛苦地作出了决定。这位皇帝就是波斯之王——薛西斯。

公元前 480 年，波斯皇帝薛西斯亲自率领海陆两军入侵希腊。波斯侵略军有上百万人，由波斯帝国统治下的波斯人、阿拉伯人、埃及人组成。

波斯军队用 7 天时间渡过了赫拉斯滂海峡（今达达尼尔海峡），终于来到了欧洲。渡海的时候发生了日蚀，僧侣对薛西斯说："这是吉兆，希腊人崇拜的太阳要落了，波斯人崇拜的月亮要升起来了。"

波斯军队后来到达了希腊北部的要塞温泉关，守卫在这里的是斯巴达国王李奥尼达带领的 300 名斯巴达勇士。波斯人发起一次又一次的猛攻，都被斯巴达勇士打退了。这样激战了数天，波斯军队仍然没能攻下温泉关。薛西斯吓得坐立不安，十分担心自己的精兵被消灭掉。

后来，在一个希腊叛徒的带领下，波斯军队从小路绕到希腊军队的后方，包围了温泉关。波斯将领驱赶着士兵冲锋陷阵，希腊战士拼死反抗，他们的矛断了，剑折了，就用拳头和牙齿对付波斯人。最后，由于寡不敌众，斯巴达国王李奥尼达和 300 名斯巴达战士全部壮烈牺牲。波斯人也同样付出了惨重的代价，薛西斯的两个兄弟都战死于战场上。薛西斯找到了李奥尼达的尸体，砍下他的头泄恨。

攻下温泉关后，波斯军队直捣希腊。聪明的希腊人事先撤到了萨拉米，留给波斯人一座空城。波斯军队占领雅典城，大肆抢劫，放火焚烧城市。

希腊舰队集中在狭窄的萨拉米斯海湾，波斯海军追到萨拉米，企图一举消灭敌人。希腊军队面对 3 倍于自己的敌人，斗志昂扬，怀着誓死保卫家园的信念，英勇地投入了战斗。

战斗在激烈的混战中开始。薛西斯亲自督战，他把黄金宝座放在海滨高地上，注视着这场海战。庞大的波斯战舰在狭窄的海湾里难以施展威力，有的触礁，有的被灵活的希腊战舰击沉。几个小时以后，薛西斯的舰队支持不住了，开始向后退却。希腊的船只向波斯战舰撞过来，舰上的波斯士兵纷纷倒在希腊士兵的箭下。

　　薛西斯看到海面上漂浮着无数战死的尸体和战舰的残片，还有海滩上的残兵败将，悲伤已极，亲眼目睹了波斯海军的惨败，也亲耳听见了希腊人胜利的欢呼，于是痛苦地作出了撤军的决定。萨拉米海战打败了波斯人气势汹汹的进攻，从此，希腊人掌握了战争的主动权，最终赢得了战争的胜利。希波战争成了波斯帝国的转折点，波斯从此每况愈下。公元前330年，波斯帝国被希腊马其顿国王亚历山大的军队彻底击败。

## 商业名族腓尼基

　　公元前3000年末开始，地中海东岸住着许多腓尼基人，他们以善于航海和经商而闻名于世。说起腓尼基人，还有一个有趣的故事呢。"腓尼基"是紫红色的意思，它来源于这个地方出产的一种紫红色染料。在推罗，人们潜入海底，捕捞一种贝类，从中提取红色颜料。当时埃及、巴比伦、赫梯和希腊的贵族、僧侣，都喜欢穿紫红色的袍子，可是，紫红色很容易褪色，只有腓尼基出产的布才不会褪色，就算是衣服穿破了，色彩也照样鲜艳。所以，人们把地中海东部的人叫腓尼基人。古代腓尼基人大体上居于地中海东岸、黎巴嫩以西的沿海狭长地带，地处西亚和地中海海陆交通的要塞，良好的自然环境为腓尼基人提供了得天独厚的经商条件。

　　古代的腓尼基不是一个国家的名称，而只是一个地区、一个民族的名称。事实上，腓尼基人从未形成一个统一的国家，只是若干个彼此独立的小城市国家。腓尼基人属于闪米特族，公元前3000年末开始出现城市国家。

　　腓尼基的这种紫红色的布在地中海沿岸的国家中非常畅销，它逐渐成为腓尼基人的主要收入来源。腓尼基人怎么得到这种紫红色颜料的呢？传说，有一个牧人，他养了一条猎狗。有一天，这条猎狗叼了一只海里的贝壳回来，它用力一咬，顿时，它的嘴里和鼻子上都是鲜红的汁液。牧人以为狗的嘴咬坏了，连忙用清水洗，但怎么也洗不掉。牧人觉得奇怪，"难道是贝壳里有红色颜料吗?"牧人仔细观察了贝壳，终于发现了两块鲜红的颜色。从此腓尼基人就知道摸捞这种贝壳了。腓尼基人渐渐弃农经商，足迹遍布地中海沿岸的各个地区。

商业成为腓尼基人的主要活动，在希腊城邦兴起以前，腓尼基几乎垄断了整个地中海的贸易。他们不仅经营当地盛产的木材、酒、染料等商品，而且还转卖从别的国家买来的货物，从事奴隶买卖，这些活动使腓尼基在贸易中占有重要地位。

腓尼基人的经商路线分为陆路和海路。在陆地上，腓尼基人开通了阿拉伯和波斯的沙漠商道，用各种牲畜和车辆运送各种商品，当时腓尼基人的主要贸易竞争对手是埃及。在海路上，腓尼基人凭借他们高超的航海技术，到处开拓商业殖民地。地中海各个岛屿及其沿岸遍布着他们的商业点。

腓尼基人重要的商业城市推罗在西部地中海建立了大量的殖民地，最著名的是建立于公元前 9 世纪北非沿岸的伽太基（今突尼斯附近）。伽太基全盛时期大概有上百万人口，他们中的大部分人从事手工业和商业。由于伽太基地处非洲内地和大海之间，所以除了经营沿海贸易之外，他们还和非洲内陆保持着巨大的商业贸易。他们从非洲商人那里换来黑奴、象牙、宝石等，然后再转手卖给地中海各地的居民。

腓尼基人的商业殖民活动达到高峰的时候，最西达到非洲海岸的丹嘉、丹吉尔等地，两河流域也有他们建立的商业城市。希腊城邦兴起以后，成为腓尼基人强大的竞争对手，最后，腓尼基人在商业竞争中败下阵来，希腊城邦取代了腓尼基人的商业地位。

## 迦太基名将汉尼拔

汉尼拔，这个名字曾使罗马人闻风丧胆，但这位善战的名将最终仍未能挽救他的国家——迦太基，而是败在了罗马人的手下。

汉尼拔，迦太基人，大约生活在公元前247年到公元前183年，是古代历史上最伟大的军事统帅之一。

汉尼拔生活的时代正是罗马人与迦太基人争夺地中海的时代。公元前3世纪，罗马向地中海扩张，而迦太基是当时的地中海强国，于是两国发生了战争。当时，罗马人称迦太基人为"布匿人"，所以这场战争就叫做"布匿战争"。

汉尼拔在青年时代就显示出了极高的军事天才和指挥能力。他26岁时，被任命为迦太基军队的统帅。公元前219年，汉尼拔率领军队夺回了被罗马占领的西班牙萨贡托城。第二次布匿战争爆发后，汉尼拔凭着超人的智慧，识破了罗马人的战略战术，制定了在敌人境内作战的方针。公元前218年4月，汉尼拔率领大军，从陆路出征意大利。汉尼拔征服了沿途的各个部落，经过五个月艰苦的行军作战，抵达了欧洲著名的山脉阿尔卑斯山。汉尼拔决定偷越阿尔卑斯山，给罗马人以出奇不意的打击。可是阿尔卑斯山这时已进入封山期，山上白雪皑皑，道路崎岖难行。经过近半个月的艰难跋涉，汉尼拔的军队终于穿越阿尔卑斯山。当汉尼拔的军队如天兵天将一样突然出现时，罗马军队顿时惊慌失措，溃败奔逃。汉尼拔乘胜追击，双方在特拉西门湖北岸的一个谷地展开决战，罗马人大败。

公元前216年，汉尼拔占领了"罗马粮库"坎尼城，双方展开了决战。罗马军队的人数大大超过了汉尼拔的军队人数。汉尼拔布下半月形的阵势，凸出的一面向着敌人，半月形的中心前半部是较弱的步兵，后面是步兵主力，骑兵布在阵势的两端。汉尼拔的战术在战斗中发生奇效，重创了罗马军队。

一连串的胜利沉重地打击了罗马帝国，罗马人对汉尼拔简直谈虎色变。罗马人改变了战术，利用汉尼拔远离祖国、兵力物资有限这一弱点，采取"拖延战术"来消耗汉尼拔的实力，切断了汉尼拔的给养线，又歼灭了迦太基援军。公元前205年，孤军深入的汉尼拔困守在卡拉布里亚。罗马军队避开汉尼拔，进攻迦太基的北非地区，汉尼拔奉召回国。汉尼拔在意大利征战十五年，没打过败仗，为了祖国，他遗憾地撤离了意大利。

公元前202年，汉尼拔与罗马军队在撒马城进行了决战。但命运并没有成全汉尼拔，战争的结果是罗马军大胜，迦太基被迫求和。

公元前195年，汉尼拔离开了他的祖国迦太基，长期流亡西亚。公元前183年，他在小亚细亚的比提尼亚服毒自杀，结束了他与罗马人苦斗的一生。

不久，第三次布匿战争爆发，经过六天六夜的激战，迦太基城被罗马军队攻破，85 000迦太基人战死。这座建于公元前9世纪的繁华城市被夷为平地。残存的50 000人全部被卖作奴隶，迦太基所属的地区成为罗马的非洲行省。汉尼拔拼死相救的祖国迦太基被罗马人彻底灭亡了。


# 以色列犹太国家


有人说，犹太人的头脑是世界上最聪明的头脑。的确，自古以来，许多犹太人创造出了无数的科学奇迹。然而，作为一个种族，他们却历经了无数的磨难。

以色列犹太国家兴起于公元前 2000 年代末的巴勒斯坦地区——"巴勒斯坦"这个词来源于希腊。公元前 1200 年前后，一支海上民族腓力斯丁人侵入巴勒斯坦沿海地区，于是希腊人称被腓力斯丁人占领的地区为巴勒斯坦，这个名称一直沿用到今天。

巴勒斯坦位于埃及和叙利亚之间，西邻地中海，是联系埃及和两河流域两大古代文明地区的枢纽。巴勒斯坦地区最早的居民是公元前 3000 年左右的迦南人，他们以经营农业为生。公元前 16 世纪末，埃及人统治了巴勒斯坦。大约公元前 2000 年代，游牧的希伯来人征服了迦南人，开始定居下来，渐渐从事农业生产。希伯来人分成两个部落联盟，北方的叫以色列，南方的叫犹太。

公元前 13 世纪末，腓力斯丁人横扫地中海，以色列犹太人同他们进行了激烈的斗争。在斗争中，私有制开始出现，到了公元前 11 世纪，以色列犹太国家形成了。以色列的第一个国王叫扫罗，他建立了一支强大的军队，同腓力斯丁人作战，取得了一定的胜利。犹太人的领袖大卫同扫罗发生了尖锐的冲突，他投靠了腓力斯丁人，背叛了扫罗，令扫罗在战争中惨败。大卫乘机为王，统一了以色列犹太，最终将腓力斯丁人赶出了以色列犹太国家，定都于耶路撒冷。国王大卫和所罗门统治时期，国势空前的强盛，建造了豪华的宫殿和耶和华神庙。耶路撒冷成为以色列犹太人的圣城，建筑神庙的锡安山也被视为圣山。

所罗门王死后，巴勒斯坦分裂为两个国家：以色列和犹太。以色列都城是撒马利亚，犹太的都城是耶路撒冷。公元前 9 到 8 世纪，巴勒斯坦地区阶级分化日益严重，亚述帝国不时的入侵使人民生活痛苦不堪。公元前 772 年，以色列被强大的亚述帝国灭亡了。公元前 586 年，新巴比伦王国攻陷了耶路撒冷，犹太国也随之灭亡。大批的犹太人被掳往巴比伦，史称"巴比伦之囚"。从此，犹太国家不复存在。

犹太人被囚在巴比伦期间，有人传说耶和华神要派遣一个救世主来复兴国家。一个名叫以西结的"先知"，在囚徒中传播信奉惟一真神耶和华和"救世主"将要帮助犹太人复国的教理，犹太教的萌芽逐渐出现了。

波斯帝国兴起以后，公元前 539 年，波斯王居鲁士攻陷了巴比伦城，释放了被囚的犹太人。犹太人重返耶路撒冷后，犹太教最终形成了。犹太教的宗教经典是《圣经》，包括《律法》、《先知》、《圣志》三部分。它是古希伯来人文学、历史作品的总集，经祭司编纂整理而成。

公元前 4 世纪后，希腊和罗马先后占领了巴勒斯坦，犹太人奋起反抗，公元 66 年，犹太人发动了反抗罗马的"犹太战争"。犹太战争遭到了残酷的镇压，被俘的起义者都被钉死在十字架上。后来，遇害者实在太多，以至于"没有地方再立十字架，没有十字架再钉人"。

犹太人被迫离开自己的家园，散居在世界各地。散居的犹太人仍然保持着自己的宗教信仰和习俗，没有被同化，一直到今天。公元 7 世纪后，阿拉伯人占领了巴勒斯坦，以后，这里的居民绝大多数为阿拉伯人。

## 诺亚方舟的传说

在犹太人中间流传着诺亚方舟的故事。

亚当和夏娃无忧无虑地生活在伊甸园里。有一天，夏娃受了蛇的引诱，偷吃了智慧树上的果子，夏娃吃了以后又给亚当吃。

上帝非常生气，立即把亚当和夏娃赶出伊甸园，让他们到尘世中谋生。亚当和夏娃艰难地生活了一段时间以后，他们有了两个孩子，大儿子叫该隐，小儿子叫亚伯。一天，该隐因为一件小事打死了亚伯，该隐十分害怕，就跑掉了。上帝知道一切，就问该隐弟弟去了哪儿，该隐撒了谎，受到上帝的惩罚。亚当和夏娃以后又有了许多孩子，长年的劳动使他们的腰渐渐变弯，死的时候年纪已经很老很老了。

亚当和夏娃的子孙继续繁衍，该隐的罪行在世间代代流传。人们经常动手打邻居，互相残杀、偷窃，世界一片混乱。上帝觉得这个开头不好，应该再有新的一代人。

那时候，有一个人叫诺亚，他是玛士撒拉的孙子。诺亚是一个好人，和所有的人都相处得很好，对上帝也很虔诚。上帝觉得要让人类重新开始繁衍，由诺亚传宗接代最合适。

于是，上帝决定留下诺亚一家，杀死其余的所有人。他告诉诺亚造一条船，这条船450英尺长，75英尺宽，43英尺高。诺亚听从了上帝的吩咐，和他的儿子们开始造船。邻居们在一旁笑话：这里没有河，没有海，造船有什么用！诺亚和他的儿子们不理这些，坚持不懈地努力做活。他们砍下巨大的柏树充当船的龙骨，又在船舷上涂上沥青，船的第三层甲板上还盖着厚厚的木板以防暴雨。

船造好后，诺亚一家人开始做出航的准备。他们到山野里捕捉各种动物，这样既可以做食物，又可以作为重新登陆以后的祭品。他们用了一个星期的时间打猎，船上装满了各种生物，非常喧闹。

第七天黄昏，诺亚一家人上了船，紧紧地关上了舱门。半夜，开始下起雨来。雨一连下了四十个昼夜，土地都被淹没了。诺亚一家人和船上的各种生物是这场可怕的洪水之后仅存的生物。

上帝发了慈悲，雨停了，狂风吹散了乌云，阳光再次照耀着地上翻滚着的波浪。

诺亚小心地打开舷窗向外看，哦，他的船平安地漂浮在水面上，但看不到陆地的影子。诺亚放飞了一只鸽子，鸽子比所有的鸟都飞得远，但它也找不到可以落脚的地方，只好飞回方舟。过了一个星期，诺亚又把鸽子放出去，它飞了一整天，黄昏的时间飞回来了，而且嘴里衔着一枝新鲜的橄榄枝。显然，水已经退了。

又过了一个星期，诺亚第三次把鸽子放出去，这次鸽子没有回来。不久，船身一阵震动，诺亚知道船靠岸了。

第二天，诺亚弃船登陆，他收集石块搭了一座祭台，杀了几只动物作祭品。这时，他看到天空中出现了巨大而美丽的彩虹，这是上帝给他的信号。

诺亚和他的儿子们又开始了和平的生活。

这个故事在犹太国家广为流传着，反映了他们祖先创业的艰难。

## 丝绸之路

公元前115年，一个晴朗的早晨，一位身着戎装的将军守候在安息边境，他是奉安息国王之命，前来迎接远道而来的友好使者。

一会儿，远处出现了一支马队，马队前面打着一面大旗，上面用中国篆字写着"博望侯"三个字，安息将军连忙上前欢迎。中国使者跳下马背，高擎节杖（汉代使者的凭证），大步走来，中国使者抱拳说："有劳将军阁下远迎，我是博望侯副使甘邑父，代表大汉皇帝向安息皇帝陛下致敬！"说完，又指给安息将军看中国使团带来的礼物。

将军含笑望去，只见马队的每一匹马都驮着两个大包里面装满金银器皿，手工艺品，最引人注目的是有很多绸、缎、绫、罗，这些都是当时只有中国才能生产的东西。

安息将军高兴地说："盼望已久的丝绸之路，终于畅通了！"中国使者也高兴地说："丝绸之路是中国和西方的友谊之路啊！"

丝绸之路是怎样开辟的呢？

公元前138年，匈奴骑兵袭击了伊犁河流域的大月氏部落。匈奴单于砍下大月氏国王的头做酒器，双方结下世仇，大月氏被迫西迁。经常受匈奴侵扰的汉武帝招募使者，决心联合大月氏攻打匈奴。

张骞应募出使大月氏。公元前138年，张骞率领100多人，从长安出发，西出阳关，走到陇西时，他们被匈奴抓获扣留。匈奴对张骞威逼利诱，张骞一声不响地保留着他的节杖，丝毫不为匈奴所动。

熬过十年的漫长岁月后，在一个风雨交加的夜晚，张骞和他的伙伴一同逃出了匈奴境地，他们继续西行，终于到了大月氏。但是，这时大月氏已立了新王，百姓安居乐业，他们已经不愿和汉朝联合攻打匈奴，张骞只得踏上了归途。不料这次他又被匈奴捉去，幸而一年后，匈奴发生内乱，他们才逃出来，回到了长安。

公元前119年，汉武帝派张骞第二次出使西域。张骞和他的随从到了乌孙、大宛、康居、大夏等国，受到了热情的款待。这些国家纷纷表示愿意和中国进行贸易。最后，张骞使团到达安息。

从此，各国商队满载着东方的丝绸、铁器或西方的珍宝特产，戴着驼铃，西来东往。丝绸之路通向欧、亚、非三个大陆，沟通了东西方的文明。

## 哈拉帕文化

"印度"在古代不是指一个国家，而是指一个地区。这个地区包括了今天的印度、巴基斯坦和孟加拉三个国家。

印度这个词来源于印度河，古代印度河流域是人类文明的发源地之一。公元前4000多年以前，达罗毗荼人在河谷耕种田地，畜养牲畜，过着定居的生活。到了公元前3000年，达罗毗荼人开始金石并用，进入青铜器时代，他们创造了辉煌灿烂的文化，这种文化被统称为哈拉帕文化——哈拉帕文化是印度河流域最早的文明。

哈拉帕文化时代的居民主要从事农业。他们已经学会使用镰刀等生产工具，他们还饲养牛、山羊、绵羊、猪、驴，狗等动物。

随着经济的发展，印度河流域出现了许多城市，其中最大的两座是哈拉帕和摩亨佐·达罗。这些城市街道整齐，布局井井有条，有完备的供水和排水系统。哈拉帕城周长大约3公里，分卫城和下城两部分。摩亨佐·达罗也分两个区，城墙四周建有高高的防御塔楼，城内修有34英尺宽的街道，街的中心是一座大浴室，建有二层的楼房，居民区的街道直角相交，又宽阔又整齐。最值得一提的是全城还有一个完备的下水道系统，附有滤水池、排水管和大量水井。

哈拉帕时代的社会已经出现了贫富不均的现象：富人的住宅十分讲究，有宽阔的院子和排水设备；穷人的住房十分差，又窄小又简陋。

哈拉帕时代的居民是世界上最早种植棉花的人，他们还发明了纺织技术。经过3000年，西方才学会种植棉花和纺织。哈拉帕时代居民的纺织和制陶都很有名，这是他们重要的手工业部门。

随着农业和手工业的发展，当时的商业也很发达。在两河流域的遗址中，人们发现了许多哈拉帕时代的印章。印章在当时非常流行，现在已经发掘出来的有2000多枚。印章上有的刻着文字，有的刻着生动的浮雕，这些浮雕大多是牦牛、象、虎等当时常见的动物。其中有的刻着船的图案，这种船就是当时交通运输的工具。

公元前1700年左右，哈拉帕文化突然遭到毁灭，昔日繁华的城镇变成了一片废墟。哈拉帕文化毁灭的原因，至今尚无定论。

## 吠陀时代

"我是一个诗人，父亲以医为业，母亲用石磨谷，所事各有不同，同是为富与福，好似觅草群牛，不限一地食物。"这首诗是印度著名的《犁俱吠陀》中的诗篇，反映了当时印度人的生活，这时的印度人一家人可以从事不同的职业，历史上把这个时代叫"吠陀时代"。

哈拉帕文化衰落以后，古印度的历史就进入了"吠陀时代"。"吠陀"的原意是什么呢？是知识、神圣或宗教的知识，吠陀是含有大量知识的宗教文献，它是世代口头传下来的。

吠陀文献的编者们称自己是"雅利安"，意思是"高贵的人"。实际上，在古代印度，不同种族的人在交往中往往采用了相近似的语言，血缘也自然有交融和混合，所谓天生高贵的雅利安种族在历史上是不存在的。

吠陀文献分为四部。最早的就是《犁俱吠陀》，反映的是大约公元前1500年左右的事情，这个时代就叫做"早期吠陀"时代。其余的三部文献产生的时代比较晚，在这一时期又逐渐出现了解释吠陀文献的书，这个时代就叫做"后期吠陀时代"。

在《犁俱吠陀》中，记叙着：从公元前2000年代后期起，雅利安人从西北方侵入印度，他们说印欧语。最初，这些雅利安人过着游牧生活，驯养牛、马、狗等牲畜，后来逐渐地过起定居的生活，从事农业生产。

雅利安人侵入印度后，和当地的土著居民发生了不断的斗争。雅利安人把他们的对手称为"达萨"（意思是敌人），说达萨是黑皮肤、矮鼻子、说着邪恶语言的人。他们把自己的战神因陀罗称作

"城市的摧毁者"。经过无数次的战斗，达萨或者被赶走，或者沦为奴隶。

早期吠陀时期，雅利安人还存在着氏族、部落组织。随着经济的进一步发展，私有制产生了，不同氏族之间出现了贫富的差别。穷人在生活没有办法时只好向富人借债，如果到时候不能还债，就必须为债主服一段时间的劳役。

早期吠陀时代，社会上已经出现了等级划分的现象。《犁俱吠陀》中记载着这样一个传说，当诸神们把普鲁沙作为牺牲（祭祀品）时，从他的嘴中产生了婆罗门，从他的手臂上产生了罗阇尼亚，从他的腿上产生了吠舍，从他的脚上产生了首陀罗。这是一个关系四个等级来源的神话，是早期种姓制度的来源。

到了后期吠陀时代，雅利安人逐渐扩展到整个恒河流域。这一时期，印度社会正式产生了种姓制度，把人固定分成等级。这种种姓制度一直残留近千年，直到印度的近现代社会才废止。

## 种姓制度

在后期吠陀时代产生了种姓制度，种姓制度到底是怎么回事，它是怎样被规定出来的呢？

公元前 5000 年以前，印度半岛已经形成它独特的文化。那里的居民从事农业和手工业生产。但是，在公元前 2000 年，来自北方的白种人征服了他们。这些白种人自称是"雅利安"族，意为"出身高贵的"人种。他们把当地黑肤色的人，说成是野蛮人。以后，他们就按肤色和"出身"，在印度建立了一套种姓制度。

雅利安人在后吠陀时代逐渐形成了严格的等级制度，他们根据婆罗门教的戒条和习惯法汇编了一部法典，并给这部法典罩上了一层神的色彩，说这部法典是"人类的始祖"摩奴规定的，所以叫"摩奴法典"。印度的种姓制度就是"摩奴法典"规定的，法典里说神用自己的嘴、手、大腿、脚造出了婆罗门、刹帝利、吠舍和首陀罗。

第一种姓是婆罗门，他们的社会地位最高。婆罗门是主管宗教祭祀的僧侣，他们垄断了宗教大权，主要的职责是研究和讲授吠陀经，从事祭祀活动。他们还垄断了文化，有的还参与掌握政权。有的婆罗门充当国王的顾问，用占卜等方式影响国王的行政事务。

第二种姓是刹帝利，这是由从前的罗阇尼亚发展而来的。刹帝利是由一些军政人员组成的，包括贵族和武士。他们掌握了古代印度社会的军事和行政大权，主要任务是保护人民，奉献祭物，对社会实行世俗的统治。国王通常是刹帝利种姓。

第三种姓是吠舍。吠舍主要是一些富裕的农民、平民和商人等，他们中一些人靠着高利贷活动富裕起来。吠舍主要从事耕种土地、经商贸易、放牧牲畜等活动，他们在政治上没有特权，必须捐赠和纳税，以此来供养完全不生产劳动的婆罗门和刹帝利。

第四种姓是首陀罗。首陀罗是奴隶和处于奴隶地位的穷人，他们从事农业、牧业、渔业以及种种当时被认为低贱的行业，他们的任务只有一个，就是俯首帖耳地为前三种种姓服务。首陀罗的社会地位最低，不享有任何政治和法律上的权利，他们不能参加宗教活动，如果偷听诵经，就要受用熔化的锡和蜡灌耳的酷刑。

前三种种姓是"再生族"，后一种种姓是"非再生族"。摩奴法典规定，各种姓的职业世袭，不同种姓的人之间原则上不能通婚、交往，甚至不能坐在一起。高级种姓的男人常娶低级种姓的女人作妾，但是如果低级种姓的男人娶了高级种姓的女人为妻，他们的子女就是"贱民"。贱民的处境非常悲惨，他们被看做"不可接触的人"。平时贱民只能住在村外，走在路上要不停地敲瓦罐，告诉高级种姓的人不要接触他们。

在种姓制度下，一个人的社会地位取决于他的出身，血统世代都不改变。每个低级种姓的人必须尊敬高级种姓的人，婆罗门教的经典宣扬"应把十岁的婆罗门与百岁的刹帝利当做父与子来看待"。如果首陀罗骂了前三种姓的人，他就会被割掉舌头；而如果前三种姓的人打死了一个首陀罗，只要赔些钱就没事了。如果一个婆罗门不小心碰到了"贱民"的身体，就认为是遇到了秽气，回家后马上要洗澡。

种姓制度是十分不公平的，它实际上就是在维护统治者的特权。统治者们用神的力量蒙昧百姓，仿佛一切都是生来就有，不可更改的。

这种罪恶的等级制度，在印度流传了几千年，甚至直到今天还有着深刻的影响。

## 佛教的兴起

"青青菩提树，宝相庄严处……"

自佛教创立以来，根深叶阔的菩提树便与之结下了不解之缘，那么它们究竟渊源何在呢？

公元前1000年代，雅利安人国家形成的初期，兴起了婆罗门教。婆罗门教维护种姓制度，还提出了轮回说。根据这个教义，人死以后，他的灵魂又转到重新生出来的人身上，为了来世不再受苦，人们就必须遵守婆罗门教规定的生活方式和各种戒律，安分守己。

随着经济的发展，婆罗门种姓产生了很大的变化，有一些婆罗门成了大奴隶主，有一些婆罗门没落了。原先的被统治阶级也发生了变化，吠舍的分化最为显著。有的吠舍处境日渐艰难，地位接近首陀罗；也有的吠舍依靠经商或放高利贷，变得富裕起来，成了新兴的奴隶主，有些人甚至做了地方官吏。首陀罗里也出现了少数富有的人。

社会的分化和阶级的矛盾越来越尖锐，从公元前 6 世纪开始，佛教兴起了。

佛教的创始人是乔达摩·悉达多（乔达摩是他的名字，悉达多是他的姓氏），释迦族人。他是伽毗罗卫城（在今尼泊尔境内）净饭王的儿子，得道之后被称为"释迦牟尼"，意思是"释迦族的圣人"。

传说，释迦牟尼 29 岁时离开了宫廷，出家修行，寻求精神上的解脱。经过 7 年的苦行和修炼，他在菩提树下觉悟成佛，从此开始在恒河流域传教。

佛教的基本教义是"四谛说"。"谛"的意思就是真理，四谛分别是苦谛、集谛、灭谛和道谛。苦谛是佛教讲道的起点，说明了人生有种种的苦恼；集谛说明了形成苦的原因；灭谛说明了佛教的目的就是要消灭苦；道谛是讲修道的方法。

佛教徒在入教的时候，必须在师父面前受"三皈依"，意思是归顺佛、法、僧，僧侣和修行者们组成了僧伽。最开始时，他们过着云游四方的生活，靠乞讨食物为生，他们在一起寻找食物，讨论信仰。后来，佛教渐渐受到社会的重视，国王和富商们经常向他们捐赠财物，他们有了自己的田地和房屋，便结束了游荡的生活。

佛教主张服从国家的统治，尊敬长辈，过安分守己的生活，同时宣传因果报应，认为这世做了善事，后世就有好报；这世做了坏事，后世就有恶报。它还主张用自我解脱的办法来消除烦恼，否定斗争。所以，很多国家的君主都支持佛教。又因为佛教传教通俗易懂，对低级种姓的人也一视同仁，允许他们入教，所以佛教发展十分迅速，后来成为世界三大宗教之一。

释迦牟尼在世的时候，佛教主要在恒河中游地区传播，从公元前3世纪开始，佛教开始传入亚洲各地。佛教向南传入斯里兰卡，又由斯里兰卡传入缅甸、泰国、柬埔寨、老挝等国。

佛教从印度通过两条途径向北传播：一条是从印度的乾陀罗经过帕米尔高原传入我国新疆，通过河西走廊传到中原地区，然后传到朝鲜、日本和越南等国家；另一条途径是由印度经喜马拉雅山传入我国西藏，再传到内地、蒙古和西伯利亚等地区。佛教在公元1世纪时传入中国。

在公元8世纪以后，印度的婆罗门教重新得势，改名为印度教。所以，现在印度国内很少有人信仰佛教了。

## 乔达摩·悉达多

乔达摩·悉达多是佛教的创始人，世人都称他释迦牟尼。他生于公元前565年4月8日。他的家乡迦毗罗城（今尼泊尔境内）位于白雪皑皑的喜马拉雅山下，他的父亲是这个小国的国王。

乔达摩从小是由姨母抚养大的。他从小就喜欢学习，并且非常擅长骑马、射箭。他的父亲很喜欢他，决定把王位传给他，希望他成为一个"转轮王"——一统天下的王。

乔达摩·悉达多并不喜欢权势，相反，他常常想，为什么人世间有那么多的不平等？印度人为什么要分成四等？在乔达摩的脑子里，整日萦绕着这些问题。为了弄清这些问题，他读了许多书。最后，乔达摩·悉达多终于知道，国王的权力是不能解决这些问题的。于是，乔达摩·悉达多决定放弃王位继承权，出家修行。

他的父亲察觉他的意图后非常着急，在他19岁时，他的父亲为他娶了一位漂亮的妻子。但是乔达摩·悉达多的心灵并未因此而得以平静，他开始变得更加烦躁起来。一天，乔达摩·悉达多在闲游中遇见了一位衰弱的老人，这位老人驼着背，穿着破鞋子，一副愁苦的样子。乔达摩·悉达多的车夫说："这就是生活之路。"他们又往前走，乔达摩又看到了一位身患重病的人，病痛使得这个人脸色蜡黄，痛苦万状，车夫又重复说："这就是生活之路。"这时候，他们又在路边看到一具尸体，样子十分可怕，车夫又重复了同样的话。

贫困、疾病和死亡一下子涌上了乔达摩的心头，他心里十分痛苦。一天夜里，乔达摩在精神极度的痛苦中醒来，他告别了妻儿，连夜出走了。

他拜访学者，学习哲学，又去深山里和苦行僧学道，奔波了七年，也没有找到解决人间痛苦的办法。

最后，他走到一棵菩提树下，面向东方，盘膝而坐，冥思苦想。在他 36 岁那年的 2 月 8 日夜里，当一颗明亮的星星从东方升起时，他彻悟了一切！他所苦苦追求的真理在他心里出现了，他由此创立了佛教。

乔达摩·悉达多反对婆罗门教不平等的主张是积极的，但是他主张的"众生平等"，只是说一切众生信奉佛教，都有可能超脱生死轮回，进入极乐世界的平等，这个平等是虚无缥缈的，它起到了麻痹人民的消极作用。

## 原始佛教基本教义的核心是什么

原始佛教基本教义的核心是"四谛"，"谛"，有"实在"或"真理"的意思。"四谛"亦称"四圣谛"，意为"四条真理"，即苦、集、灭、道。四谛又分为两部分，苦、集二谛说明人生的本质及其形成的原因；灭、道二谛指明人生解脱的归宿和解脱之路。或者说，前者侧重于解释世间，后者侧重于超越世间。

苦谛是把社会人生判定为"苦"，全无幸福欢乐之可言，并以此判断为真理的教义。这一教义，成了全部佛教的出发点。

集谛是说明诸苦和人生原因的，它是早期佛教的理论基础。集谛宣称一切苦皆由"欲爱"而生，有"欲爱"就会付诸行动，其后果必然是"造业"，由此难逃轮回之苦。

灭谛宣扬只有消灭一切欲爱，才能根绝苦因，摆脱苦果，从而达到佛教的理想的最高境界——涅槃，也就是不生不灭、圆满寂静、永远摆脱生死轮回的神秘境界。

道谛指出要达到涅槃就要修炼八正道，即正见、正思、正语、正业、正命、正精进、正意念和正禅定。十二因缘又称"十二缘生"，是佛教"三世轮回"中的基本理论。这十二支为：无明、行、识、名色、六人、触、受、爱、取、有、生、老死，称"十二支"。佛教主张"众生平等"，不分种族和阶级（与印度教不同），人人都可以修行。

在乔达摩·悉达多死后的一个时期里，佛教传播缓慢。公元前3世纪，阿育王改信佛教，他的支持使佛教在印度迅速传播开来，并传到了相邻国家。佛教南到锡兰，东至缅甸，从那儿又传遍整个东南亚，直到马来西亚和今天的印度尼西亚。佛教还向北传播，直接进入中国西藏，又向西北传播，进入阿富汗和中亚地区。它传入中国，赢得了一大批信徒，又从中国传入朝鲜和日本。

## 孔雀帝国

大约从公元前1000年代开始，印度大陆上形成了许多奴隶制小国家，这些国家之间战争不断，印度各城邦内部也充满了统治阶级内部的斗争和广大人民群众争取生存的起义。

公元前 334 年，马其顿王国国王亚历山大率军东征，入侵印度西北部，印度人民英勇抵抗。在反抗斗争中，旃陀罗笈多成为人民的领袖，他在公元前 324 年自立为王，统一了各小国的抵抗队伍，最终打退了入侵的敌军。

旃陀罗笈多率军推翻了旧王朝，建立了摩揭陀国的新王朝，也就是孔雀王朝。孔雀王朝是印度历史上第一个统一的帝国。

旃陀罗笈多为孔雀帝国的发展打下了根基。为了更好地统治和管理这个庞大的帝国，旃陀罗笈多建立了中央集权的专制政治体系，国王独揽军事、行政等一切大权。

孔雀帝国时期，印度的奴隶制发展到了最高点。当时奴隶的来源主要有战俘、国内地位低下的人、买来的、别人送的等七种方式。这一时期的奴隶制有了新的变化，雅利安人沦为奴隶的现象受到了一定限制，比如一个雅利安孩子的亲属，把孩子出卖或抵押给别人做奴隶，那么这个亲属就要受到惩罚。

奴隶制虽然有一定的改善，但奴隶们的生活依然很悲惨。奴隶在国王和贵族的田庄、手工业作坊中劳动，有的从事水利灌溉、建筑、采矿等繁重的工作。奴隶作为奴隶主的财产，可以买卖、抵押、赠送、出租。奴隶犯了过失，要遭受殴打、挨烙印等处罚。

在印度被广泛使用的是家庭奴隶，他们主要从事家务劳动，比如做饭、打水、推磨、送饭等。还有一种比较特殊的奴隶，他们是专供奴隶主享乐的侍应奴隶，如侍从、舞女、歌手、按摩者等等，他们大都在宫廷或富贵之家服役。

公元前 273 年，旃陀罗笈多的孙子阿育王在王位争夺中获胜，成了孔雀帝国的第三代国王。阿育王是古代印度的大政治家、军事家，同时也是一个宗教家。阿育王即位后，继续向外扩张，把除半岛最南端的部分地区以外的整个印度次大陆都纳入自己的版图。

战争结束后，阿育王皈依了佛教，开始大力宣扬佛教，以加强对帝国臣民的精神统治。他召集佛教僧侣结集大会，整理佛经，并在各地修建寺庙和宝塔。阿育王的儿女还曾带领着僧侣去斯里兰卡传教。在阿育王的大力弘扬下，佛教开始成为世界性的宗教。

阿育王的统治维持了 40 多年。他死后不久，被孔雀帝国征服的小国纷纷独立，印度大陆又陷入战乱之中，孔雀帝国的统治又维持了 50 年左右。公元前 187 年，孔雀王朝的最后一个国王被大臣普沙密多罗·巽所杀，孔雀帝国从此结束，以后，印度很长时间处于内部分裂和外族入侵的混乱状态。

## 阿育王

"禀告国王陛下：圣朝 10 万名步兵，5 万名骑兵，400 多辆战车和 500 余头战象已安全渡海，登上羯陵伽国土……"

"捷报！敌军都城在一夜之间已化为灰烬，顽抗者已被斩首示众……敌王尚在奔逃之中……"

年轻的国王看着这一份份捷报，起初颇为高兴，但渐渐地，他的脸上露出了愁容。"武力能征服国土，却不能征服人的心哪！"年轻的国王叹道——这个年轻的国王就是阿育王。

阿育王是印度孔雀王朝的第三代国王。当时印度已基本统一，只有南部海上的羯陵伽和几个小国还不在王朝统治之下。年轻的阿育王有着统一印度的野心，所以即位不久，他就发动了对羯陵伽的战争。

正式即位后八年，阿育王征服了羯陵伽。据记载，这次战争中羯陵伽有 10 万人被杀，15 万人被掳走。自此，孔雀帝国达到了极盛时期。

　　战争虽然取得了胜利，但残酷的屠杀和毁灭使阿育王感到厌恶和痛苦。他下令停止武力杀戮，从此不再征战，开始信奉佛教，向全国人民表示自己的忏悔之心。

　　阿育王是历史记载中惟一一个在取得胜利后放弃了战争的军事君主。他为什么说佛法可以收服人心呢？原来，当时在印度的一些大城市中，佛教非常盛行，科学技术也很发达，当时的贵族和高级种姓的子弟都在这里受教育，这一切都对阿育王产生了深远的影响。阿育王从孩提时候起就特别崇敬佛教始祖释迦牟尼，喜欢听关于他成佛的故事。阿育王认为佛教可以消灭个人欲望，净化人心，使人安分守己，这对治理国家有帮助。

　　阿育王悟出真谛之后，更加推崇佛教。他命人在王宫里和帝国的各地立石碑，凿石壁，在上面刻诏令，重新讲述乔达摩·悉达多所宣传的教义，其中有35篇铭文到现在还保存着。

　　阿育王在铭文中大力宣扬"圣法"，宣扬仁爱和慈悲，要求人们孝敬父母，友好地对待亲戚朋友和僧人，也要宽容地对待奴隶和仆人。阿育王宣扬非暴力，主张人们不要使用暴力。他要求人们尽量不杀生，他自己也表示不主动发动战争，在不得已保卫家园的时候，也要慈悲地处理。阿育王告诉人们即使有人触犯了他，能原谅的他也一定原谅，同时他告诫人们一定要改恶从善。阿育王在很多地方刻下了圣法的内容，并派人四处宣传。

　　不久，阿育王召集全国佛教僧侣，举行集会，编纂佛教经典，还在全国各地修建了许多佛塔和寺院。

　　阿育王赐给佛教传教团体大量财物，鼓励他们学好佛经去传教，他还派遣传教士到世界各地去传教。

　　传教士们到过克什米尔、塞琉古国和托勒密王国。正是在阿育王的推动下，佛教不仅传遍了印度，而且还外传到埃及、叙利亚、中国等地。

阿育王在推行佛教的同时，还大办了许多慈善事业。他委派官吏大规模地掘井，扩大灌溉工程，还修建道路，建立了公园、医院等。在阿育王统治的40多年里，孔雀王朝达到鼎盛，这和他的乐善好施有很大关系。但是阿育王死后，孔雀帝国开始发生危机，外部异族的侵略和内部的争斗使帝国日益衰落。公元前187年，孔雀王朝结束，巽伽王朝建立。

## 《摩诃婆罗多》和《罗摩衍那》

古印度人民创造了丰富多彩的文化。在古印度流传最广的是梵文，古梵文是由47个字母组成的，最早的梵文作品是吠陀文献。

古代印度最著名的作品是《摩诃婆罗多》和《罗摩衍那》，这两部史诗大约在公元前5世纪被完成。《摩诃婆罗多》（"摩诃婆罗多"意思是伟大的婆罗多族）分为18篇，长达10万颂（每颂两行诗，每行16个音），这在世界文学宝库中是少见的长诗。它的主题是印度两个家族从战争到和解的全过程。

它的故事是这样的：在古印度半岛有个国家叫呵国，由于国王是个盲人，所以国家大事由他的弟弟处理。这个国王有100个儿子，组成居楼家族；他的弟弟有5个儿子，组成了班度家族。

国王的弟弟死后，国王抚养了班度五兄弟。这5个兄弟学习非常努力，居楼族的兄弟非常嫉妒他们，于是想方设法要害死五兄弟。

居楼兄弟把班度五兄弟骗到树胶房子里，然后放火。由于有人事先通知了班度五兄弟，所以他们从地道逃走了。

五兄弟到处流浪，辗转到了盘国。正巧赶上盘国公主招亲，国王指着一张强弓，当众宣布说："谁能拉开这张弓，并且射中靶子，我就把公主嫁给他。"各国的王子轮流走上前去拉弓，但是没有一个人能拉开它。一个班度兄弟走进了比试场，他一伸手，就把强弓拉得满满的。一箭正好射中目标——一条旋转着的鱼的眼睛。

公主亲自把花冠戴在这位班度兄弟的头上。按照当时的风俗，五兄弟都成了盘国国王的女婿。

有了盘国做后盾，班度兄弟又回到了呵国。老国王把一半的领土分给他们。居楼太子把荒凉的土地给了班度族，给自己的家族留下的都是富饶的土地。太子又引诱班度兄弟赌骰子，结果班度兄弟输了，他们被流放了 12 年。

12 年过去后，班度兄弟流放归来。他们又完成了太子的另一个刁钻条件：一年中不被人认出来。然后，班度兄弟要求太子履行 13 年前的诺言，归还他们的那一半领土。

然而太子拒绝了他们的要求，一场大战于是爆发了，印度所有的国家和部落几乎都被卷入了战争，双方进行了 18 天的战斗，结果居楼族和他们盟军的 18 支军队全部被击溃，老国王的 100 个儿子也死了 99 个。最后，太子和班度五兄弟决斗，被杀而死。

居楼族的士兵为了给太子报仇，连夜袭击了班度族的军营。睡在帐篷里的班度族士兵都被杀死，只有五兄弟逃了出来。终于，他们认识到兄弟家族之间的残杀给印度带来了深重的灾难，于是，两个家族握手言和……

相传《摩诃婆罗多》的作者是毗耶婆，但实际上这部史诗是很多代民间诗人逐渐积累编辑成的。

《罗摩衍那》（意思是"罗摩的漫游"）分为 7 篇，长 24 000 颂。史诗讲述了居萨罗国王子罗摩与妻子悉达隐居时，魔王劫走了悉达，罗摩在神猴的帮助下打败了魔王，救出了悉达。其中重点讲了罗摩远征楞伽（今斯里兰卡）的故事。

这两部史诗都是神话，但也反映了古印度各阶层广泛的社会生活面貌，可以说是印度古代社会的百科全书。它歌颂正义，批判邪恶，反映了印度人民的理想。而《摩诃婆罗多》最后和平的结局，又是印度各民族团结的愿望和象征。

# 克里特—迈锡尼文明

古代希腊包括希腊半岛、爱琴海诸岛以及爱奥尼亚群岛。古代希腊人吸取了埃及和西亚的先进文化，创造了欧洲最古老的文明——爱琴文明，而爱琴文明的发源地是克里特岛和迈锡尼城，所以也称为克里特—迈锡尼文明。

爱琴文明最早产生于克里特岛。克里特岛位于爱琴海南部，是希腊最大的岛屿，岛上气候温和，非常适宜农业生产。克里特岛的海上交通非常方便，北到欧洲大陆的希腊半岛，南到埃及，东达亚洲的西海岸，是亚、非、欧三洲的海上交通枢纽。

公元前3000年左右，克里特岛上已经有人居住。他们已经开始使用青铜器，制造铜斧、铜锯等生产工具。约公元前2000年，克里特岛上开始出现了奴隶制国家，如克诺萨斯、费斯特斯等。这些国家都修建了气势宏伟的宫殿，城市的中心出现了较为宽广的大道。

约公元前1700年至公元前1400年，克里特文明进入了繁荣阶段。米诺斯王朝统一了全岛，建立了克里特岛的统一王权和海上霸权。这一时期的政治、经济有了很大发展，尤其是与地中海沿岸的商业贸易日益频繁。这时出现了帆和桨的双用航运船。

克里特岛上的米诺斯王宫几度修建，规模巨大。王宫有三层，中央是长方形的庭院，四周建有厅房。院外有一个广场，是祭典和演戏的场所。王宫里修建有完善的供水系统，有长达10公里的饮水道将高山泉水引入王宫。宫内有无数门户和阶梯，曲折通达，好像一座迷宫。

随着经济的发展，岛上出现了90多个新兴的商业城市。城中的王公和贵族住宅富丽堂皇，而农民、手工业者、渔民，渔夫则住在简陋的房屋之中。

公元前1500年后，附近的锡拉岛火山爆发，米诺斯王宫遭到重大破坏，岛上居民惊恐万状。经过几次破坏之后，克里特文明开始衰落。约公元前1400年，希腊半岛的迈锡尼人侵占了克里特岛。

克里特文明衰亡后，爱琴文明的中心转到了希腊南部的迈锡尼等地。公元前20世纪，迈锡尼等地出现了氏族贵族，他们修建了宫殿。

约公元前1500年，迈锡尼等地出现了一些奴隶制城邦国家，城邦的统治者占有大量土地、奴隶和其他财物。迈锡尼等地的国家形成以后，经济发展很快，迈锡尼的金银工艺品和陶器逐渐达到并超过了克里特的水平，它们的产品远销到小亚细亚、腓尼基等地区。

约公元前1400年，迈锡尼文明进入繁荣时期。各个奴隶制城邦的城堡都进行了数次翻修和扩建，迈锡尼城堡规模最大。

在迈锡尼文明繁荣期间，修建了许多象征奴隶主统治阶级权力和地位的圆顶墓。这一时期，迈锡尼的金银工艺品和陶器制作达到了很高的水平。

公元前1200年前后，迈锡尼各城邦国家发动了对小亚细亚特洛伊的战争。特洛伊战争持续了10年，最后，迈锡尼各国获胜。然而，长期的战争使各国的实力都大大地减弱了。不久，来自北方的多利亚人侵入了克里特岛和迈锡尼。在多利亚的打击下，迈锡尼各国相继灭亡，灿烂的欧洲古代文明克里特—迈锡尼文明从此中断。

## 《荷马史诗》

公元前11世纪到公元前9世纪的希腊历史时期，被称为"荷马时代"，因为这一时期为著名的《荷马史诗》所反映。荷马史诗包括《伊利亚特》和《奥德塞》。"伊里亚特"是"特洛伊"的音译，这首诗一共有 15 000 多行，描写特洛伊战争的十年。传说古代时，小亚细亚西北沿海的特洛伊王子帕里斯在天神的帮助下，拐骗了希腊最美的女人，也就是斯巴达国家的王后海伦，为了夺回海伦，斯巴达国王的哥哥——迈锡尼国王，阿加美农率领希腊联军渡海攻打特洛伊城。

希腊人和特洛伊人整整打了 10 年，天神们也被卷进战争，各助一方，但希腊始终无法攻下特洛伊城。《伊里亚特》着重描绘了希腊英雄阿西里的形象，主要记述了战争第十年的情况。

阿西里是希腊联军的主将，曾屡建奇功。阿加美农把阿西里心爱的女奴抢走了，这使阿西里十分恼怒，因而拒绝参战，特洛伊人于是趁机反攻。阿加美农不得不向阿西里道歉，但阿西里仍然拒绝和阿加美农合作。阿西里的好朋友帕特洛克穿上阿西里的盔甲前去应战，特洛伊人吓得纷纷后退。但是特洛伊的太子赫克托耳智勇双全，他识破了帕特洛克，并将他杀死。阿西里为了给好友复仇，与阿加美农重新修好，重返战场，亲手杀了赫克托耳。

赫克托耳年迈的父亲请求阿西里，要赎回他儿子的尸体。阿西里十分同情这位老人，满足了老人的要求，并且约定，双方停战12 天。

12 天后，战争重新开始。特洛伊的帕里斯王子借助神的力量，放暗箭射死了阿西里。最后，希腊人用木马计取胜。

奥德赛是希腊英雄的名字，这首长诗共 12 000 多行，描写了他在特洛伊战争结束后归国途中历险的故事。希腊联军在特洛伊城的大肆屠杀触怒了天神，在他们回国途中，天神掀起了大风暴，希腊舰队多数沉没了，剩下的少数人跟随奥德赛在海上漂泊。奥德赛为了和家中的妻子团聚，经历了千辛万苦。他凭着智慧和勇气，智斗吃人妖怪，躲过了女妖迷惑人心的歌声，一次次脱离了危险。

当奥德赛在海上流亡的时候，在他的故乡伊大卡岛发生了这样的事情：许多贵族扬言奥德赛不会回来了，不停地向他的妻子求婚。奥德赛的妻子是一个坚贞的女子，她相信丈夫一定会平安归来，拒绝了一切求婚者。

经过了 10 年的漂泊，奥德赛终于回到了故乡，他装扮成乞丐的样子进入家门。奥德赛在射箭比赛中射杀了所有的求婚者，然后说出了真相，全家团聚，重新做了伊大卡国王。

《荷马史诗》中英雄们，实际上是氏族、部落的首领和贵族。他们利用自己的特权，除了占有较多的土地外，还拥有大批牲畜和金银财富。

《荷马史诗》相传是盲诗人荷马所作。它不仅为后人提供了了解荷马时代的主要文献材料，同时也是希腊文化的伟大创举。

# 木马计

大约在公元前 13 世纪，据说斯巴达有一人家生了个女儿，取名海伦。这小姑娘俏丽无比，渐渐长成一个举世罕见的美女。人人都公认她是全希腊各国最美丽的女子。希腊各国的公子王孙们都纷纷追求她，追求不成者也以看到她的芳容为一生最大的愿望。海伦成了各国公子王孙们的偶像和精心保护的珍宝。后来，海伦的求婚者们达成了协议：让海伦自己选择丈夫，大家保证尊重她的选择，而且要共同保护她丈夫的权利。

后来，斯巴达王阿特柔斯的儿子墨涅依斯为海伦看中，两人成亲。不久，墨涅依斯做了国王，两人相亲相爱，是一对美满的夫妻。

一天，墨涅依斯的王宫里来了一位尊贵的客人。他是特洛伊国王的儿子——帕里斯。特洛伊是小亚细亚半岛（今土耳其）上的一个小王国，它和希腊隔海相望。墨涅依斯对帕里斯盛情款待，连年轻的王后海伦也亲自出来接见。帕里斯长得风度翩翩，风流潇洒，很讨女人喜欢。海伦和他一见钟情，竟鬼迷心窍地和帕里斯一起逃回特洛伊城了。帕里斯还掠走了王宫中的许多财宝。

斯巴达国王墨涅依斯觉得这是一个极大的侮辱，他连夜赶到迈锡城，请国王阿加美农，也是他的哥哥帮他复仇。阿加美农当时是希腊各国的霸主，他马上邀请了希腊许多小国的国王来开会，会上大家决定联合起来，用武力消灭特洛伊城。阿加美农被推选为统帅。不久，一支有10万人马，一千多条战舰的大军，浩浩荡荡地攻打特洛伊城去了。希腊人和特洛伊人的战争爆发了。

希腊人认为，世界上的一切事情都是由神安排的，他们给这场战争的起因编了个美丽的神话。

神话中说，英雄阿喀琉斯的父母——国王珀琉斯和海中女神的女儿忒提斯举行婚礼，奥林匹斯山上的许多神仙都应邀而来了。宴会十分热闹。忽然，来了一位怒气冲冲的女神，她把一个金苹果扔在桌子上，上面刻着一行字："给最美丽的女神"。

扔苹果的女神是"争吵女神"。珀琉斯国王本来就不敢邀请她，没想到她却自己来了，而且引起一场争吵。因为女神们都想得到金苹果，以此证明自己是最美丽的。

于是，众神的首领宙斯命令女神们到特洛伊去，请一个叫帕里斯的牧羊童来评判。为了得到金苹果，女神们都给帕里斯最大的许诺：天后赫拉答应使他成为一个国王；智慧女神雅典娜保证使他成为一个最聪明的人；爱与美的女神阿佛洛狄忒发誓让他娶到全希腊最美丽的女子做妻子。

帕里斯把金苹果给了阿佛洛狄忒，因为他不要智慧，不要当国王，只要一个最美丽的妻子。帕里斯其实也不是真正的牧羊童，是特洛伊国的王子伪装的。

在阿佛洛狄忒的帮助下，帕里斯拐走了当时最美的女子海伦
——斯巴达王墨涅依斯的王后。由此，引发了希腊人和特洛伊人之
间的战争。

却说希腊人联合起来攻打特洛伊城，但特洛伊城是个十分坚固
的城市，希腊人攻打了九年也没有打下来。

第十年，希腊一位多谋善断的将领奥德修斯想出了一条妙计。

这一天的早晨非常奇怪。希腊联军的战舰突然扬帆离开了。平
时喧闹的战场变得寂静无声。特洛伊人以为希腊人撤军回国了，他
们跑到城外，却发现海滩上留下一只巨大的木马。特洛伊人惊讶地
围住木马，他们不知道这木马是干什么用的。有人要把它拉进城里，
有人建议把它烧掉或推到海里。正在这时，有几个牧人捉住了一个
希腊人，他被绑着去见特洛伊国王。这个希腊人告诉国王，这个木
马是希腊人用来祭祀雅典娜女神的。希腊人估计特洛伊人会毁掉它，
这样就会引起天神的愤怒。但如果特洛伊人把木马拉进城里，就会
给特洛人带来神的赐福，所以希腊人把木马造得这样巨大，使特洛
伊人无法拉进城去。

特洛伊国王相信了这话，正准备把木马拉进城时，特洛伊的祭
司拉奥孔跑来制止，他要求把木马烧掉，并拿长矛刺向木马。木马
发出了可怕的响声，这时从海里窜出两条可怕的蛇，扑向拉奥孔和
他的两个儿子。拉奥孔和他的儿子拼命和巨蛇搏斗，但很快被蛇缠
死了。两条巨蛇从容地钻到雅典娜女神的雕像下，不见了。

希腊人又说，"这是因为他想毁掉献给女神的礼物，所以得到了
惩罚"。特洛伊人赶紧把木马往城里拉。但木马实在太大了，它比城
墙还高，特洛伊人只好把城墙拆开了一段。当天晚上，特洛伊人欢
天喜地，庆祝胜利，他们跳着唱着，喝光了一桶又一桶的酒，直到
深夜才回家休息，做着关于和平的美梦。

深夜，一片寂静。劝说特洛伊人把木马拉进城的希腊人其实是个间谍。他走到木马边，轻轻地敲了三下，这是约好的暗号。藏在木马中的全副武装的希腊战士一个又一个地跳了出来。他们悄悄地摸向城门，杀死了睡梦中的守军，迅速打开了城门，并在城里到处点火。

隐蔽在附近的大批希腊军队如潮水般涌入特洛伊城。10 年的战争终于结束了。希腊人把特洛伊城掠夺成空，烧成一片灰烬。男人大多被杀死了，妇女和儿童大多被卖为奴隶，特洛伊的财宝都装进了希腊人的战舰。海伦也被墨涅依斯带回了希腊。

"当心希腊人造的礼物"这一成语在世界上许多国家流传着，它提醒人们警惕，防止被敌人的伪装欺骗，使敌人钻进自己的心脏。这句话来自木马计。"特洛伊木马"现在已成了"挖心战"的同义语，比喻打进敌人心脏的战术。

## 斯巴达的教育

"打！用力打！不要手软！"一个须发斑白的老人指着一个黑头发男孩，对旁边的矮个男孩命令道。

矮个男孩听到这话，咬了咬牙，攥紧拳头，继续对已经摇晃着身子、满面是血的黑头发男孩展开了攻击，"啊！"随着一声大叫，黑发男孩终于被矮个男孩的铁拳击倒在地，再无还手之力。

"好，好样的！就应该这样作战！"老人拍了拍这个矮个男孩的肩膀，然后又到别处进行调教去了。

这样的格斗每天都在斯巴达城邦的大广场上进行着，这种严酷的训练也一直陪伴着成长中的斯巴达人。

斯巴达城邦位于希腊南部的伯罗奔尼撒半岛。公元前 12 世纪，多利亚人南下来到这里，征服了当地居民。公元前 8 世纪，他们又通过长期的侵略战争占领了周围的地区。公元前 7 世纪，这些多利亚人开始自称斯巴达人，斯巴达国家最后形成。据说，斯巴达国家制度的创立者叫来库古，是古代的一位贤哲。

斯巴达是一个很奇特的城邦，大约 9000 户斯巴达人只占全体城邦居民的 10% 左右，他们虽然都是奴隶主阶级，但却有一份独特的任务，那就是打仗作战。他们都是军人，以打仗为职业，不从事任何生产劳动。

每个斯巴达人刚出生，就要接受长老的检查。身体弱的有病的婴儿当场就被抛弃，只有健壮的才允许他们父母进行抚养。接下来，母亲用烈酒来洗婴儿，那些经受不住的婴儿就会死去，这样才能保证斯巴达人有强壮的后代。

斯巴达的男孩从七岁起就离开家庭，编入团队，过严格的军事生活。队长是从年满 20 岁的青年中挑选出的最勇敢的人，孩子们必须服从他的命令，忍受他的责罚。队长的责任就是训练孩子们养成服从性和忍耐性。为了考验儿童们的忍受能力，每个儿童每年必须经受一次鞭笞。这种鞭笞通常在节日敬神时举行。孩子们跪在神像面前，让皮鞭猛烈地抽在他们身上。这时有一位女祭司在现场监视。她手执神像，不住地举高或放低，指示着鞭笞的加重或减弱，任何一个孩子也不许求饶或喊叫。

在军营里，他们要接受严格的军事和体育训练，不合格的人，包括体弱的人都要被淘汰，甚至被杀死。身体强壮的青年男子每天都要参加军事训练，进行各种比武。他们 20 岁开始服兵役，30 岁才可以结婚，回家居住，60 岁退伍。30～60 岁的男子都是城邦的常备军，一旦有战事，他们都将义不容辞地奔赴战场。包括国王在内的所有斯巴达的成年公民，就算是结了婚，也不可以在家吃饭，他们必须每天集体吃饭。在这样的体制下，整个斯巴达成了古希腊最大的一座军营。

斯巴达人认为只有健康的母亲才能生出健康的婴儿，所以斯巴达女子和男子一样参加各种体育锻炼和活动，女子们出嫁以前也参加各种训练。这样，比起希腊的其他城邦国家来，斯巴达的妇女享有更多的自由和尊敬。

斯巴达人蔑视艺术、文学、哲学，他们更热衷于战争和外交。斯巴达人通过征服战争，占领了大量土地。公元前6世纪，斯巴达凭借强大的军事实力，强迫周围的各城邦组成了以斯巴达为首的伯罗奔尼撒同盟，与雅典开战，最终，斯巴达战胜了雅典，成了希腊最强大的城邦。斯巴达虽然盛极一时，但是它几乎没有给人类留下任何有价值的文明遗产，在这一点上，它远远不如雅典。

# 改革家梭伦

这一天，天色刚刚泛亮，便见成千上万的农民、手工业者和工商业奴隶主们高声呼喊着："走哇，快去听听新上任的执政官梭伦颁布的新法令！"随着呼声，只见这股热烈的人潮纷纷涌上雅典的中央广场。

广场上此时已挤满了人。在众人的注视下，只见一个强壮威武的中年人缓步走上了讲坛，人群一见这个人出现，立时变得十分安静，他们满怀期待地注视着这个人。只见这个人挥舞着手臂，高声说道："根据新法律的规定，从现在起，所有人欠的债务一律废除，由于欠债而卖身为奴的农民一律释放！……"

"啊！"广场上顿时欢声雷动，一些贫苦的农民高声欢呼起来——这个站在讲坛上讲话的人就是雅典伟大的改革家——梭伦。

到公元前8世纪末，雅典的工商业得到了巨大的发展，社会出现了急剧的动荡，雅典人的贫富分化也越来越严重。

在社会十分动荡的情况下，公元前 594 年，梭伦当选为首席执政官。梭伦出身于一个没落的贵族家庭，但他不同于那些作威作福的贵族。梭伦早年曾经经商，与商旅一起同游海外，成为一个知识渊博的人，当时的人称他为"七贤"之一。梭伦常常在诗中抨击贵族，同情平民，他还在雅典和麦加拉的斗争中建立了军功，率领军队夺回了萨拉米岛。所以，梭伦在人民当中享有很高的威望。

梭伦当上执政官以后，进行了一系列的改革，历史上称"梭伦改革"，梭伦的改革得到了大多数人的支持。

梭伦废除了债务奴隶制。这项措施使雅典公民中的贫苦大众解除了最沉重的负担，而且对雅典的奴隶社会产生了极其深远的影响。从此以后雅典的奴隶都是由外邦人充当。由于公民们不再受债务的奴役，城邦的体制更加巩固，民主政治便很快地发展起来。

梭伦按照财富的多少把公民分成了四等，打破了以往按照出身来确定社会地位的惯例。这个改革使工商业奴隶主大获其利，使有钱的平民也能进入到社会上层。同时，梭伦对贵族也并没有彻底打击，贵族按照他们的财产仍然可以列在第一、第二等级，只是他们的特权受到了限制，不能再独占政权了。不同等级的公民享受的政治权利不一样，雅典政府的领导职位由最高两个等级的公民担任。不论出身如何，一切公民都有资格参加公民大会，国家的一切重要事务都由公民大会决定。

梭伦制定了新法典，规定除了杀人者以外，其他的罪人都不可以判处死刑，这样就使司法更为人道了。

梭伦的各项改革解除了人民的疾苦，消除了贵族特权，同时为工商业奴隶主建立奴隶制民主制度准备了条件，把雅典引上了符合当时城邦发展要求的康庄大道。在梭伦改革以后的一百多年里，雅典始终遵循着他开辟的道路，继续进行民主改革，最后终于成为一个经济繁荣、文化昌盛的城邦。

## 庇西特拉图僭主政治

梭伦执政期满之后就飘然离任了，此后，他再也没有进入政坛。

梭伦离任以后，雅典公民内部派别斗争激烈，贵族和平民的斗争不断加剧。其中有两年，由于各派争执不下，雅典连一个执政官也选不出来。还有一年，有个执政官任期满后不肯离职，最后被赶下了台。

按照希腊城邦的惯例，当派别斗争非常激烈时，往往有利于执政者加强自己的权力，走上僭主（不通过选举而取得政权的独裁者）政治的道路。僭主政治一般都是反对贵族的，梭伦改革已经为反对贵族奠定了基础，所以，长期斗争的结果就是庇西特拉图成功地建立了僭主政治。

公元前 560 年，平民领袖庇西特拉图满身伤痕地来到公民大会，说自己在路上遭到了敌人的暗算，要求公民大会给他一个卫队来保护他的人身安全，公民大会同意了。庇西特拉图就利用这支卫队占领了雅典卫城，用武力夺取了政权，成为雅典的最高统治者。庇西特拉图被称为"僭主"，他利用自己的独断权力，推行了一系列措施。

庇西特拉图的统治对农民比较关心，并且支持平民势力而反对贵族。他延续了梭伦的改革路线，公民大会和执政官的选举照常进行，但是当选官位的人都是他的心腹。庇西特拉图十分着力于帮助农民发展生产，提高农民的政治地位。他经常去边远山区视察，解决那里农民提出的问题。

庇西特拉图组建卫队，过着豪华的生活，但是平民们对他仍然有好感。在他统治期间，雅典的经济、文化都有较大发展，工商业的发展尤其显著。当时雅典的陶器生产在希腊各城邦中居于前列，精美的陶器畅销地中海各地，甚至深入到黑海沿岸。

庇西特拉图和邻邦、小亚细亚、黑海一带的国家都保持着友好的关系，使得雅典的对外贸易十分便利，商路十分畅通。庇西特拉图特别注意雅典到黑海的商路，他在小亚细亚的西北角修建了雅典殖民地西吉昂。

庇西特拉图在雅典大兴土木，促进了雅典建筑行业的发展，雅典开始成为希腊建筑和雕刻艺术的中心。庇西特拉图还关心文艺，他邀请了许多诗人到雅典，《荷马史诗》的整理完成就在雅典。

总的来说，庇西特拉图僭主政治下的雅典繁荣起来了。亚里士多德曾这样评述："在庇西特拉图统治时期，从不与大众为难，总是致力和平，保持安靖，所以人们常说庇西特拉图的僭主政治有如黄金时代。"

庇西特拉图在公元前 527 年死后，他的儿子又统治了雅典 18 年。由于他的儿子统治专制黑暗，最终被广大民众所推翻。

## 希波战争

"前进呀！希腊的男儿，快救你们的祖国，救你们的妻子儿女，救你们祖先的神殿与坟茔！你们现在是为自己的一切而战！"

这慷慨激昂的呼声来源于一位战斗诗人，他生动地描述出了希腊人在战争中的爱国热情——这场战争就是历史上有名的希波战争。

公元前 6 世纪，希腊各城邦国家已蓬勃发展。与此同时，在西亚兴起的波斯帝国统治了叙利亚、埃及等地的广大地区，把侵略的矛头对准了希腊。最后，东西方两个大的势力展开争斗，也就是

"希波战争"。

公元前 6 世纪中期，波斯军队征服了小亚细亚，小亚细亚西海岸的希腊人殖民城邦就被波斯帝国统治了。公元前 514 年至公元前 513 年，波斯国王大流士率队渡过博斯普鲁斯海峡，长驱直入。当地游牧的西徐亚人采用了游击战术，波斯侵略军被拖得筋疲力尽，损失惨重。西徐亚人给大流士送去了一份奇怪的礼物：一只鸟、一只老鼠、一只青蛙、五支箭。它的意思就是：波斯人啊，你们如果不像鸟儿一样飞上天，像老鼠一样钻进地洞，像青蛙一样跳进水里，你们就回不去了，快死在我们的箭下。波斯人征服西徐亚人的计划没有实现，就转而占据了色雷斯和马其顿，这样，希腊各城邦就直接面临着波斯的威胁。

在希腊各城邦中，雅典和斯巴达反抗波斯最坚决，以他们为首，成立了统一的希腊联军。已经有了长期自由传统的希腊人，不能容忍波斯帝国的入侵和蹂躏，大多数城市都投入了战斗，雅典公民在战争中爱国热情非常高涨。

公元前 492 年，大流士派海、陆二军进攻希腊。但是由于海军在地中海遇到了风暴，陆军也遭到了抵抗，这次远征失败了。大流士并不甘心，他在继续备战的同时，派使者到希腊各城邦，要他们奉献"水和土"，也就是土地。大流士的要求遭到了拒绝，斯巴达人把使者扔进井里，让他自己去取水和土。

公元前 490 年，大流士发动了对希腊的第二次进攻，骄横的波斯军队在马拉松平原遭到雅典军队空前猛烈的打击。雅典战士斗志昂扬，取得了极为光辉的胜利，波斯侵略军被打死了 6400 人，而雅典只牺牲了 192 人。

公元前 480 年，波斯国王薛西斯亲征希腊，双方在温泉关展开大战。温泉关之战希腊虽然失败了，但是勇士们的精神却鼓舞了整个民族的斗志，这种伟大的精神力量远远超过了一个关隘的得失。

公元前 480 年秋，希腊和波斯海军在萨拉米湾展开决战，最后波斯海军几乎全军覆没。薛西斯匆忙退回亚洲，战局发生了根本性的变化。

希腊人开始进行反攻。公元前 478 年至公元前 477 年，希腊各国组成了一个同盟，这个同盟的会址设在提洛岛，所以叫提洛同盟，雅典是这个同盟的领袖。

希腊同盟军不断地打击波斯军队。公元前 449 年，雅典代表在波斯首都苏萨和波斯缔结了和约，波斯承认希腊各城邦的独立，放弃了对爱琴海的霸权，希波战争到此正式结束了。


# 马拉松


"我是居鲁士，宇宙的王，伟大的王，强有力的王，巴比伦的王。……世界四方的王……"这样昭示天下的居鲁士就是波斯帝国的开国君主居鲁士。他从公元前 553 年开始，只用了 3 年的时间，就摧毁了小亚细亚强国米底亚，灭亡了古老的底格里斯河和幼发拉底河流域的新巴比伦王国。到第三代——大流士时，波斯帝国已经成为世界历史上第一个横跨亚、欧、非的庞大帝国。

公元前 492 年的春天，波斯又想征服美丽富饶，欣欣向荣的希腊城邦了。波斯派出大批战舰入侵和他们隔海相望的希腊，开始了历史上著名的希波战争。天有不测风云，波斯的海军在海上遭到飓风袭击，300 艘战舰，20 000 多名海军官兵全部葬身海底。波斯的陆军失去海军的呼应，好像一支独臂，遭到色雷斯人的袭击，波斯的统师也身负重伤。这次侵略希腊的军事行动不得不半途而废了。

波斯国王暴跳如雷。第二年，他幻想不战而降服希腊。他派出使者到希腊各城邦要"水和土"，意思是让他们臣服归顺波斯。希腊中部和北部的小城邦惧怕波斯帝国的武力，都屈膝投降了。但希腊最大的两个城邦——雅典和斯巴达岂能低下他们高傲的头？雅典人把波斯使者从悬崖抛入大海，斯巴达人把使者丢进井里，让他们自己去取"水和土"。

大流士一生也没受到这样的羞辱，他恼羞成怒，他决定派最有经验的大将军第二次出征希腊。

公元前490年，波斯大军横渡爱琴海，在雅典郊外的马拉松平原登陆。

处境险恶的雅典，一面紧密动员，加强戒备，一面派当时的长跑能手斐里庇第斯日夜兼程去200多公里远的斯巴达城邦求助。这位长跑健将以惊人的速度只用了一天多的时间便到达斯巴达。但斯巴达人却以祖宗规定，月不圆不能出兵为由拒绝出兵。斐里庇第斯苦苦哀求，但斯巴达人无动于衷，斐里庇第斯无奈，只好赶回马拉松复命。

雅典人听到斯巴达人不出兵的消息后，他们并不气馁，他们立即把全体公民组织起来，甚至奴隶也编入军队，赶往马拉松，占据有力地形。

按雅典法律，雅典的10位将军在出征期间应轮流掌握兵权，每人一天。采取重大军事行动时须事先经过10将军商量，最后以少数服从多数原则做出决议。在雅典军事执政官卡利乌斯的主持下召开了军事会议。会上10位将军围绕着是被动防御，还是主动出击的问题，展开了激烈的辩论。一位叫米太亚得的将军主张主动出击。表决时，5票对5票。执政官卡利乌斯支持了米太亚得将军。为了发挥米太亚得的指挥才能，其它将军都自愿放弃自己轮流当总司令的权利，让米太亚得一人全权指挥这场战争。

当时雅典军队有一万人，加上一千援军，总共不过一万一千人。而波斯军队有10万人，而且装备精良。在敌强我弱的情况下，米太亚得决定不与敌人硬拼，而是把战线稍稍拉长，把精锐步兵安排在两侧，正面战线上的兵力比较薄弱。公元前490年9月12日清晨，大战前夕，米太亚得对希腊将士做战斗动员，他说："雅典是永远保持自由，还是戴上奴隶的枷锁，关键就在你们。"他激动人心的话语，激励了士兵们保家卫国的决心。

激战开始了，希腊士兵在下面发起进攻，波斯军队不知是计，立即反攻。希腊军队边战边退，波斯军队步步进逼。在千钧一发的时刻，埋伏在两侧的士兵以迅雷不及掩耳之势冲出，从两侧夹击波斯军。波斯军队由于追击希腊人，战线拉得过长，这时陷入希腊军队的包围，首尾不能相顾，连忙慌慌逃向海边，想上船逃跑。希腊军队尾追至海边，和波斯军展开夺取军舰的战斗。一位叫基纳尔的希腊战士，他奋不顾身地用手抓住战船，被敌人砍掉了一只手，他忍住疼痛，用另一只手抓住战船，终于和战友们一起夺取了一艘战船。这场战役中，波斯人丢下了6400具尸体和7条战船。雅典人牺牲了192人，其中有执政官卡利乌斯和几位将军。当天晚上，斯巴达派来的2000名前锋战士赶到时，他们只见月光下尸首遍野的战场。

米太亚得急于把胜利的消息告诉正在焦急等待的雅典人民，他又选中长跑能手斐里庇得斯去传送消息。这位长跑能手当时已受了伤，可是，为了让同胞们早点知道胜利的消息，他拼命奔跑，当他跑到雅典城的中央广场时，已上气不接下气，他激动地喊到："欢……乐吧，雅典人，我们……胜利啦！"喊声刚落，他便一头栽倒在场，再也没有醒来。

希波战争持续了将近半个世纪。马拉松战役是希腊人和波斯人交锋的第一仗，这场战役极大地鼓舞了希腊人为自由和独立而战的斗志。

为了纪念这场战役的胜利和表彰尽职尽力的英雄斐里庇得斯的

功绩，1896 年，雅典人在第一届奥林匹克运动会上，规定了一个新的竞赛项目——马拉松赛跑。距离是马拉松至雅典的距离，根据当年斐里庇得斯经过的路线确定为全程 40 公里又 200 米。1920 年，经过仔细测定又把距离改为 40 公里又 195 米。斐里庇得斯的名字和马拉松战役将随着奥林匹克运动会的圣火一代又一代地留存在人间。

## 雅典的民主

"开会了，现在召开公民大会……"传令官用洪亮的声音喊着。在雅典，传令官担负着传达国家命令的重任，在他工作以前，要经过特殊的考试，考一考他的声音是不是洪亮。

人们听见传令官的喊声以后，就纷纷走出来，参加公民大会。大致每十天左右，公民们要到这里参加一次会议。开会通知一般在五天之前公布。公民大会是最高权力机关，成年人都可以参加大会，发表意见，进行表决，这是当时雅典民主的一个表现。

雅典的民主政治此时已达到在古代奴隶制条件下最高的程度。当时雅典国家的实际最高统治者是伯里克利，他从公元前 443 年到公元前 429 年连续当选为十将军委员会的将军，这段时期又称为"伯里克利时代"。

伯里克利出身于名门望族，他的家族和民主政治有密切的关系。他的母亲是民主派改革家克利斯提尼的侄女，所以他从青年时代就从事民主运动。伯里克利既代表工商业奴隶主的利益，又是平民群众的代言人。伯里克利为人廉洁奉公，刚直不阿，有远见，善于演说，具备一个优秀政治家的品质。

伯里克利在一篇演说中描述了他的政治理想："我们的政治制度是别人的模范，它之所以被称为民主政治，因为政体是在全体公民手中，而不是在少数人手中……" 雅典的民主政治，在公民群众中基本上实现了伯里克利的理想。

雅典的最高司法机关是陪审法庭，它的成员也由抽签产生，陪审团成员通过秘密投票的方式来进行判决。在雅典，执政官、五百人议事会成员、陪审员等许多官员都是抽签产生的，但十将军却由公民大会选举产生，十将军掌握着国家大权。

如果公民们认为某个人将危害到国家和社会，就把他的名字写在陶片上。假如大多数公民的陶片上都写着他的名字，这个人就要被放逐到国外，10年以后才可以回来，这就是"陶片放逐"。"陶片放逐"是公元前6世纪末，希腊民主政治家克利斯提尼制定的一项法令。按照法令规定，凡是破坏国家民主制度，企图实行个人独裁的人，经过召开非常公民大会口头表决，送交"陶片审判庭"审判，并由它作出是否逐出雅典的判决。

雅典的民主在当时是一种进步的制度，在古代历史上发展到了空前绝后的地步，但它毕竟是奴隶制下的民主，有它的局限性。这种民主制度只是对自由民而言，广大奴隶毫无权利。在自由民中，这种民主也是有限的，妇女不可以参政。农民和手工业者虽然也有选举权，但他们不可能经常出席这种大会，因为开一天会等于剥夺他们一天的收入。这种民主最大的"漏洞"就是十将军始终保持选举制，并且可以连任，又没有薪金，这就决定了贫穷的公民很难当将军。雅典的民主制度是为奴隶制经济和奴隶主阶级服务的，农民和手工业者并不是这个民主的真正主人。

## 苏格拉底

公元前399年6月的一个傍晚，雅典监狱中一位年届七旬的老人就要被处决了。只见他衣衫褴褛，散发赤足，而面容却镇定自若。打发走妻子、家属后，他与几个朋友侃侃而谈，似乎忘记了就要到来的处决。直到狱卒端了一杯毒汁进来，他才收住"话匣子"，接过杯子，一饮而尽。之后，他躺下来，微笑着对前来告别的朋友说，他曾吃过邻人的一只鸡，还没给钱，请替他偿还。说完，老人安详地闭上双眼，睡去了。这位老人就是大哲学家苏格拉底。

苏格拉底（前470—前399年），既是古希腊著名的哲学家，又是一位个性鲜明，从古至今被人毁誉不一的著名历史人物。他的父亲是石匠和雕刻匠，母亲是接生婆。

青少年时代，苏格拉底曾跟父亲学过手艺，熟读《荷马史诗》及其他著名诗人的作品，靠自学成了一名很有学问的人。他以传授知识为生，30多岁时做了一名不取报酬也不设馆的社会道德教师。许多有钱人家和穷人家的子弟常常聚集在他周围，跟他学习，向他请教。苏格拉底却常说："我只知道自己一无所知。"

他的一生大部分是在室外度过的。他喜欢在市场、运动场、街头等公众场合与各方面的人谈论各种各样的问题，如战争、政治、友谊、艺术，伦理道德等等。他曾三次参战，当过重装步兵，不止一次在战斗中救助受了伤的士兵。40岁左右，他成了雅典的远近闻名的人物。

苏格拉底一生过着艰苦的生活。无论酷暑严寒，他都穿着一件普通的单衣，经常不穿鞋，对吃饭也不讲究。但他似乎没有注意到这些，只是专心致志地做学问。

苏格拉底的学说具有神秘主义色彩。他认为，天上和地上各种事物的生存、发展和毁灭都是神安排的，神是世界的主宰。他反对研究自然界，认为那是亵渎神灵的。他提倡人们认识做人的道理，过有道德的生活。他的哲学主要研究探讨的是伦理道德问题。

苏格拉底经常和人辩论。辩论中他通过问答形式使对方纠正、放弃原来的错误观念并帮助人产生新思想。他从个别抽象出普遍的东西，采取讥讽、助产术、归纳、定义四个步骤。"讥讽"即通过不断追问，使对方自相矛盾，承认对此问题无知；"助产术"即帮助对方抛弃谬见，找到正确、普遍的东西，即帮助真理问世；"归纳"即从个别事物中找出共性，通过对个别的分析比较来寻找一般规律；"定义"即把单一的概念归到一般中去。

苏格拉底教学生也从不给他们现成的答案，而是用反问和反驳的方法使学生在不知不觉中接受他的思想影响。请看一个他和学生问答的有趣的例子。

学生：苏格拉底，请问什么是善行？

苏格拉底：盗窃、欺骗、把人当奴隶贩卖，这几种行为是善行还是恶行？

学生：是恶行。

苏格拉底：欺骗敌人是恶行吗？把俘虏来的敌人卖作奴隶是恶行吗？

学生：这是善行。不过，我说的是朋友而不是敌人。

苏格拉底：照你说，盗窃对朋友是恶行。但是，如果朋友要自杀，你盗窃了他准备用来自杀的工具，这是恶行吗？

学生：是善行。

苏格拉底：你说对朋友行骗是恶行，可是，在战争中，军队的统帅为了鼓舞士气，对士兵说，援军就要到了。但实际上并无援军，这种欺骗是恶行吗？

学生：这是善行。

这种教学方法有其可取之处，它可以启发人的思想，使人主动地去分析、思考问题、他用辩证的方法证明真理是具体的，具有相对性，在一定条件下可以向自己的反面转化。这一认识论在欧洲思想史上具有巨大的意义。

　　苏格拉底主张专家治国论，他认为各行各业，乃至国家政权都应该让经过训练，有知识才干的人来管理，而反对以抽签选举法实行的民主。他说：管理者不是那些握有权柄、以势欺人的人，不是那些由民众选举的人，而应该是那些懂得怎样管理的人。比方，一条船，应由熟悉航海的人驾驶；纺羊毛时，妇女应管理男子，因为她们精于此道，而男子则不懂。他还说，最优秀的人是能够胜任自己工作的人。精于农耕便是一个好农夫；精通医术的便是一个良医；精通政治的便是一个优秀的政治家。

　　公元前404年，雅典在伯罗奔尼撒战争中失败，"三十僭主的统治取代了民主政体。"三十僭主的头目克利提阿斯是苏格拉底的学生。据说，一次克利提阿斯把苏格拉底叫去，命令他带领四个人去逮捕一个富人，要霸占他的财产。苏格拉底拒不从命，拂袖而去。他不但敢于抵制克利提阿斯的非法命令，而且公开谴责其暴行。克利提阿斯恼怒地把他叫去，不准他再接近青年，警告他说："你小心点，不要叫我们不得不再减少羊群中的一只羊。"苏格拉底对他根本就不予理睬，依旧我行我素。

　　后来，"三十僭王"的统治被推翻了，民主派重掌政权。有人控告他与克利提阿斯关系密切，反对民主政治，用邪说毒害青年。苏格拉底因此被捕入狱。按照雅典的法律，在法庭对被告叛决以前，被告有权提出一种不同于原告所要求的刑罚，以便法庭二者选其一。苏格拉底借此机会发表了慷慨激昂的演说，他自称无罪，认为自己的言行不仅无罪可言，而且是有利于社会进步的。结果，他被叛了死刑。在监狱关押期间，他的朋友们拚命劝他逃走，并买通了狱卒，制定了越狱计划，但他宁可死，也不肯违背自己的信仰。就这样，这位70岁的老人平静地离开了人间。

　　苏格拉底无论是生前还是死后，都有一大批狂热的崇拜者和一大批激烈的反对者。他一生没留下任何著作，但他的影响却是巨大的。哲学史家往往把他作为古希腊哲学发展史的分水岭，将他之前的哲学称为前苏格拉底哲学。做为一个伟大的哲学家，苏格拉底对后世的西方哲学产生了极大的影响。

# 伯罗奔尼撒战争

公元前415年6月的一天早晨，雅典港有一支庞大的舰队正要扬帆起航。"呜——"号角声响起，一位30多岁的统帅进行了庄严的演说，他就是统帅这支远征军的主将之一阿西比德，他英俊又多才，是一个出色的人物。祭奠了神以后，船队徐行出港。

还是在公元前431年的时候，雅典与斯巴达为了争夺希腊霸主的地位，爆发了战争。战争刚开始的时候，军事力量强大的斯巴达军队从陆路进攻雅典，而自恃海军无敌的雅典从海上进攻斯巴达。当斯巴达兵临雅典城下时，居民们纷纷撤入雅典城内。由于人口过于集中，居民中发生了流行性瘟疫，这是一种罕见的鼠疫，雅典居民和士兵因此死伤惨重。

雅典在海上取得了一些胜利，舰队封锁了伯罗奔尼撒沿岸，鼓励了斯巴达统治下的希洛人暴动。公元前422年，雅典与斯巴达发生了激战，双方主将都战死在疆场上。这样，双方都没有能力再进行战斗，于是在公元前421年，雅典和斯巴达签订了和约，但这个和约最后成了一纸空文。

就在公元前415年，雅典的阿西比德鼓动雅典出兵攻打西西里岛上的斯巴达盟国。最初雅典取得了一些胜利，但是阿西比德的政敌攻击他曾经捣毁神像，亵渎了神灵，要他马上回国接受审判。阿西比德不得不交出兵权，"我要他们知道，我还活着。"他咬牙切齿地说。阿西比德在回雅典的途中，背叛了祖国，投靠了自己城邦的敌人斯巴达，他向斯巴达献上攻打雅典的计策。

公元前 413 年，斯巴达对雅典进行反击。按照阿西比德的建议，斯巴达军队包围了西西里岛的雅典军队，结果雅典军队大败，残存的人都投降了。斯巴达人处死了雅典将领，把战俘都送到采石场做苦工。

接着，斯巴达军队把雅典城团团围住，长期的围困使雅典城内一片恐慌，政局动荡不安。20 000 多名奴隶逃到敌方，雅典的经济受到严重影响。这时，雅典的同盟国也纷纷倒戈，投向斯巴达。

为了彻底战胜雅典，斯巴达又和雅典的世仇波斯结成同盟，在波斯的帮助下，建立了强大的海军。而这时，雅典的海军内部却闹起内讧，力量减弱。

公元前 405 年，斯巴达海军突袭羊河河口的雅典海军舰队。雅典的两位主帅一位战死，另一位传染上了热病，所以雅典舰队群龙无首，阵势大乱。雅典海军的 180 艘战舰中，只有 10 艘逃走，其余的都被斯巴达俘获，3000 名雅典士兵也被处死。从此，雅典一蹶不振。斯巴达人又摧毁了雅典在比雷埃夫斯的长城墙，全面包围雅典，雅典虽然尽力抵抗，但是寡不敌众，战败投降了。

公元前 404 年，雅典与斯巴达签订了屈辱的和约。雅典解散了提洛同盟，拆除一切防御工事，交出了军舰，承认斯巴达的霸权。至此，伯罗奔尼撒战争结束了。

从这以后，希腊各城邦从繁荣走向了衰落。各城邦内部的贫富分化越来越严重，并不断发生奴隶和平民起义。公元前 392 年，科林斯城邦爆发了人民起义，起义者打死了躲在神像下面的贵族们。公元前 370 年，阿哥斯城邦的起义者杀死了几千名贵族。在希腊各城邦之间，也经常发生战争。希腊开始转入奴隶城邦的危机时期，伯罗奔尼撒战争成了希腊历史发展的一个转折点。

# 奥运会的来历

　　世界上最激动人心、影响最大的体育赛事当属奥林匹克运动会。从 1896 年开始，现代奥运会已走过了百年的历史，但古代的奥运会却要追溯到公元前 8 世纪。

　　在古希腊的奥林匹亚山上建有宙斯的神庙，每隔四年，希腊各地的人们都要到这里举行竞技大会。公元前 776 年，古希腊人在这里举行了第一次竞技会。

　　古希腊规定，只有公民才可以参加竞技比赛。奴隶和罪犯都无权参赛。最初的比赛项目只有赛跑，赛期也只有一天。后来，逐渐增加了铁饼、标枪、跳远、拳击、摔跤等五项运动，赛期延长到了 7 天。现代的奥运会的名称就起源于此。

　　奥林匹克竞技会是全希腊最隆重的节日，比赛期间，各国都暂时停止军事活动，因此，运动会期间也被称为"奥林匹克和平期"。古代奥运会不仅是进行体育比赛，也包括举行宗教仪式。从四面八方来的人们先向宙斯神像献祭，然后参加比赛。竞技的优胜者身穿色泽艳丽的衣服，头戴橄榄枝编的花环。在他们四周簇拥着僧侣和竞技会的工作人员。人们向优胜者欢呼，并把鲜花扔到他们身上。获胜者先要庄严地宣誓，然后向神做谢祭，最后欢庆的人们开始饮酒祝贺，常常通宵达旦。

　　获胜者还会被看做是民族英雄，戴上用橄榄枝编成的花环。对希腊人来说，这些花环比黄金珠宝还珍贵，因为它们象征着荣誉和尊严。雕塑家用大理石为胜利者塑造健美的英姿，这样的雕像至今我们还可以看到。诗人们则用诗来歌颂获胜者高超的技巧和勇敢的精神。公元前 5 世纪，希腊诗人品达写了一系列的"奥林匹亚竞技胜利者颂"。

当竞技会的优胜者回到故乡时，会受到极其热烈的欢迎。国家会免除胜利者的各项义务，在剧场里为他们保留荣誉座位，甚至发给他们终生津贴。

当时的奥林匹克运动会还有一项在今天看来简直不可思议的规定，那就是禁止妇女参加。妇女不仅不能参加比赛，而且不能观看比赛，如果发现哪个女子去观看，就要把她推到悬崖底下去。

奥林匹克竞技会的举行，反映了古希腊体育运动的繁荣。由于经常发生战争，这就要求战士具备强壮的体魄和坚韧的战斗精神，所以体育竞赛和训练是当时社会的重要内容。

古代奥运会四年举行一次，直到公元前393年，征服希腊的罗马皇帝狄奥多西一世宣布取消奥运会，从这以后，奥运会中断了。

到了19世纪末，在法国教育家顾拜旦等人的再三努力下，中断了的奥运会才得以恢复。首届现代奥运会在它的发源地希腊举行，以后每四年举行一次，除了一战、二战暂停外，奥运之火一直传继下来。


## 西方史学之父


古希腊的史学成就十分辉煌，先后出现了三位伟大的古典史学家：希罗多德、修昔底德和色诺芬。

传说在希罗多德的墓碑上镌刻着这样一段铭文："这座坟墓里埋葬着吕克瑟司的儿子希罗多德的骸骨。他是用爱奥尼亚方言写作的历史学家中最优秀的。他是在多里斯的故乡长大的，可是为了躲避流言蜚语，他把图里邑当做了新的家园。"寥寥几句话，概括了这位史学之父充满传奇色彩的一生。

公元前484年，希罗多德诞生在小亚细亚的哈利卡尔纳苏斯。幼年时他家境非常富裕，熟读了许多名人的著作。青年时期，希罗多德离开了生活优越的家庭，一个人漫游世界各地。他的足迹遍布埃及、巴比伦、爱琴海诸岛、波斯帝国等地。公元前447年，他来到了向往已久的雅典。

希罗多德每到一个地方，都寻访探求历史古迹，搜罗记录那些轶闻趣事，考察体验民情风俗，这一切都为他以后写作《历史》打下了坚实的基础。

希波战争以后，希罗多德居留在雅典，和伯里克利成了朋友。希罗多德参加了雅典在意大利南部建立图里邑殖民城邦的活动，成为图里邑的公民。希罗多德在那里专心著述，直至老年逝世。

希罗多德的传世之作是《历史》，也称为《希波战争史》，这本书倾注了他一生的精力。《历史》全书共分9卷，约有一半篇幅用来介绍埃及、巴比伦和波斯各国的历史，其眼界的开阔，材料的丰富，文笔的生动都是古代史学中从未有过的。

更为可贵的是，希罗多德编著历史着重探究核实，他所采用的史事都经过一定的筛选、比较和分析，力求历史真实性和艺术性的完美结合，为后世的历史叙述体奠定了基础。

希罗多德这部以希波战争为主轴的通史巨著大约在公元前430年问世，是西方历史上第一部比较完备的历史著作。罗马哲学家西塞洛称希罗多德为"史学之父"，这个称呼一直沿用到今天。

## 哲学家德谟克利特

德谟克利特出生在色雷斯的阿布德拉，以后长期在雅典生活。他游历的地方非常广，访问过埃及、巴比伦等地，是一个学识渊博的人。他的唯物主义思想被当时的一些人所不理解，他甚至还被当做疯子。

公元前5世纪的一天，希腊阿布德拉的一个青年跋山涉水去找当时希腊最著名的一位医生。这个青年焦急地告诉医生："尊敬的医生，我们城邦里的执政官德漠克利特最近精神失常，做了许多奇怪而愚蠢的事。他整天在花园里解剖野兽的尸体，写一些荒诞不经的文章。他的亲戚想霸占他的财产，就向法庭控告他，求您去救救他。"

很快，他们来到了德漠克利特的花园，见德漠克利特正坐在石头上专心地写着什么。他一会儿放下笔，沉思着，自言自语，一会儿又拿起动物的内脏看一看。青年人说："你看，他疯成什么样子了？"这时，一群人围着医生，恳求医生快给他们的执政官看病，他们说："我们的执政官已经不相信人所共知的真理了。他说人不会因为做了坏事而受到神的惩罚，也不会因为做了好事而受到神的庇佑，他甚至说整个世界是由巨大的虚空和极小的微粒组成的，他叫这种微粒为'原子'……"

医生来到德漠克利特的旁边，德漠克利特正在和柏拉图的一个学生争论。德漠克利特说："根本没有什么命运，世界上没有什么东西从无中来……"

"您说得对，"医生说，"如果医生相信命运，就不用去寻找药物，也不用去做手术了，只要念念咒语就可以了……"

这时，有人来传德漠克利特去法庭受审，医生也陪同着一起去了，他要向世人证明德漠克利特不是疯子。

德漠克利特是公元前5世纪古希腊最著名的唯物主义哲学家，是他第一次提出了"物质是永远存在"的光辉真理。他是古代第一位百科全书式的学者，他著述了大量的自然科学著作，十分可惜的是，流传到今天的只有一些论述动植物的片断了。

## 伊索寓言

流传至今的《伊索寓言》，据说是古希腊的一个名叫伊索的奴隶所作。《伊索寓言》中的故事大多是来自民间的口头文学，后来才被人记载下来。

《伊索寓言》中有很多著名的故事：《农夫和蛇》的故事说：有一个农夫，在冬天里看见一条冻僵的蛇，农夫很可怜它，就把它放在胸口暖和，蛇醒了以后就把农夫咬死了。农夫临死时说："我可怜恶人，就应得到这个恶报。"这个故事告诉我们一定不要怜悯像蛇一样的恶人。

《狼和小羊》讲的是：有一天，狼和小羊都在河边喝水。狼想吃小羊，就责怪它把河水弄脏了。小羊辩解说："你在上游喝水，我在下游喝水，我怎么会把你喝的水弄脏呢？"狼又说："你去年骂过我爸爸。"小羊连忙说："去年我还没出生呢。"狼恶狠狠地说："不管你怎么说，我也不放过你！"说完就猛扑过去。这个故事告诉我们，坏人存心要做坏事，总是能找到借口。

《农夫和儿子们的争吵》讲的是：农夫的儿子们常常争吵，农夫劝了几次都没有用，就拿一束木棍叫儿子们将其折断，结果儿子们用尽了力气也折不断。农夫又把这束木棍分开，给每个儿子一支，又让他们折，这回他们很容易就把木棍折断了。于是农夫教育儿子们说："你们看见了吧，如果齐心，就不容易被敌人征服；如果闹别扭，分开了，很容易就会被打倒。"这个故事说明了团结就是力量的真理。

《伊索寓言》中的很多故事都告诉我们·关于生活的深刻道理：比如《龟兔赛跑》劝诫人们不要骄傲；《乌鸦和狐狸》讽刺了某些人的虚荣心；《狐狸和葡萄》嘲笑了无能人的阿Q精神胜利法；《鹰

和螳螂》赞美了劳动者的聪明……

　　相传，伊索是公元前 6 世纪时一个奴隶主的家奴，后来获得了自由。伊索虽面貌丑陋，但是却聪明绝顶，他创作了许多寓言故事，表达了广大奴隶和下层平民对奴隶主贵族统治的不满，反映了他们的反抗精神，表现了被压迫人民的智慧和理想。

　　这样，伊索就触犯了奴隶主贵族的统治，奴隶主们想方设法地要加害他。据说公元前 560 年的一天，伊索被押到了爱琴海边的一块高耸的山岩上。在这生命的最后一刻，伊索仍然坚定不屈。最后，刽子手把他推下了山岩。

　　伊索死后，他的寓言一直在民间流传着。但是在伊索活着的时候，他的寓言并没有成书，只是口头流传。直到公元前 3 世纪左右，才有一个希腊人把当时流传的 200 多个故事汇编成册，命名为《伊索故事集成》，但这本书后来佚失了。到了公元 1 世纪，又有一个希腊人，大体取材上本书，用拉丁文写了 100 余篇寓言，这样，经过多次编辑加工，最后就成了我们今天读到的《伊索寓言》。这些寓言有的是伊索创作的，有的是他同时代人或后人创作的。


## 古希腊的戏剧

　　"走啊，我们一起看戏剧演出去！"

　　"好，听说今天上演的是埃斯库罗斯的名剧呢！"

　　对于古希腊人来说，一年之中最高兴的事情就是欢度戏剧节。每年三四月间，新酿的葡萄酒上市了，在举行"酒神节"的同时戏剧比赛也同时开始。

　　雅典人乃至其他城邦的友人都纷纷赶赴雅典大剧场来看戏。剧场里挤满了人，他们都能保持秩序井然，因为雅典的法律规定，看戏是雅典人的神圣权利，妇女、儿童、奴隶甚至是囚犯都被允许来看戏，任何人不得挤走别人，否则就要处以重刑。由此可见，雅典对戏剧的重视，雅典人对戏剧的喜爱程度之深。

戏剧的影响是巨大的，古希腊人对戏剧尤其钟爱，也正是在人民的推动下，古希腊产生了很多著名剧作家。

古希腊最负盛名的剧作家有三个人：埃斯库罗斯、索福克里斯和阿里斯托芬。

埃斯库罗斯是悲剧题材的奠基者，被称为"希腊悲剧之父"。相传他写了大约70多部剧本，现存的有7部，其中最有名的是《被缚的普罗米修斯》。这部剧是埃斯库罗斯根据一个神话改编的，写的是天上的巨人普罗米修斯盗取了主神宙斯的神火，把它赐给了人类，他又教给人们烹调、取暖、熔化金属和制造工具的方法。宙斯对此感到十分愤怒，惩罚了普罗米修斯，普罗米修斯忍受着痛苦，但是却不屈服。最后在英雄赫拉克勒斯的救援下，普罗米修斯获救了。埃斯库罗斯的作品慷慨激昂，充满了爱国热情，歌颂了人在命运面前的奋勇反抗。这种风格的形成和他的经历有关，埃斯库罗斯从小就有正义感和爱国热情，他曾参加过著名的马拉松战役。

索福克里斯的剧作在艺术上是最完美的，充分体现了伯里克利时代文明的鼎盛，索福克里斯的剧作风格庄重和谐、气魄宏伟，叙事、抒情都恰到好处。索福克里斯的代表作是《俄狄浦斯王》，它借用了一个英雄时代惊心动魄的故事反映当时的社会。这个悲剧主要描写了个人意志与命运的冲突，剧中塑造了一个奴隶制民主派君主俄狄浦斯王的形象——他正直诚实，勇敢坚定，热爱人民，敢于面对现实，和命运作坚决的斗争。俄狄浦斯王不自觉地犯了罪，却能自觉地惩罚自己，在人民面前主动承担责任。但是即使这样，俄狄浦斯王也未能避免命运的摧残和自身的毁灭。索福克里斯强调了人的自由意志和反抗精神，并且通过俄狄浦斯王的不幸遭遇，反映了雅典自由民在灾难面前的悲观、愤怒情绪。索福克里斯使悲剧艺术达到了完美的境界，对希腊悲剧的繁荣做出了重大贡献。

阿里斯托芬被恩格斯称为"喜剧之父"。阿里斯托芬生在雅典，他交友很广，苏格拉底和柏拉图都是他的朋友。阿里斯托芬敢于在剧中嘲笑和抨击雅典激进民主派的当权人物，他针砭当时一切重大的社会政治问题，反映奴隶主民主制潜在的危机。

古希腊的戏剧艺术在世界戏剧史上占有绝高的重要地位，它的许多剧目经过改编之后，仍在演出。达到了一个十分高超的境界，是世界文艺宝库中瑰丽的奇葩。从1938年起，希腊开始举行现代戏剧节。直到今天，雅典城还时常上演古希腊的戏剧。

## 希波克拉底誓言

希波克拉底是古希腊的一代名医，他的名声享誉西方上千年，被尊称为"西方医学之父"，他所立的誓言也作为一种规范被后人加以恪守。那么，希波克拉底到底立下了什么誓言呢？其实他的誓言就是一些医学道德准则，其内容如下：

"我以阿波罗及诸神的名义宣誓：我要恪守誓约，矢志不渝。对传授我医术的老师，我要像父母一样敬重；对我的儿子、老师的儿子以及我的门徒，我要悉心传授医学知识。我要竭尽全力，采取我认为有利于病人的医疗措施，不给病人带来痛苦与危害。我不把毒药给任何人，也决不授意别人使用它。我要清清白白地行医和生活，无论进入谁家，只是为了治病，不为所欲为，不接受贿赂，不勾引异性，对看到或听到不应外传的私事生活，我决不泄露。如果我违反了上述誓言，请神给我以相应的处罚。"

这成为古代西方医生在开业时宣读的誓词。1948年，世界医协大会对这个誓言进行了修改，定名为《日内瓦宣言》，后来，又把它定为国际医务道德规范。

"医学之父"希波克拉底出生在小亚细亚的一个医生世家。在古希腊，医生的职业是父子相传的，希波克拉底从小随父亲行医，父亲去世以后，他凭着一手好医术，周游在希腊和小亚细亚各地，行医收徒，治病救人。希波克拉底长期在医科学校里任教，并且著书立说。

当时，古希腊的医学被禁锢在宗教迷信和巫术之中。人们普遍认为，疾病是神的"谴责"。那时的医生，也往往是僧侣和巫师。他们用念咒或进行祈祷的方法来治病，这样治病其结果可想而知。

为了抵制疾病是神赐给的谬说，希波克拉底努力探究人的疾病的成因。希波克拉底认为，人体是由血液、黏液、黄胆和黑胆四种体液组成的，这四种体液在人体内混合，但每个人混合的比例不同，就使人具有四种不同的气质类型：多血质、黏液质、胆汁质和抑郁质。这四种体液的不平衡引起疾病，而这种不平衡是外界因素造成的。希波克拉底专门写了一本书《论风、水和地方》，书中论证了环境对人体健康的影响。希波克拉底对气质成因的解释并不正确，但是他提出的气质类型的划分和名称却一直沿用到今天。

长期的医疗实践和研究使希波克拉底积累了丰富的医学经验。他发现人最容易中风的年纪是40岁~60岁，得了黄疸的时候，如果肝变硬，那继续发展下去非常不妙。人死亡以前，会指甲发黑，手脚发冷，嘴唇发紫，眼睛模糊。希波克拉底对垂危病人面容的具体描述十分精确形象，后人称之为"希波克拉底面容"。

希波克拉底还写了篇《箴言》，收录了许多关于医学和人生方面的至理名言。比如"无故困倦是疾病的前兆""暴食伤身""人生短促，技艺长存"等等，这些至理名言到今天还能给人以启发。

希波克拉底的贡献，不仅在于他制定了医生必须遵守的道德规范，而且还表现在他的医学观点和医学实践方面，这些都对以后西方医学乃至世界医学的发展产生了巨大影响。

## 马其顿的兴起

公元前338年的一天傍晚,一个惊人的消息传到雅典:马其顿国王腓力二世率领大军侵入希腊了,正在向雅典方向而来……

雅典全城一片哗然,立即召开了紧急公民大会,大会上展开了激烈的辩论……原来自从伯罗奔尼撒战争以后,各国之间争战不休,这时巴尔干半岛北部的马其顿逐渐强盛起来。马其顿人在文明发展的道路上,比希腊人大大地迟了一步。但落后的马其顿人积极吸取希腊的先进文化,希腊的许多学者和艺术家都曾被邀请到马其顿王宫中做客。马其顿的国王把希腊的先进文化引进王宫,与希腊进行贸易,经济的发展使马其顿文化得以快速发展。

公元前4世纪中期,在国王腓力二世的统治下,马其顿真正强大起来。腓力二世执掌政权时,马其顿的局势比较混乱,一些属地企图脱离马其顿而独立,腓力二世可以说是受命于危难之时。但他干练沉着,审时度势,很快就稳定了局面,赢得了声威。

接着,腓力二世大刀阔斧地进行了改革。他首先加强了王权,通过征服、联姻等手段,把各部落贵族控制在自己的掌握之下,并削减他们的权力。腓力二世又创建了由贵族和富裕的农民组成的常备军,由国王直接指挥。腓力二世吸取了希腊军队编制的特点,创制了著名的马其顿方阵。经济是立国的基础,腓力二世不甘心被排除在对外贸易之外,他改革了币制,使马其顿可以和雅典等地自由贸易。

腓力二世的改革使马其顿成为巴尔干半岛的强国。腓力二世野心勃勃,有着强烈的征服欲望。他依靠强悍的兵力,在很短的时间内占领了马其顿、色雷斯的沿海地区,然后就把扩张的矛头指向了希腊各城邦,这样就出现了开头的景象。

　　面对马其顿的威胁，希腊城邦内部出现了截然不同的两派：反马其顿派和亲马其顿派。亲马其顿派主张全体希腊人服从马其顿的领导，转向亚洲掠夺财富；反马其顿派的人则主张希腊各城邦团结一致，抗击马其顿的侵略。

　　两派相争，无论谁占上风，也阻挡不了马其顿控制希腊的势头。最后，希腊各国组成了反马其顿的联军，公元前338年，在喀罗尼亚大战中，希腊联军大败，从此以后，希腊城邦实际上失去了政治独立。

　　公元前337年春天，腓力二世在科林斯城召开了全希腊大会，成立了除斯巴达以外的"希腊联盟"。希腊联盟的最高统帅是腓力二世，全权统帅军队，联盟决议向波斯宣战。

　　宣战以后，腓力二世开始积极备战。公元前336年，正当马其顿准备侵略东方，一场震动欧、亚、非大陆的战争帷幕就要拉开之时，腓力二世突然在当年夏天他女儿的结婚宴会上遇刺身亡。国内的贵族乘机叛乱，希腊各城邦掀起了反马其顿的斗争。

## 亚历山大大帝

　　腓力二世突然死去，在马其顿和希腊各城邦引起了强烈的反应。马其顿的版图本是靠侵略扩张获得的，统治十分不稳，这时更是危机四起，年仅20岁的腓力二世之子亚历山大就是在这样动荡不安的局势下继承王位的。

　　亚历山大早年接受良好的教育和严格的军事训练，又加上宫廷政治生活的熏陶，使他不仅胸怀大志，而且积累了丰富的军事政治经验。亚历山大以迅雷不及掩耳之势，迅速平定了国内的叛乱，他又出兵希腊，打败了反马其顿的国家，恢复了马其顿在希腊的霸权。亚历山大严惩了底比斯，把底比斯城夷为平地，使城中居民被卖做奴隶。

公元前334年春天，亚历山大率领3万步兵、5000骑兵和100多艘军舰，浩浩荡荡地开往东方，开始了对亚洲的侵略。亚历山大只带了一个月的给养，所以只有快速取胜，利用当地的资源，才能保证军队的供应。

在小亚细亚的格拉尼卡斯河附近，亚历山大与波斯军队交锋。波斯军队一触即溃，亚历山大乘胜追击，结果波斯军队大败，死伤累累，2000多名波斯士兵被俘虏，并被押往马其顿做苦力。

据说，亚历山大占领小亚细亚后，有人给亚历山大看了一辆古老的战车，车上有一个用皮带缠成的死结，传说能把死结打开的人就能成为亚洲的主人。亚历山大挥剑劈开了死结，以示他要以武力征服整个亚洲的决心。

亚历山大继续沿海路向叙利亚推进。公元前333年，波斯皇帝大流士三世亲率大军在伊苏斯城与亚历山大交战。在激战中，大流士三世临阵脱逃，致使波斯军队全线崩溃，大流士的母亲、妻女都成了亚历山大的俘虏。

公元前332年，亚历山大在腓尼基的推罗遇到了前所未有的抵抗。希腊军队整整围攻了7个月，才攻下推罗城。推罗城陷落后，城市被毁，3万多人被卖做奴隶，然后，亚历山大进入到埃及。当地的祭司欢迎亚历山大，称他是太阳神的儿子。亚历山大在尼罗河口亲自选定了一座城址，建立了以他名字命名的亚历山大城，这是他在东方建立的第一座城市。

公元前331年，亚历山大在尼尼微附近的高加米拉原野与波斯军队再次展开决战。大流士三世做了充分的准备，使用带长刀的战车横冲直撞，试图冲破马其顿方阵。正当双方激战时，大流士三世又一次临阵逃脱，波斯军队一片混乱，最后全军覆没。大流士三世在逃亡中被他的大臣所杀，波斯帝国灭亡了。

亚历山大为实现统治亚洲的野心，继续东进。在中亚，他遭到当地居民的顽强抵抗，于是，他转征印度，征服了一些国家。这时，希腊士兵因为连年苦战，已经疲惫不堪，他们在印度又受到酷暑、热带病的侵袭，军心涣散，因此强烈反对亚历山大继续东进。公元前326年，亚历山大被迫下令退兵。

经过10年的东侵，亚历山大建立了横跨欧、亚、非三洲的大帝国。亚历山大帝国西起希腊，东到印度河流域，北抵多瑙河流域，南到尼罗河流域。

亚历山大的远征给东方人民带来了深重的灾难，使他们饱受战争之苦，然而，在客观上，远征促使希腊、埃及、巴比伦、印度的文明交流融会，加快了人类历史由分散走向整体的进程。公元前323年，亚历山大病死在巴比伦，其帝国也随之瓦解了。

## 世界七大奇迹

在世界建筑史上，古希腊的建筑以规模宏伟、雕刻精致、造型优美而闻名。世界上的七大建筑奇迹就是古代最壮观的七大建筑物，这七大奇迹，除了前面介绍的埃及金字塔和巴比伦的空中花园以外，其余都是古希腊人创造的，它们体现了古希腊高超的建筑和雕刻艺术。

希腊半岛南部的奥林匹亚山上耸立着巨大的宙斯神像。宙斯是古希腊人的"天神之王"，他管着天上和人间的一切。据说，这座宙斯像是希腊人特地请当时雅典最杰出的雕塑家菲狄亚斯制作而成，整整用了八年时间。神像高15米，全身的服饰装饰着黄金和象牙，眼睛是宝石做的，头上戴着黄金铸成的桂冠。宙斯的右手向前伸，托着一个胜利女神像，左手握着一根象征权力的"权杖"，上面雕着一只老鹰，威风凛凛。宙斯神像的座椅上雕着春、夏、冬三姐妹女神像，下面还雕刻着胜利女神像、斯芬克斯像等等。宙斯神像以神态庄严、仁慈著称，可惜到了公元前 3 世纪时，这尊珍贵的神像被毁坏了。

小亚细亚半岛上，高筑着摩索拉斯的陵墓，这是为小亚细亚王国的王后阿蒂密斯修建的。这座陵墓规模宏大，呈四方形，它长 39 米，宽 33 米，高 50 米。陵墓全用白色大理石砌成，雕饰十分华丽。陵墓的台基很高，台基上竖有一圈廊柱，共 36 根，气魄很是雄伟。摩索拉斯陵墓反映了古希腊精美的人像雕刻艺术，它在公元前 262 年被毁。

爱琴海滨的以弗所有一座十分壮观的阿泰密斯女神庙（阿泰密斯是月亮神，也是主管狩猎的神）。女神庙长 126 米，宽 65 米，下面有 10 级台阶，周围绕着 127 根柱子，每根柱子高 23 米，上面盖着长方形的大理石屋顶，神庙前有 3 排石柱，共 24 根；庙后有两排石柱，共 18 根，且都带有约 1 人高的金属基座。石柱上雕刻着神话故事。这座神庙毁于公元前 3 世纪的战火。

希腊的罗德岛上矗立着太阳神巨像，它是为了纪念罗德岛解除了长期围困而做的。神像是太阳神赫利俄斯，高达 30 多米，耸立在罗德岛港口，这座神像是希腊著名雕刻家卡瑞斯用了整整 12 年时间完成的，这座青铜巨像只存在了半个世纪，就在一次地震中倒塌了。

在地中海的南部，与希腊半岛遥遥相对的灯塔，就是著名的亚历山大灯塔，它是古代最著名的灯塔。亚历山大城在尼罗河西侧，濒临地中海，海里有一个小岛，叫法罗斯岛。马其顿人入侵埃及以后，开始在法罗斯岛上修建灯塔，大约在公元前 280 年建成。这座灯塔高约 120 米，塔底是方形，中段是八角形，顶层是圆塔，雕刻着半人半鱼的神像，塔尖上雕刻着海神像。在夜晚，塔顶便会点燃大火，为来往的航船导航。

亚历山大灯塔的大理石石缝全部用熔铅黏合，以使塔身结构更为牢固。在塔顶，人们安置了一只大火炉，夜里大火燃烧时，用巨大的青铜镜反射，火光可以射到 50 公里以外的海域。亚历山大灯塔是当时世界上最大的灯塔，一直使用了1600多年。

七大奇迹中，有六个都是皇帝的花园、陵墓和神像，只有亚历山大灯塔才是真正造福于人类的建筑物。世界七大奇迹体现了古代人类的智慧和力量，是人类文明的结晶。

## "狼孩"与罗马城

继希腊之后称霸地中海的是罗马。关于罗马的起源，最流行的一个传说是：

大约在公元前8世纪，在台伯河下游有一个亚尔巴龙伽国，国王的弟弟叫阿穆留斯，他生性残忍、野心很大。在他夺取了哥哥的王位以后，为了永绝后患，阿穆留斯下令杀死了他的侄子，并且强迫侄女去做祭司，按照当时的规定，祭司是不能结婚的。

可是，不久传来了一个惊人的消息，他的当祭司的侄女生了一对孪生儿子。阿穆留斯当即下令杀死侄女，还把那对孪生子抛入台伯河。

负责扔孩子的奴隶来到台伯河边。这时台伯河正在泛滥，河水越涨越高，这个奴隶把装着孩子的篮子放在岸边就走了。篮子被河边树枝挂住了，两个孩子咿咿啊啊的啼哭声引来了一只找水的母狼，母狼不仅没有伤害这对孪生子，而且慈爱地用奶喂养他们。

后来，一对牧人夫妇抚养了这对孪生子，牧人给他们起了名字，一个叫罗慕路，一个叫勒莫。不久，这位牧人打听出来这对孪生子正是被新国王处死的那个女祭司生的。为了孩子们的安全，他决定保守这个秘密。

兄弟俩长大以后，都练就了一身好武艺，均勇猛超群。有一次，他们和另一群牧人发生冲突，勒莫被抓住后给带到了一位老人那里。老人看到勒莫仪表堂堂，就问他的父母是谁，勒莫看到老人十分和蔼，就告诉他："我可以告诉你，我和我的哥哥罗慕路是孪生兄弟，我们的身世十分神秘，我们自己也不十分清楚，据说我们一生下来就被扔给鸟兽，可是鸟兽不但不吃掉我们，反而养活了我们。当我们躺在河边上的时候，母狼拿自己的奶来喂我们……"

老人听了勒莫的话，十分激动，原来他就是亚尔巴龙伽国的老国王。当他得知眼前的小伙子就是自己的外孙时，他不禁扑上去，紧紧搂住了勒莫。

牧人知道勒莫被抓走以后，就把他俩出身的秘密如实地告诉了罗慕路。罗慕路立即带着队伍向亚尔巴龙伽进发，他要为家人报仇。一路上，很多人加入了他的队伍，这些人也痛恨阿穆留斯。最后，罗慕路和勒莫杀死了阿穆留斯，把王位还给了外公。

他们完成了这番事业之后，在当年的获救处建造了一座新城。后来，他们兄弟俩为给新城命名发生了争执，经过一番争斗，最后勒莫被杀。罗慕路用自己的名字命名新城，叫罗马城。

其实，最早的罗马城是通过联合、归并附近村子的方式逐渐形成，然后在意大利半岛中部的台伯河左畔发展起来的。最开始的时候，拉丁人和伊达拉里亚人隔河相对而居，在台伯河左岸的一处浅滩上交换农产品。不久，浅滩附近的 7 座小丘成了拉丁人的聚居区，最后发展成罗马城，所以，罗马又称为"七丘之城"。

"狼孩"的故事虽然是一个传说，但它表达了罗马人对自己历史的深厚感情，反映了罗马祖先创业的艰难，所以长期以来，它一直流传在罗马人民之中。

### 法西斯的来历

一提到法西斯，我们就会想到二战时期的希特勒、墨索里尼等人。其实，法西斯并不是一个新词，它早在公元前 6 世纪的后半叶就开始产生了。

公元前753年至公元前510年的罗马历史通常被人们称为"王政时代",到了图里阿时代,罗马国家正式产生了。图里阿按照财产的多少,把罗马人分为5个等级,设立了一个百人团会议,来处理国家大事。

王政时代最后一个王塔克文专制独裁,个人主宰一切,专横残暴,崇尚武力,到处作战,这一切引起了罗马人的普遍不满。

公元前510年,罗马发生了反对国王暴行的起义,大家推举鲁齐做起义的领袖。鲁齐是罗马一个富有的贵族的小儿子,他和塔克文有杀父杀兄之仇。鲁齐带领人民驱逐了塔克文,结束了王政时代。罗马人决定不再产生新的国王,并且宣布,个人专政要处以死刑。他们选出两个首领做执政官,这种职位没有薪俸,但有很高的荣誉。

自此开始,罗马建立了共和体制,执政官由百人团会议从贵族中选出,任期定为一年。每个执政官有12名侍从伴随,他们每人肩上背着一束打人用的笞棒,中间插着一把斧头,象征国家最高长官的权力——这种笞棒叫法西斯,专门用来惩处那些冒犯执政官的人。

执政官是罗马的最高权力者,但他们的权力是受到限制的。这两个执政官的权力是相等的,其中一名有权力否决另一名的命令,而且,他们在执政期满后,就将变成普通公民。如果人们对执政官的命令有不同意见,可在公民大会上提出。同时,古罗马的元老院也起着巨大的作用。元老院中的300名元老,由退职的执政官和民族中的长老组成。元老院管理国家财政、外交等事务。执政官和元老院的成员,都是从贵族中选出来的。这样,罗马就变成了贵族专政的共和国。

塔克文被放逐后,处心积虑地想夺回自己的权力。他自己的力量不够,就煽动罗马的一些贵族青年反对共和国。然而,机智的罗马公民揭露了他的阴谋,把参加叛乱的贵族青年抓了起来。

在这批青年中,有两个是鲁齐的儿子。这时,鲁齐已是罗马共和国的第一任执政官。罗马人都严肃地关注着这件事，看执政官如何处理它。

鲁齐庄严地宣布："这两个人犯下了反对共和国的严重罪行。"鲁齐的两个儿子承认了罪行，他们请求父亲宽恕，人们也紧张地等待判决。

鲁齐宣判："应该用'法西斯'处死他们。"侍官们一听，立即从肩上拿下笞棒，狠狠地抽打这两个罪人，把他们打得皮开肉绽。接着，他们又把两个人拉跪在地上，从'法西斯'中抽出斧头，砍下了他们的头颅。

"法西斯笞棒"就是惩处犯人的工具，是罗马共和体制的产物。

## 白鹅拯救了罗马

罗马人非常敬重白鹅，这是为什么呢？

公元前4世纪时，罗马已经十分强大，可是，边境上勇敢、强健的高卢人却大肆入侵罗马西北的克鲁新城。克鲁新城和罗马定有盟约，忙向罗马求救。

罗马元老院派了三个使节去拜见高卢首领布林，希望他们退兵，但是被高卢人拒绝了。第二天，这三个罗马使节违反了罗马惯例，去帮助克鲁新人反击高卢人，这使高卢人十分气愤。

布林派了几个使节去到罗马元老院提出抗议，要求把那三个罗马使节交出来，由高卢人惩治。罗马元老院拒绝了，并且，这三个使节都被选为下一年的军事保民官——这是一种权力非常大的官职。布林认为受到了侮辱，就率领7万大军，大举进攻罗马。

高卢人在阿里河注入台伯河的地方和迎面的罗马军队相遇，双方发生激战，高卢人非常勇猛，一下子就把罗马军队的左翼队伍压到河里，使罗马人死的死，伤的伤。另一部分罗马士兵则仓皇逃回罗马城，在慌乱中，他们连城门都忘了关闭。

骄傲的罗马军队头一次遭到这样的惨败，后来，他们把这一天，也就是公元前390年7月18日，定为罗马的国耻日。

败军退入城里以后，一部分居民从别的城门转移到城外去，一部分士兵和年轻的元老，决定坚守内城要塞，等待援兵的到来。

第二天，高卢人顺着打开的城门，没有遇到抵抗就进入了罗马城。大街上十分空旷，家家户户都紧闭着大门，罗马就像是一座死城。高卢人大肆地抢劫和焚烧，几天之中，罗马城变成了瓦砾场。

但是，高卢人始终没有能完全占有罗马城，因为城中之城——卡匹托尔山冈还在罗马人手里。卡匹托尔山冈险峻陡峭，易守难攻，高卢人久攻不下，开始转变战略，想用长期围困的办法迫使罗马人因为饥饿而投降。

一天夜晚，高卢军队偷偷地攀上了峭壁，准备偷袭罗马人。半夜时，伸手不见五指，山冈里一片静寂，高卢军士的行动不但没有被对方监察的土兵发现，就连机敏的狗也没有发觉。突然，在万籁俱寂的夜空中，响起了"嘎、嘎、嘎"的叫声，原来，神殿里的白鹅听到了高卢人的声音，大声地惊叫起来。这些鹅是罗马人奉献给山上女神庙的。山上虽然缺乏食物，但大家还是养着它们，当然也不可能喂得很饱。这些饥饿的白鹅变得很不安静而且容易受惊，一听到高卢人逼近的声音，就都惊叫起来。

第一个被鹅叫声惊醒的是已经退任的执政官曼里，他一个箭步奔向悬崖，用盾牌把刚刚爬上来的高卢人推下山去。接着，罗马士兵纷纷赶来，用长矛、石块把高卢人打下深谷，山冈因此而得以保全。后人便把这件事叫"白鹅拯救了罗马"。

高卢人对卡匹托尔山冈的围困整整持续了七个月，在这段时间里，高卢人多次洗劫了罗马城乡。后来，罗马统治者和高卢人进行了谈判，高卢人取得了1000磅黄金的赎金，终于撤离了罗马。

白鹅的叫声拯救了卡匹托尔山冈，此后，"白鹅拯救了罗马"，成为罗马人的谚语。为了表示对白鹅的感谢和尊敬，每年在特定的日子里，罗马人都庄严地抬着白鹅游行。人们热情地称白鹅为"圣鹅"，向它欢呼。

## 布匿战争

在意大利的海滩上，很多年轻力壮的小伙子正在进行海军操练。炎热的阳光无情地灼烤着他们，这些小伙子渐渐地体力不支。"喂，小伙子们，加把劲，听口令，一、二，一、二……"休息的时候，一个士兵问："我们不能少练一点吗？""不行！"军官威严地说："我们罗马人要在海上称霸，一定要打败迦太基，可是他们的海军很厉害……"

原来公元前 5 世纪至公元前 4 世纪，罗马便开始了扩张战争。公元前 3 世纪中叶，罗马开始向地中海扩张，罗马在地中海的主要对手是迦太基。迦太基是腓尼基人在北非的商业殖民地，大约在公元前 9 世纪建立，它与罗马在公元前 264 年至公元前 146 年间发生了三次战争。因为罗马人称迦太基人为"布匿"，所以这场战争也叫"布匿战争"。

迦太基是当时地中海西部的强国，控制着北非西部沿岸、西班牙南部以及撒丁、科西加岛和西西里岛，迦太基的海军非常强大，迦太基的一个海军将领宣称："不经我们许可，罗马人不可以在地中海洗手，"这样，罗马和迦太基争夺地中海霸权的战争爆发了。

公元前 264 年，罗马军队进兵西西里岛，第一次布匿战争爆发。罗马建造了新型战舰，舰首安装"乌鸦"，也就是接舷吊桥。作战时，变海战为陆战，"乌鸦"钩住敌船，士兵们就可以冲过去作战。罗马人的这种战术，充分发挥了步兵的优势，令擅长海战的迦太基人束手无策。

　　失利的迦太基军队退回本土，罗马军队乘机夺占了撒丁和科西加岛。此后，迦太基人把西班牙作为反击罗马的基地。公元前219年，迦太基将领汉尼拔夺回了萨贡托城。罗马军队要求迦太基交出汉尼拔，被迦太基人拒绝了。罗马派出使者威胁说："是战还是和，你们选择吧！"迦太基人回答："随便你们！"于是，第二次布匿战争爆发了。

　　第二次布匿战争中，迦太基人在汉尼拔的带领下取得了坎尼之战的胜利。坎尼之战后，罗马处境十分危急，这时罗马采取了一系列措施，积蓄了力量，战争的优势渐渐转到罗马这一边。公元前202年，两国在撒马城进行了决战，结果，汉尼拔有生以来第一次被打败，罗马军队大胜。

　　公元前201年，迦太基与罗马签订了屈辱的和约，第二次布匿战争结束。从此，迦太基失去了独立地位，罗马在西地中海确立了霸权。

　　半个世纪以后，迦太基的农业和商业得到了恢复，又呈现出一片繁荣的景象。罗马惟恐迦太基东山再起，一定要置之于死地。有一个名叫卡托的元老，每次演讲结束时总要高呼："一定要毁灭迦太基！"公元前149年，罗马军队在迦太基登陆，挑起了第三次布匿战争。这次战争与前两次不同，完全是强者对弱者的欺凌。罗马军队包围了迦太基城，迦太基人决心抵抗到底。罗马军队围困了三年，因为城里发生了瘟疫才得以破门而入。迦太基城被付之一炬，夷为平地，居民们被卖做奴隶。从此，迦太基领土成了罗马的一个行省——阿非利加省。

　　在布匿战争期间，罗马又向地中海东部扩张，征服了马其顿王国。罗马对征服地区实行行省制。这样，罗马建立了横跨欧、亚、非三洲的帝国，地中海成为罗马的内湖。

# 格拉古兄弟的改革

罗马在连续对外征服中，俘获了大量的奴隶。一些奴隶贩子经常跟随着军队，随处收购奴隶。在罗马的一些城市里，奴隶像牲口一样被人买卖，而且还从事繁重的劳动，被视为会说话的工具。不堪忍受的奴隶终于爆发了起义。

当罗马统治者正忙于镇压起义时，罗马城乡平民在格拉古兄弟的领导下，又掀起了以土地改革为中心的农民运动。当时罗马的土地集中和农民破产已经十分严重，大批破产农民来到罗马，迫切要求分到土地。

按照当时罗马的规定，无产者不能进入军队，因此，罗马保民官格拉古兄弟分析了当时的形势，从奴隶主阶级的长远利益出发，提出了改革方案。

公元前133年，哥哥提比略·格拉古提出每个公民拥有土地的最高限额是500犹格（犹格是当时的土地计量单位，一犹格约合0.25公顷），多余的土地归国家所有，分给无地的农民，土地禁止销售。这个法案遭到元老贵族的极力反对，可是由于广大平民的支持，这个法案还是获得了通过。但法案的实施遇到许多实际困难，贵族反对派们经常策划阴谋，寻衅滋事。

在这一年，提比略竞选保民官，公民大会选举时，大祭司纳西卡纠集一群元老、被保护人和奴隶冲进会场，阻止选举的进行。在混战中，他们打死了提比略和他的300多位拥护者。

提比略死后，改革运动并没有停止，哥哥的死并没有吓倒22岁的盖约·格拉古。公元前123年，盖约在罗马平民的支持下当上了保民官，刚刚任职，盖约就向反对改革的权贵发起进攻。

盖约不仅恢复了提比略提出的土地法案，而且还实行了其他一些重要法案。为了防止粮荒，他实行了粮食法，规定国家应该以比市场低的价格把粮食卖给贫民。审判法规定，除了元老贵族以外，骑士也可以当选为法官。

元老贵族施展诡计，反对改革。公元前122年，有人提出解散迦太基殖民地，盖约主张将迦太基作为公地，来解决土地分配的新来源。双方发生了武装冲突，盖约一派势力薄弱，被迫退到罗马的阿芬丁山丘。元老院借机镇压改革派，盖约和他的支持者在阿芬丁山进行抵抗。最后，盖约不愿屈服，他下令奴隶把他杀死，3000多名支持者也惨遭杀害，盖约的土地改革失败了。

格拉古兄弟的改革企图用占有公地和分地给农民的办法，遏止土地兼并，保护小农经济。但在当时，罗马的小农经济破产已成为历史发展的必然趋势，格拉古兄弟改革的失败是必然的。但是，格拉古兄弟的改革在一定程度上缓和了土地集中的进程，改善了一部分平民的生活，所以具有进步意义，这一点在后来罗马历史的发展中得到肯定和证实。

## 罗马的角斗士

古罗马时期盛行一种残酷的竞技娱乐，这就是角斗，进行角斗的奴隶就是角斗士。

罗马时期最早的角斗记载见于公元前264年，那一次的角斗是为了纪念罗马一个贵族的葬礼而举行的。在以后的两三个世纪里，角斗越来越盛行了。战争提供了大量的俘虏，这些俘虏都可以充当角斗士。罗马帝国的连年扩张使得战俘越来越多，角斗士的来源也就有了保障。

位于南爱琴海的一个小岛——提洛岛是罗马最大的奴隶市场，每天都有几千名奴隶从这里卖出，运往罗马各地。

在一块沙地上，搭起了一排平台，人口贩子把一群奴隶赶到台上。他们十几个人一排，每人腿上涂着白粉，颈上挂着小牌子，上面写着他们的出身、年龄、价格。一些身体强壮的奴隶，被卖去充当角斗士。

随着角斗竞技的商业利润不断增加，对角斗士的需求也就日益增多，战俘已满足不了这个数目，于是被判刑的罪犯、普通的奴隶、破产的年轻人都成了角斗士。渐渐地，一些贵族用钱买来一些角斗士，用他们做保镖，或出租他们给别人表演角斗来获取暴利。

罗马城里巨大的圆形竞技场是举行角斗表演的著名场所，这座宏伟的建筑外部分为三层，周围环绕着列柱，里面可容纳5万名观众。表演处可灌水成湖，用来表演海战，因此又被称为"水陆剧场"。

角斗竞技开始之前是仪仗游行，然后是一场假斗，一声号角吹响后，竞技就开始了。角斗士们用自己的生命和鲜血在竞技场上拼死格斗，他们或者彼此角斗，或者和野兽搏斗，以流血来供奴隶主们取乐。

如果有的角斗士拒绝格斗，他就会被人用鞭子和烙铁赶出角斗场外。

角斗士们在受伤时，常常举起食指乞求观看的奴隶主怜悯和宽恕，这时角斗士的命运就由观众来决定了。如果观众们挥动手帕就表示宽恕；如果观众们看得不高兴，就伸出紧握的拳头，把拇指朝下，斗败的角斗士就会被当场处死。

角斗是一种野蛮而残酷的"娱乐"，角斗士受迫害最深重，处境最悲惨，然而，压迫越深重，反抗就越强烈。从公元前2世纪开始，罗马各地就不断地爆发奴隶大起义，这些角斗士中，涌现出了无数可歌可泣的英雄人物，其中最著名的就是斯巴达克。

然而，在古罗马，并不是所有的贵族都对这种残忍的娱乐津津乐道，著名的雄辩家西塞罗就对"角斗"深恶痛绝。每次被迫前往竞技场，他总是不观看，而专心地在一边看书；另外，曾经有两位有学问的智者和一名基督徒，为了抗议这种非人的残忍娱乐方式，在竞技场上用死来表示反抗的决心。

## 斯巴达克起义

公元前73年，意大利爆发了世界古代史上最大的奴隶起义——斯巴达克起义。

斯巴达克出生在意大利的色雷斯，他从小就是奴隶。在一次与罗马的战斗中，他不幸被俘，被卖到了罗马加普亚城的一所角斗学校里学习角斗竞技。斯巴达克不堪忍受角斗学校里非人的折磨，为了抗拒角斗场上死亡的命运，斯巴达克带领70多名角斗士逃出了角斗学校，并密谋起义。

他们登上了维苏威火山，在山上建立了坚固的营地。起义的大火迅速燃遍了意大利半岛南部，附近的奴隶和破产农民纷纷投奔到维苏威火山，到公元前72年，起义军已达到12万人。后来，罗马军队包围了维苏威火山，企图让饥饿的起义者投降，到了深夜，斯巴达克率领起义军用野葡萄藤编成长梯，顺着长梯攀下了陡峭的悬崖，绕到罗马军队的背后，出其不意地大败罗马军队。

这次奇袭成功以后，起义军声威大震，乘势占领了南意大利的大部分地区。但是，这时起义军内部出现了分歧：斯巴达克主张北上，翻越阿尔卑斯山，回到故乡意大利，而另一批奴隶和破产小农却不愿意这样做，斯巴达克于是率起义军主力北上，到达波河流域。

面对汹涌如潮的奴隶起义，罗马贵族陷入极大的恐惧之中。元老院急忙宣布国家处于紧急状态，召回了在国外的精锐部队，派出了大名鼎鼎的大奴隶主克拉苏前去镇压。

斯巴达克没有被吓倒，他率军继续向前挺进，准备渡海去西西里岛。但是，由于事先答应提供船只的海盗背信弃义，起义军无法渡过海峡。这时，克拉苏从后面赶来，起义军便被围困在沿海一条狭长的地带上。得意的克拉苏认为全歼起义军的时机已到，就在南端最窄的地方挖了一道又宽又深的壕沟，垒起了一道"克拉苏防线"。

在一个风雪交加的夜晚，斯巴达克率领起义军突然突破了"克拉苏防线"，计划渡海去巴尔干半岛，但就在这关键时刻，起义军内部又出现了分裂，几万人分裂出走，脱离了主力，随即被克拉苏消灭，这样便极大地削弱了起义军的力量。并且，在这个时候，另一支由庞培率领的罗马军队也赶到了战场上，起义军于是又陷入了危急之中。

公元前71年春天，起义军和罗马军队在鲁卡尼亚北部进行了最后一次决战。战斗异常残酷，斯巴达克身先士卒，奋勇杀敌，腿受了重伤以后仍然手持盾牌，继续拼杀，在杀死了两名罗马军官后，这位起义领袖壮烈牺牲了。

克拉苏对起义军进行了残酷的报复。他把6000多名被俘的奴隶钉死在十字架上。列宁称斯巴达克是"大约2000年前最大一次奴隶起义中的一位杰出的英雄"。斯巴达克起义在规模上、组织上、纪律性上都代表了罗马奴隶起义的最高水平。

这次起义沉重地打击了罗马奴隶主阶级，从这以后，罗马奴隶主使用奴隶的方式开始转变了。


## 恺撒独裁

茫茫的大海上，一艘船遇上了海盗，海盗搜查了全船，俘虏了船上人员，抢走了金银财宝。在俘虏中有一个青年，衣着华丽，举止高雅，他引起了海盗们的注意。海盗们向他提出了巨额的赎金，青年一笑："那不是太少了吗？我可以留下来做人质，让其他人去筹集赎金。"

这个青年在作为人质的时间里，一直泰然自若，他甚至对海盗说："我自由了以后，马上逮捕、处死你们！"海盗们哈哈大笑，以为他疯了。140天以后，海盗们得到了赎金，这个青年终于自由了。他马上组织人马，追捕海盗。这位青年就是罗马共和国的独裁者——恺撒。

恺撒出身罗马贵族，他从小就有远大志向。有一次，他和朋友们出去，路过一个贫穷的小山村时，有一个朋友开玩笑："难道这么小的村子里也有人想争做老大吗？"恺撒认真地说："我宁可在这里做老大，也不愿在罗马做老二！"

恺撒最开始的政治生涯并不如意。当时罗马统治者是大独裁者苏拉，恺撒的妻子恰巧是苏拉政敌的女儿，苏拉一再强迫恺撒离婚，为此，恺撒逃离了罗马，他不愿服从苏拉的命令。公元前60年，苏拉死后，恺撒和克拉苏、庞培在争权斗争中势均力敌，于是三人结成同盟，这就是罗马历史上著名的"前三头执政"。

公元前59年，在民主派的支持下，恺撒当选了执政官，他率军征服了高卢。公元前58年，恺撒出任高卢总督，他利用高卢各部之间的矛盾，采用了分化等多种方式并用的办法，把整个高卢并入罗马版图。恺撒在高卢连任了十年总督，发展当地的农业，高卢发达的农业和他辉煌的战绩使恺撒的威望达到了顶点。恺撒用掠夺来的财富收买罗马民心，还培养了一支忠实于自己的军队。

公元前55年，恺撒渡过莱茵河，进入日耳曼人的生活地区，恺撒的名字威震欧洲四方。恺撒势力的膨胀使元老们十分忧虑，三雄之间出现了摩擦。公元前53年，克拉苏在入侵安息的战斗中阵亡，"三雄"之中只剩下了两个。庞培和元老们因为惧怕恺撒的声誉越来越高而结成了反恺撒同盟。

恺撒对此作出了猛烈还击。公元前49年，恺撒打着"保卫人民固有权力”的旗号进攻罗马，庞培望风而逃，恺撒占领了罗马。公元前 48 年，恺撒和庞培在法萨罗斯附近展开决战，结果恺撒大胜。庞培逃往埃及，恺撒一直追杀，最后庞培在埃及被杀。于是，整个罗马都在恺撒的统治之下，他被宣布为“祖国之父”和“终身独裁官”。

在恺撒统治时期，虽然共和制的机构还保存着，但已名存实亡，所以恺撒政权实质上是君主专政。在此期间，恺撒实行了一系列改革：他改组了元老院，清除了旧贵族，把军队中的上层分子选入元老院，安插自己的亲信……罗马的共和制完全被破坏了。在广场上、神庙里，树起了恺撒的雕像，他的头像被铸在钱币上，他的身体神圣不可侵犯。

恺撒是古代奴隶社会著名的政治家和军事家。他的独裁统治和种种改革措施招致部分维护共和传统的元老贵族们的极端不满。经过一番精心策划，公元前 44 年 3 月 15 日，以布鲁图为首的共和派阴谋者在元老院议事厅刺杀了恺撒。恺撒身中 23 剑，倒在庞培雕像的脚边。

恺撒死后，罗马发生了争夺继承权的斗争，政局又陷入了混乱。

# 上古文明揭秘

下

丁宥允◎编著

中国出版集团

现代出版社

**图书在版编目(CIP)数据**

上古文明揭秘(下)/丁宥允编著. —北京：现代
出版社，2014.1

ISBN 978-7-5143-2145-6

Ⅰ. ①上… Ⅱ. ①丁… Ⅲ. ①中华文化 – 青年读物
②中华文化 – 少年读物 Ⅳ. ①K203 – 49

中国版本图书馆 CIP 数据核字(2014)第 008595 号

| | | |
|---|---|---|
| 作　者 | 丁宥允 | |
| 责任编辑 | 王敬一 | |
| 出版发行 | 现代出版社 | |
| 通讯地址 | 北京市安定门外安华里 504 号 | |
| 邮政编码 | 100011 | |
| 电　话 | 010 – 64267325 64245264(传真) | |
| 网　址 | www. 1980xd. com | |
| 电子邮箱 | xiandai@ cnpitc. com. cn | |
| 印　刷 | 唐山富达印务有限公司 | |
| 开　本 | 710mm×1000mm　1/16 | |
| 印　张 | 16 | |
| 版　次 | 2014 年 4 月第 1 版　2023 年 5 月第 3 次印刷 | |
| 书　号 | ISBN 978-7-5143-2145-6 | |
| 定　价 | 76.00 元(上下册) | |

# 目　录

## 第一章　世　界(下)

## 第二章　华　夏

# 第一章 世 界（下）

## 埃及女王克娄巴特拉

克娄巴特拉以她的美貌令罗马将军们失魂落魄，她的一生笼罩在权力和政治的阴影下，充满了传奇和浪漫色彩。

克娄巴特拉是埃及国王托勒密十二世的二女儿，她的容貌非常美丽，秋水般的眼睛，高挺的鼻梁，嗓音悦耳动听。但在这样的美貌之下，包藏的却是一颗野心。

公元前51年，她的父王去世后，她与兄弟为了王权展开了争夺。这时，强大的罗马不断干涉埃及的内政。克娄巴特拉清醒地认识到，只有和罗马保持亲善的关系，才可以恢复托勒密王国昔日的荣耀，才可以重建亚历山大祖先的马其顿帝国。

恺撒追杀庞培的时候来到了埃及，克娄巴特拉用自己的美貌迷住了恺撒。在恺撒的帮助下，克娄巴特拉得以和她的兄弟托勒密十三世联合执政。公元前46年，恺撒返回罗马，克娄巴特拉追随他一起到了罗马，住在恺撒的别墅里。恺撒被刺的消息传来，结束了她梦一般的荣耀，克娄巴特拉孤独地回到了埃及。

不久，第二次机会又降临了。罗马的另一位大将军安东尼和屋大维、雷必达结成了"后三头"政治同盟，三个人三分罗马，安东尼管辖东方各行省。安东尼邀请克娄巴特拉相会，克娄巴特拉精心打扮，盛妆前来。她的美艳使安东尼一见倾心，他们一起到了亚历山大城。

公元前40年，安东尼为了政治利益返回了意大利，与屋大维的妹妹结了婚。然而，安东尼最终没有经受住美貌的克娄巴特拉的诱惑，公元前37年，安东尼和克娄巴特拉结婚了。

屋大维借口安东尼抛弃了罗马妻子，和一个"蛮王"结婚，向安东尼大举进攻。公元前31年9月，屋大维率军与安东尼、克娄巴特拉在亚克兴的海面上决战。克娄巴特拉眼看着安东尼大势已去，她开始打算投靠屋大维，于是，克娄巴特拉突然退出战斗，躲进陵墓里，谎称自己已经死亡。安东尼听到这个消息，伤心地自杀了。

可是这一次克娄巴特拉失算了，屋大维对她根本无动于衷。克娄巴特拉知道自己的末日到了，她写了一封遗书，表示愿与安东尼合葬，然后就自尽了。克娄巴特拉死时年仅39岁，她一共做了22年的埃及女王。

屋大维满足了克娄巴特拉的遗愿，把她和安东尼合葬在一起。随着安东尼的死去，罗马共和国也就此结束，屋大维在公元前27年建立了罗马帝国。


# 元首屋大维

公元前27年，古代罗马由共和国变为帝国，从此罗马闻名于东西方世界。罗马帝国的第一位皇帝是屋大维，也称奥古斯都。

屋大维年幼时，罗马将军恺撒收他为义子，对他悉心培养，希望屋大维将来做自己的接班人。

公元前44年，恺撒不幸遇刺，当时屋大维才18岁。他立志学习义父，投身于罗马的政治、军事生活之中。他首先把义父的旧部团结在自己周围，又争取到了元老院的支持。公元前43年，屋大维和罗马的另外两个将军雷必达和安东尼结成"后三头同盟"。

为了摧毁反对势力，"后三头同盟"进行了血腥的屠杀，凡被列入公敌名单的人，立即处死，无须审判。屋大维以恺撒继承人的身份得到了平民的信任。由于对军队进行大幅度的奖酬，军队支持了屋大维的行动。为了缓和同贵族的矛盾，屋大维取消了"公敌宣告"，把抓到的逃亡奴隶全部归还。元老院授予屋大维为"终身保民官"，从此，屋大维在"后三头"中处于首要地位。

随后，屋大维开始铲除昔日的盟友。他先剥夺了雷必达的军权，接着又借口安东尼和美丽的埃及女王克娄巴特拉有暧昧关系，取消了安东尼的公民权。公元前31年，屋大维进攻安东尼，在希腊的亚克兴海战中，屋大维大败安东尼。公元前30年，安东尼战败自杀，屋大维成为罗马惟一的统治者。

公元前27年，屋大维假装提出退隐，表示要交出一切大权，同时接受了元老院授予他的"奥古斯都"称号（意思是"至尊至圣"）。

屋大维称自己是罗马的"第一公民"，也就是元首。在元首制下，表面上元老院依然存在，实际上是由屋大维总揽军事、行政、司法和宗教大权。"元首"这个词，从此就正式在世界各国使用了。当时他才36岁。

屋大维掌权后，采取措施巩固奴隶主专政的制度。他对释放奴隶作了严格的限定，严禁释放30岁以下的奴隶，释放奴隶也有数额限制。

军队是屋大维政权的支柱，屋大维把原来的70个军团缩编成28个精锐军团，这样战斗力便大为提高，也更利于他的统治。他又组织常备雇佣军，驻扎在罗马帝国的边区和各个行省，在军团里设有严格的纪律，另外，他还在首都附近驻扎了9000名近卫军。

在屋大维统治时期，罗马继续对外扩张，帝国的版图达到了极致。帝国东起两河流域上游，西到不列颠，北到多瑙河，南达北非，真正成了整个地中海的惟一霸主。

在屋大维统治时期，罗马停止了内战，呈现出一个相对安定的政治局面，罗马进入和平与繁荣的黄金时代，历史上称为"罗马的和平"。在此期间，帝国的农业、手工业和商业有了较大的发展，生产工具有了明显的进步，商业贸易极为活跃。奥古斯都又大力修建罗马城，在罗马城竖起了一座座宏伟的建筑。有人说："屋大维找到的罗马是一座瓦砾的城市，他留下的罗马是一座大理石的城市"。

屋大维虽然没有称帝，但实际上是罗马帝国的第一个皇帝。这种披着共和制外衣的独裁，一直延续到公元3世纪后半叶戴克里先当政时，才公开地变为君主专制。

公元14年8月19日，奥古斯都逝世，罗马全国对他致以深深的哀悼。

## 灿烂的古罗马文化

古罗马一千多年的历史。积淀了深厚的文化底蕴，文学、史学、法学、哲学以及建筑业等许多领域都极其发达，对后世产生了深广的影响。

经历了几千年的风雨洗礼，今天的罗马古城仍然风采卓然，每一座建筑甚至每一块砖石都散发着当年豪华辉煌的气息。罗马皇帝为了炫耀其国力的强盛，先后建造了大剧院、神殿、会堂、柱廊、拱门、竞技场、浴场、凯旋门、记功柱、雕像等大量建筑，环立于罗马广场四周。皇帝和奴隶主也修建了豪华的宫殿或宅邸。遗留到今天的一座最大的建筑物是大圆形竞技场，外部分为三层，环以列柱，其中可容纳观众 5 万人。矗立在罗马广场中央的图拉真征服达西亚的记功柱，有连环式浮雕，盘旋而上，表现图拉真进行历次战争的情景。公元 79 年被维苏威火山爆发所毁灭的庞贝城，也是古罗马建筑的主要组成部分。所有这些建筑充分体现了古罗马建筑事业空前发展的状况。

古罗马的文学创作也取得了相当大的成就，在史诗和戏剧方面尤为突出。其时有三大著名诗人：奥维德、维吉尔和贺拉西。奥维德著有多部诗集，其中以《变形记》最为著名，在这部史诗中，他用希腊和罗马的神话题材，描写神怎样把人变成各种植物和动物，并巧妙地穿插恋爱故事，对社会上的种种丑恶现象作了无情的鞭挞。维吉尔模仿荷马史诗，写成《伊尼依特》，这部史诗叙述了特罗英雄伊尼阿斯带领特罗难民渡海流浪到意大利，经过无数考验和争斗，最后建立起村落和城市的故事，它歌颂了罗马的光荣和罗马祖先建立的丰功伟绩，洋溢着崇高的爱国主义精神和对人类的同情心。贺拉西的代表作是《颂歌》。戏剧方面以喜剧为主要形式。著名喜剧家普罗塔斯写过大量喜剧，流传下来的只有《孪生兄弟》、《吹牛的战士》和《铁罐》等 21 部，这些作品中对富有者和武士作了辛辣的嘲讽。这一时期戏剧创作的另一代表人物是泰伦斯，他写了《婆母》、《两兄弟》等六部喜剧。

古罗马的史学比较发达。波里比阿、恺撒、李维、塔西佗、普鲁塔克、阿庇安等人，都为后人提供了罗马史史料。最著名的两部史书是阿庇安的《罗马史》和恺撒的《高卢战记》。历史学家阿庇安生于埃及亚历山大城，他一生有过辉煌的成就，但他对后世贡献最大的是留下了一部卷帙浩瀚的《罗马史》。书中记叙了 900 年的罗马历史，其中包括罗马古国的起源，王政时期的种种传说，地中海周围国家的政治风貌、轶闻趣事，以及罗马征服这些国家的过程等，此外还记叙了斯巴达克奴隶大起义、意大利同盟大战、恺撒大战庞培、屋大维大战安东尼等许多著名战役。这部书原书有24卷，现在仅存一半。《高卢战记》是著名的政治家、军事统帅恺撒出色的历史著作。这位身穿戎装的将领，总是骑着一匹骏马，目光炯炯，一面眺望远方，一面向随从口授文书，就在这长年的戎马生涯中，他完成了这部具有史学、军事和文学三重价值的名著。古罗马在法学方面，"十二铜表法"是维护奴隶制度的第一个正式的罗马立法，后来以巴比央为权威的五位著名法学家为罗马皇帝制定了比较完整的国家法。

古罗马在自然科学和农业学也有创造性的贡献。自然学上最有成就的是老普林尼，他著有多学科的多部作品，如今仅存一部《自然史》，它可称欧亚历史上最早的一部百科全书。

灿烂的古罗马文化同古希腊文化一起，构成了世界古代文化史的一个巅峰。


## 诗人奥维德

奥维德是罗马受人尊敬的诗人。在罗马，青年人以能背诵他的诗为骄傲，贵族大臣们常常邀请他去家中做客，奥维德和他的妻子还曾多次受到元首屋大维的邀请。

突然，有一天，屋大维下达命令，把奥维德放逐到黑海沿岸，而且永远也不许回罗马，据说放逐的原因是他的作品违背了屋大维恢复古老习尚的意图。

诗人奥维德著有很多本诗集，其中最著名的是《变形记》。这部长诗共有15卷，长达12 000行，诗中包括250个古希腊、罗马的神话故事，故事讲述了神如何把人变成各种植物和动物，并巧妙地穿插着爱情故事。故事的大意是这样的：

　　混沌初开后，出现了繁荣的世界，大地上长满了水果和稻麦，河里流着牛奶，橡树上渗出蜂蜜，人们安宁幸福地生活着，不知道战争是什么，这便是人类的"黄金时代"。

　　后来，众神之王朱庇特（罗马神话中最高的神）统治了这个世界，他把一年分为春、夏、秋、冬四季，人们开始感到寒冷和饥饿，于是住进山洞，开始辛勤劳动，这是人类的"白银时代"。

　　接着，可怕的"黑铁时代"降临了。土地被分成一块一块的，人们开采坚硬的铁和罪恶的黄金。为了争夺财富，人们不再有羞耻和诚实，接着又产生了欺诈、强暴、掠夺……《变形记》对社会的种种丑恶现象作了无情的鞭挞。

　　奥维德千辛万苦地来到了他的放逐地多米城，在这座遥远的城市学习当地的语言，并开始用这种语言写诗。

　　在流放的九年里，奥维德写了两本诗集：《悲歌》和《本都来书》，在诗中，奥维德抒发了对故国和亲人的怀念之情，写得真挚感人。

　　公元17年，奥维德结束了他颠沛流离的一生，客死在异乡。

　　诗人奥维德的命运十分不幸，但他的诗作却是永恒的。尤其是他的《变形记》，更是流传甚广。后世欧洲的文学家、画家和雕刻家，常从这部作品中挖掘题材，创作出众多优秀的作品。


## 暴君尼禄


　　公元54年的一天，罗马帝国78岁的老皇帝克劳狄突然死去。宫中的人都在传说，老皇帝是被皇后阿格里披娜毒死的。

　　阿格里披娜为什么要毒死自己的丈夫呢？原来，阿格里披娜是老皇帝的第四个妻子，她有一个儿子叫尼禄。阿格里披娜这个人十分贪财好势，她怂恿老皇帝废掉太子，立自己的儿子尼禄为皇储，老皇帝听从了她的主张，过后却十分懊悔。这让阿格里披娜发现了，她就下了毒手。就这样，尼禄登上了帝位。

尼禄是罗马历史上十分有名的暴君，在尼禄统治期间，罗马宫廷里阴谋不断。尼禄的母亲阿格里披娜曾和尼禄争夺王位，结果尼禄杀死了母亲。尼禄残酷凶暴，放荡不羁，终日沉浸在声色犬马之中，经常不理朝政。

公元64年夏天，罗马发生大火。大火一连烧了6天，全城几乎都被烧毁。正当罗马城火光冲天的时候，尼禄却一边登上楼台观看大火，一边吟诵着特洛伊毁灭的诗篇。大火过后，他又乘机处死所有嫌疑犯，并且大肆迫害来自社会底层的基督徒。

尼禄的挥霍无度使国库很快枯竭了，财政面临着危机。于是，尼禄开始大肆搜刮。他一方面增加了苛捐杂税，另一方面又借口"侮辱罗马人民尊严法"处死了一些贵族元老，将他们的财产归为己有。

公元65年，不堪忍受尼禄暴政的罗马贵族组成了以皮索为首的谋杀集团，由于有人泄露了秘密，最后谋杀失败了。尼禄处死了皮索等人，连他的老师也被逼自杀。

从此，尼禄把自己比作神，公开接受亚美尼亚国王尊称他为太阳神。他在铸币上镌刻自己戴着皇冠的头像，甚至把罗马城也改名为尼禄城。

尼禄的暴政引起了罗马社会各阶层的普遍不满，面对尼禄的倒行逆施，各种反罗马统治者的起义不断发生。公元61年，不列颠南部的伊塞尼族女王鲍狄卡发动反罗马的起义，但起义被残酷地镇压了。不久，公元66年，犹太人的起义烽火又遍布巴勒斯坦各地。犹太人起义尚未平息，西班牙和高卢行省的总督又号召反对尼禄，掀起暴动。最后，连近卫军也背叛了尼禄。罗马元老院乘机废掉了尼禄的皇位，宣布尼禄是人民公敌。被人们唾弃的尼禄走投无路，仓皇逃出罗马。最后，尼禄在罗马郊外的一所别墅里自杀而死。

## 基督教的兴起

在地中海东岸一带的犹太人中间，流传着这样一个宗教故事——

上帝为了拯救苦难中的人类，使圣母玛丽亚怀孕而生下了耶稣。耶稣就是上帝的亲生儿子，也叫"救世主"，后世人们称他为耶稣·基督。

据说在耶稣出生的那天，人们看到一颗十分明亮的星星，从天上落向耶路撒冷城，"啊，看哪，救世主基督降生到人间来了！"人们大声欢呼起来。

耶酥来到人世间，收了12个门徒，他们到处传教，创造了许多奇迹。耶稣告诫人们，要忍受现世的苦难，来世则可升入天国。耶稣的传教触犯了罗马统治者的利益，罗马总督于是把他钉死在十字架上。三天以后，耶稣复活升天。基督教让人相信，终有一天耶稣将重返人间，区别善恶，所有的人都要接受审判。其实这个传说吸收了犹太教的教义，是在犹太教的基础上发展起来的。

最早的基督徒都是奴隶和贫苦的下层人民，他们在各处组成小规模的社团，把十字架作为标记，过着财产公有的生活。有的传教士诅咒说罗马帝国的皇帝是一只长着7个头、10只角的怪兽，将被基督推进地狱受惩罚，受苦的人可以进天堂，而富人要进入天堂则比"骆驼穿过针眼"还难。

到了3世纪时，罗马帝国危机重重，许多富人感到前途一片迷茫。为了求得来世的幸福，这些富人纷纷加入教会，向教会捐献财物，渐渐地，他们居于教会的领导地位，教会的性质开始发生了转变。

基督教主张信仰的是上帝而不是皇帝，罗马皇帝为此残酷迫害基督教，许多教徒被处死。但是，基督教宣扬忍让服从，要人民安于不平等的现世而寄希望于来世，这一点却十分有利于罗马皇帝的统治，罗马皇帝认识到这一点后，就开始转变策略，变镇压为容忍。

基督教中的富人越来越多，圣经中开始出现了对富人有利的说教："凡掌权的都是神所命的，所以抗拒掌权的，就是抗拒神的命令，抗拒者必自取刑罚。"

罗马帝国陷入危机以后，十分需要一种宗教，能为全国臣民所接受。公元311年，皇帝加列里阿下令要宽容对待基督教。公元313年，君士坦丁大帝和李锡尼联合颁布了《米兰敕令》，承认了基督教的合法地位。公元325年，君士坦丁大帝在尼西亚宗教会议上，确立了基督教的正宗教义和教会组织。

公元331年，君士坦丁大帝下令把罗马帝国分为五个教区，每个教区设一名主教。公元392年，基督教正式被定为罗马帝国的国教。

基督教的经典是《圣经》，它由两部分组成。前半部是《旧约》，是原来犹太教的经书，后半部是《新约》，是2世纪时一些传教士编写的。

基督教作为一种宗教，不可避免地具有消极性、虚妄性和空想性。基督教所宣传的道理，虽然有劝说大家帮助别人、不做坏事的一方面，但是它反对同邪恶作斗争，甚至主张爱仇敌，这实际上是麻痹人们斗争的精神鸦片。随着基督教的演变，它逐渐蜕化成为统治阶级进行思想统治的工具，最终与帝国政权结合在一起。

## 十二铜表法

　　罗马最古老的成文法典是公元前 5 世纪中叶的十二铜表法。

　　古代罗马在共和国成立之前是没有像样的法律的，在平民和贵族的激烈矛盾斗争中，贵族们往往只是根据历史上相似情况的记忆对平民进行判决处置，这样的判决方法，决定了贵族们常常随心所欲地处置下层人民。面对这种不公平的现象，平民们一再斗争，要求制定出一部成文法典。在这种情况下，罗马共和国的元老们组成了一个十人委员会，公元前 451 年，十人委员会开始负责制定一部法律，到了公元前 450 年，这部法律被制定出来，镌刻在 12 块铜牌上，所以叫"十二铜表法"。

　　"十二铜表法"基本上是习惯法的延续，它是罗马法发展的基础。公元前 4 世纪末，费拉维伏斯把讼诉程序和法庭术语汇编成册，公诸于众，并且公布了法庭的开庭日和不开庭日。这样，贵族祭司对世俗法律和历法的垄断就被打破了，法学家有了活动的空间，促进了法学的发展。接下来法律又得到了进一步的发展，主管司法的执法官产生了。执法官在就职时发布告示，提出裁判方针和办案原则，实际上这就创制了新的规范，而且这种规范被继任的人一直因袭下来。这样，新的规范长期积累下来，成为一整套法规体系。

　　最开始，"十二铜表法"只适用于罗马公民，居住在罗马的外邦人不受法律保护，所以也叫"市民法"，这种市民法在某种程度上带有浓厚的形式主义色彩。随着罗马的对外扩张，国际间的交往越来越多，商业也越来越发展，就产生了需要有适用于外邦人的法律。于是，罗马执政官按照罗马奴隶主统治阶级的意愿，有意识地进一步发展了罗马法律，逐渐形成了"万民法"。这种"万民法"实际上是罗马统治范围内的国际法，被罗马法学家称为"各民族共有"的法律。万民法和市民法相比，是更为接近自然法的观念的，没有市民法那种狭隘的民族性和形式主义的缺点。

"十二铜表法"的主要内容其实丝毫也不利于平民。比如，"十二铜表法"承认债奴制，这样，还不起债务的平民理所当然地沦为债奴，家长有权力把子女卖为奴隶，债权人有权随意处置借债的人，甚至可以处死借债人。另外，十二铜表法的刑事判案非常苛刻，规定对放火、夜间行窃，以及践踏别人庄稼的人一律都判处死刑。由于这种种原因，"十二铜表法"引起了平民的强烈不满，他们的反抗也此起彼伏。

在法学方面，罗马自制定"十二铜表法"以后，共和时代通过了很多《公民法》，帝国时代又产生了只适用于异邦人的《万民法》。后来，《公民法》与《万民法》合一，成为适用于整个帝国的法律。早在共和后期，罗马便出现了法学家。他们帮助制定法律和解释法律，并指导当事人起诉。

从法学的角度来说，"十二铜表法"具有重要意义，它是古罗马的第一部成文法，是罗马法学的开端。公元前二三世纪，罗马出现了《格列哥里安法》和《赫尔摩格尼安法典》两部法律汇编，这两部法典把罗马法学推上了一个顶峰。今天世界上公认罗马法是近代法学发展的基础，而罗马人则把"十二铜表法"看做是罗马法的渊源。

## 古城庞贝

古城庞贝在罗马的东南，西临美丽的那不勒斯湾，北靠巍峨的维苏威火山，那里住着 2 万多居民。

公元79年8月24日，一场毁灭性的灾难降临到了庞贝城。离城大约有10公里远的维苏威火山忽然爆发了，顷刻之间，天昏地暗，大地摇动，大量的石块和火山灰把火山附近的地面全部覆盖了起来。接着暴雨又引发了山洪，山洪挟带着石块和火山灰向山下猛烈冲去，庞贝古城就这样整个被埋没起来……

1000多年过去了，只有研究历史的人在查阅罗马古书时，才会知道曾经有个庞贝古城。庞贝古城似乎已经不被人们记起了。

18世纪初，一些意大利农民在维苏威火山西南八公里处修筑水渠时发现了古罗马的钱币。1748年，人们又挖出一块石块，上面刻有"庞贝"的字样，人们终于知道了庞贝古城的遗址。

从1860年开始，人们对庞贝进行了有计划的挖掘，经过200多年断断续续地开掘，古城庞贝终于得见天日。

庞贝古城的面积约一平方公里，四周砌有石墙，共有七个城门，城内纵横着井字形街道，大街上铺着十米宽的石板。每个十字路口都有水池，水池都是石制的，上面装饰着精致的雕像。

城内最宏伟的建筑物都集中在庞贝城南部一个长方形广场的四周，这里是庞贝的政治、经济和宗教中心。

广场的东南是官府和法院，有权势的人们便在这座官府里办公、议事。广场的东北是商场，当时，这里的店铺商品琳琅满目，生意非常兴隆，在一个水果铺里，货架上摆满了杏仁、栗子、无花果、胡桃等干果。一家面包店里，有一个烘炉里还有烤熟的面包。1000多年过去了，面包还保持着原来的外形，而且上面印着的面包商的名字还依稀可见。

庞贝城的东南角是两座规模巨大的建筑物——竞技场和大剧场。竞技场可以容纳大约2万人，是庞贝城被埋前9年建造的。

庞贝城里有很多富人的住宅，这种住宅的大门往往有大理石的圆柱和雕花的门楼，走廊和园子里摆放着各种雕塑，有天神，有野兽。房间里陈设着精美的白银和青铜制品，墙上绘着壁画，地板上装饰着镶嵌画，其中有一幅画的内容是马其顿的亚历山大大帝和波斯的大流士三世作战的场景。这幅画宽6.5米，高3.8米，由150万块彩色玻璃和大理石片镶嵌而成。

另外，在挖掘庞贝城时，发现了许多受难者的遗体。火山爆发时，大约2000人正好有空地方藏身，所以这些人没有马上死去。可是整个城市被尘埃封住了，他们没有办法逃出来，经过很长时间，他们的身体腐烂了，火山的尘埃却成了人体的模型。考古学家们用石膏再现了这些受难者的形象，有的人捂着脸，有一个母亲紧抱着哭泣的孩子，有的人趴在墙角挖洞……

## 巴高达运动

"该死的富人们，如果穷人真觉得不值得活下去的话，当心他们会同你们同归于尽！"一个罗马的贵族子弟对罗马的"富人们"提出了这样严正的警告，可见，穷人与富人之间的矛盾在当时的罗马已经如箭在弦，一触即发。

事实上，建立在奴隶们累累白骨上的罗马帝国一直存在着深刻的危机。在罗马，自由民轻视劳动，奴隶主们根本就是不劳而获，他们挥霍无度，奢侈腐化，过着寄生的生活。

在这种情况下，公元186年，一位名叫马特努斯的士兵因不满罗马帝国的统治，就带领几百名奴隶在高卢发动了"巴高达"奴隶起义（"巴高达"的意思就是"战士"）。

马特努斯提出了口号："让奴隶主变成奴隶！"他们捣毁监狱，释放囚徒，进攻市镇，声势越来越大，罗马皇帝连忙派兵镇压。由于叛徒的告密，起义于公元188年失败了。

然而，奴隶们并没有就此屈服，公元283年，更大规模的巴高达运动又开展起来了。起义开始后，巴高达战士非常勇敢，他们迅速攻占了许多城市，吓得奴隶主贵族们仓皇逃生。

罗马统治者戴克里先派马克西米安前去镇压，巴高达的战士便化整为零，声东击西，伏击敌人。马克西米安使用严惩手段，驱使罗马士兵拼死作战，并布下阵势，把巴高达战士分隔开，然后逐个击破。最后，很多巴高达战士英勇牺牲了。

可是，巴高达运动仍然没有停止。公元435年，巴高达首领巴托在起义群众配合下，向罗马贵族官吏发动了大规模的进攻，他们受到奴隶们的热烈拥护。

巴高达运动破坏了罗马帝国的统治，使农村公社生活恢复了正常。5世纪初，在许多地区演出着一个喜剧，这个喜剧反映了当时巴高达运动的情况。喜剧主角家境贫寒，活不下去了，就向神祈求一个安居乐业的地方，神告诉他最好是去罗亚尔河当"强盗"，说那里的人公正无私，投奔那里就可以称心如意了。剧中提到的罗亚尔河流域，就是巴高达运动的势力范围；当"强盗"，也就是去做一名巴高达战士。巴高达运动是陷入绝境的罗马帝国的一线光明。

罗马帝国晚期的奴隶起义，不仅有高卢的巴高达运动，在北非兴起了阿哥尼斯特（意思是"争取正当信仰的战士"）运动，另外在色雷斯、多瑙河等处也都燃起了奴隶起义的烈火。

巴高达运动与公元前73年的斯巴达克起义相比，已经发展到了更高的阶段，具有更广泛的群众基础，持续的时间也更久。巴高达的奴隶战士们通过一系列的英勇斗争，沉重地打击了罗马帝国的统治。罗马帝国在风起云涌的奴隶起义打击下，面临着全面崩溃的局面。

# 第二章 华 夏

## 盘古开天地

中华民族有着悠久的历史和灿烂的文化。五千年的漫长历程，为后人留下了许多美丽的故事和传说。

在华夏广袤的大地上，我们的祖先世世代代繁衍生息，历尽磨难，从远古走到现代，从蒙昧走向文明。

在很久很久以前，整个宇宙并不像现在这样明朗清晰，而是混沌一片，像个大鸡蛋。这个鸡蛋里孕育了一个伟大而神奇的生命——智慧和能力都超过天地的盘古。随着时间的推移，盘古渐渐地长大了。他越来越不喜欢面前这个黑暗混沌的世界，于是他找来先天金石之精——斧和凿。他左手持凿，右手操斧，用尽全身力气，将这一团混沌之气一分为二，彻底劈开。轻的气向上飘浮，就成了天；重的气向下沉去，就成了地，从此便有了天地之分。盘古担心天地有一天会合在一起，就用手托着蓝天，脚踏着大地，将天地支撑起来。

天每天升高一丈，地每天增厚一丈，盘古也每天随之长高一丈，这样过了大约 1.8 万年，天已经升得非常高，地也变得特别厚了，可是开天辟地的盘古却累倒了，再也没有起来。

盘古死后，身体的各个部分分别化做天地万物——日月风云、山川湖海、良田沃土、矿藏宝物等等。一个美好的世界诞生了。

这就是盘古开天地的神话。

神话毕竟是神话，但人们喜欢这个神话。因为"盘古开天地"象征着人们挑战自然、征服自然的雄心和伟大的创造力。

又过了几万年，天神女娲来到了大地上，这个美丽动人、充满生机的世界把她牢牢吸引住了。可是她感到这个世界寂静难耐，便随手拾起一块湿泥巴，仿照自己的模样捏了个小泥人。没想到，这个小泥人竟然活了。女娲兴奋不已，赶紧又捏了几个，又都活了。于是天地之间就有了人类。

女娲抟黄土造人，这也是一个动人的神话。那么，人类究竟是从何而来的呢？

我们早就知道，人类是从猿演变而来的。据科学家们考证，我国最早的原始人是170万年以前出现的云南元谋人；随后是陕西蓝田人，是在80万年前出现的。北京猿人也有四五十万年的历史了。1933年，在北京周口店龙骨山山洞里还发现了迄今1.8万年的"山顶洞人"的生活遗迹。

山顶洞人前额突起，眉骨不太明显，脑腔发达，口缘后缩，已明显具备现代人的特征。他们的生存方式和现代人有些接近，能够制造简陋粗糙的工具，还学会了狩猎、养殖。他们还会使用工具，主要使用石器，而且石器的质量比以前有所提高，原料主要是砂岩、石英、燧石。在山顶洞人的遗址中还发现了许多骨器。其中有狩猎用的鹿角，鹿角磨得非常锋利。还有一根长82毫米的骨针，骨针很精致，针尖圆锐，有专家说，这可能是世界上最早的缝纫工具，因为当时人类已经知道穿上兽皮缝制的衣服来御寒了。

山顶洞人过着群居生活。他们的群居生活按照血缘关系固定下来，一个集体的成员都是共同的祖先生下来的，也就成为一个氏族。这就是生活在华夏土地上的原始人类。

浩瀚的历史犹如一面光可鉴人的镜子，它的发展变迁同黄河、长江一样源远流长。面对五千年的华夏文明史，我们每个炎黄子孙都不能不为之动容，不能不为其骄傲。

## 燧人氏钻木取火

原始社会初期，人类以狩猎为主，生吞活剥，茹毛饮血，过着非常原始的生活，他们的生命常常受到凶残野兽的严重威胁。为了生存下去，人类克服各种困难，与天斗，与地斗，与各种野兽斗。在这种极其艰险的环境中，人类逐渐认识了自然，掌握了生存的本领，不断有所发现，有所发明，有所创造，从而推动了人类氏族公社的发展。

那个时候，人类还不知道利用火，什么食物都是生吃的。其实，火的现象，自然界早就出现了。火山爆发，有火；电闪雷鸣，引起森林火灾，也有火。但是，原始人最初看到火，还以为是什么怪物，怕得要命。后来，当人类看到野兽被大火烧死后，从火中散发出阵阵肉香，才敢接近火，去取灰烬中的熟肉吃。经过品尝，人们才发现被火烤熟的东西竟然那么香甜可口。于是，人们才渐渐地学会了用火烤东西吃，并且想办法把火种保留下来，以便长期使用。

但是，保留火种却不是一件容易的事，每当遇到刮风下雨，火种很容易熄灭。

不知又过了多少年，一个叫"燧人氏"的人发现，用两块燧石互相撞击摩擦，能够撞击出火花来。于是，他马上把这一惊人的发现告诉给人们，并教人们采集这种"火石"。他还发现，用一根坚硬而尖锐的木棒在另外一根木头上使劲地钻，木头上也能钻出火星。这便是"燧人氏"钻木取火的由来。

　　发现、利用火和发明钻木取火，无疑是人类的巨大进步。人类掌握了取火的本领，自然就不再食用生的食物，结束了生吞活剥、茹毛饮血的时代，这也是人类文明的最初体现。人工取火，是人类的伟大发明，从此人类再也不用为火种发愁了。

　　有了火，人类随时可以吃到烧熟的东西，而且食物的品种也随之增加，取食的范围也扩大了。人类还利用火来御寒、抵抗野兽的袭击。由于食物结构的改变，人类对自然界的适应能力、生存能力都大大增强了。又经过漫长的岁月，人们学会了用绳子结网，用网去捕鱼，还发明了弓箭，可以远距离射杀飞禽走兽。以前，人们狩猎都是用最原始的方法，靠人多势众，手持棍棒，与野兽近距离搏斗，难免受到野兽的伤害。有了弓箭，人们就能更安全、更有效地捕杀猎物了。从此，人类进入了渔猎生活阶段。

　　在长期的渔猎生活中，好多捕获到的猎物是活的，在人们吃不了时，就把猎物留下来进行喂养，这样又渐渐学会了饲养，于是出现了畜牧业。现在的许多家畜、家禽，都是我们的祖先经过长期筛选由野生动物驯化繁衍下来的。传说，结网、捕猎、饲养这些生存本领都是由叫"伏羲氏"的人教给大家的。

　　这种生存方式又经历了好长时间，人类的文明发展史上又出现了一次更大的飞跃，那便是农业的发展。开始，人们偶尔把一些野谷子撒到地上，到了春天，发现地上长出禾苗来了，等秋天到来时，禾苗又长成了更多的谷子。于是，人们就大量种植起来。传说，这种方法是"神农氏"告诉给人们的。神农氏带领大家开垦荒地，进行播种，还用木头制造一种耕地的工具——耒耜（一种带把的木锹），这样，人们劳作起来就更简捷方便了。随着耕地面积的不断扩大，每一年的收成也越加丰富，人们再也不用为吃饭担忧了。

　　传说，神农氏还亲自尝过野草和野果的味道，他不仅发现了许多能吃的食物，还发现了许多可以治病疗伤的药材。无疑，这对人们健身强体、延长生命有巨大的作用。

说到这儿，我们不能不想到传说中的另一位人物——"有巢氏"。当时，原始人是没有固定居住地点的，这样就免不了遭受猛兽的侵袭。后来，有巢氏看到鸟儿在树上搭窝，既安全又舒适，野兽上不去，伤害不到它们。于是，有巢氏就告诉人们像小鸟儿那样，在树上造屋。人们把这叫做"构木为巢"。这样一来，原始人就有属于自己的家了。

无论是有巢氏，还是燧人氏、伏羲氏、神农氏，我们姑且不论他们是否确有其人，但是从构木为巢，钻木取火，一直到渔牧、农业的发展变化，都充分证明了原始人生产力的发展，社会的不断进步。

## 元谋人

元谋人，学名元谋直立人（Homo erectus yuanmouensis），或称元谋猿人，是在中国发现的直立人化石。1965 年发现于云南元谋上那蚌村附近，共计左右门齿两颗。后来还发现了石器、炭屑和有人工痕迹的动物肢骨等。元谋人遗迹的距今年代为 170 万年左右，是属于旧石器时代早期的古人类（有争议，或为约 60 万年～50 万年前）。其可能生活在亚热带草原—森林环境中。

1965 年，钱方、浦余庆等学者到上那蚌村附近寻找化石。当时，他们在一位牧牛老人指点下，来到蚌村以西约 1 公里的山沟里寻找化石。下午 5 点钟时，一个人在一个土包下发现了云南马的化石，接着又发现了两颗人类的门齿。后来，学者将牙齿化石带回北京。

1972 年 2 月，经中国地质科学院的胡承志鉴定，公布了这一发现。胡承志在《地质学报》1973 年第 1 期上发表了《云南元谋发现的猿人牙齿化石》一文。

1973年10月，中国科学院古脊椎动物和古人类研究所组织组织了大规模发掘，在附近地层发现了人工打制的石器和炭屑、哺乳动物化石等。但没有发现新的人类化石。

1976年7月25日，用古地磁方法测定其绝对地质年代为距今170万年左右。（后出现争议。）

元谋人化石包括两枚上内侧门齿，一左一右，属于同一成年人个体。齿冠保存完整，齿根末梢残缺，表面有碎小裂纹，裂纹中填有褐色粘土。这两枚牙齿很粗壮，唇面比较平坦，舌面的模式非常复杂，具有明显的原始性质。

元谋县地处元谋盆地边缘，盆地内出露一套厚达695米的河湖相沉积。从下到上分为4段28层。元谋人牙发现于第4段第22层中。此后，又在同一地点的同一层位中，发掘出少量石制品、大量的炭屑和哺乳动物化石。

先后出土的石制品共7件，人工痕迹清楚。原料为脉石英，器型不大，有石核和刮削器。它们和人牙虽不居于同一水平面上，但层位大致相同，距离又不远，应是元谋人制作和使用的。发现的炭屑多掺杂在黏土和粉砂质黏土中，少量在砾石凸镜体里。炭屑大致分为3层，每层间距30～50厘米。炭屑常常和哺乳动物化石伴生。最大的炭屑直径可达15毫米，小的为1毫米左右。在4厘米×3厘米的平面上，1毫米以上的炭屑达16粒之多。此外还发现两块黑色的骨头，经鉴定可能是被烧过的。研究者认为，这些是当时人类用火的痕迹。这一发现，和在距今约180万年前的西侯度文化中发现的烧骨，如确系人工用火证据，则把人类用火的历史大大提前。在遗址中还找到一些有明显人工痕迹的动物骨片。

# 北京人

北京人遗址是世界上出土古人类遗骨和遗迹最丰富的遗址。先后发现五个比较完整的北京人头盖骨化石和一些其他部位的化石，还有大量的石器和石片，共十万件以上。距今约七十万年至二十万年，发现于北京周口店，保留了猿的某些特征，使用打制石器，已会使用天然火，过着群居的生活。

北京人的颧骨较高。平均脑量仅1043毫升。身材粗短，男性高约156厘米，女性约144厘米。前额低平，眉骨粗大，颧骨高突，鼻子宽扁，嘴巴突出，头部微微前倾。

有些学者认为，当时已会制造骨角器。除狩猎外，可食的野果、嫩叶、块根，以及昆虫、鸟、蛙、蛇等小动物也是日常的食物来源。

在北京人住过的山洞里有很厚的灰烬层，最厚处达6米，灰烬堆中有烧过的兽骨、树籽、石块和木炭块。表明北京人已经会使用火和保存火种。

研究发现，北京人通常几十人结成一群。寿命很短，大多数人在14岁之前就夭亡了。

1987年，周口店北京人遗址被联合国教科文组织列入"世界文化遗产"名录。

# 河套文化

河套是黄河流域的重要组织部分，阴山南北和河套地区历史悠久，早在原始社会，就有人类祖先居住。旧石器和新石器时代，这里就具备北方草原自然经济形态的特点。夏、商、周、秦就出现了以河套文化为特征的古代文明。河套的称谓大体从唐代开始，历经宋、元、明、清，"大河三面环之、河以套名，故称河套也"。纵观河套文明孕育和发展的过程，河套文化的发展历史是中华文明发展历史上的一个重要组成部分，河套文明的进程与中华文明共生共荣。

数千年以来，河套地区的变迁历尽沧桑，在中华文明的母亲河———黄河的臂弯里，孕育、生成了河套文化。在河套文化的形成中，有五个重要的自然人文元素，一是黄河，二是草原，三是阴山，四是战争，五是移民。黄河、草原的影响自不必说，从阴山看，阴山是大河之源的天然屏障，也是北方草原与中原大地的分水岭。"中州万古英雄气，也到阴山敕勒川"，"匈奴失阴山之后，过之未尝不哭也"，说尽了阴山的重要和雄伟。再以战争的影响看，河套地处中原与漠北的通衢要冲，自古以来是兵家必争之地。有代表意义的是长城，还有无数的要塞、烽燧。从战国起，不论哪个朝代，以哪个民族为主体，都是经过战争才"各领风骚数百年"。移民的影响加速了这一地区的开发，影响文化形成的烙印最显著的是方言。河套地区的许多地名蒙汉混杂，多取自商号。收了大量蒙古语，形成了本地方言特色，反映了强烈的移民色彩。

河套文化是草原文化和黄河文化的融会之产物，其自身漫长的生成发育以及复杂的嬗变传承过程，特别是与乌拉特、鄂尔多斯蒙古文化的关系，也说明了河套文化与黄河文化的关系。河套文化是北方草原主流文化的重要组成部分之一。在草原文化中，河套文化既是源，又是流。作为源，河套文化有与北方草原文化共生共长的深厚历史积淀，是对草原文化精髓一脉相承的传扬。作为流，它与内蒙东部的红山文化，科尔沁文化等蒙古经典文化不同，有其独特的发展走向，传承中吸取了深厚的移民文化的滋养。在草原文化的源流中，它是一个渊源于旧石器时代晚期，滥觞于古代少数民族的兴盛，生成于秦汉明清的军屯垦殖，绵延于现当代新型文明的文化体系，是丰富的草原文化的一个独立的单元文化圈，是一个完整的区域文化体系，在草原文化构成中占有重要的位置。

"河套文化"的提出，主要是基于文化景观而言的。要确立一种文化景观，不可忽视文化地理范畴的文化区划和文化体系。按照习惯，文化区划遵循三种方法，即以文化特质划分的"形式文化区"、以行政区划划分的"机能文化区"和以特种文化意识划分的"乡土文化区"。根据河套文化的成因、演进和扩散形态，河套文化形成了自己一种独特的文化体系，它具有显著的文化复合体特征，即文化人类学所指的"文化丛"。它是某种特定文化体系的社会群体聚居后形成的一个文化区。"河套文化"是按照文化特质划分的"形式文化区"，有自己的独立文化体系（文化丛）。几千年来，边塞文化、黄河文化、草原文化和农耕文化在河套地区聚集、融合、传承、积淀，形成了鲜明的地域特色、民族特色和兼容并蓄的地方文化体系。悠久的历史、深厚的内涵、丰富的形式为打造河套文化品牌奠定了扎实的基础。

远在数万年以前，河套先民就在巴彦淖尔这块土地上繁衍生息。从1992年至1997年期间陆续出土的早期人类化石看，"河套人"属于"晚期智人"，其许多特征"与北京猿人接近"，"'河套人'应在'丁村人'之后，在'峙峪人'和'山顶洞人'之前"。

先秦以来，河套地区就是国家戍边卫国的军事重地。匈奴的崛起，两汉的兴衰，宋元辽金的战迹，无不与富饶的河套冲积平原和水草丰美的巴彦淖尔相关联。这里的生存优势使先民们从四面八方涌来，特别是各民族与蒙古族等少数民族在此和睦聚居，多民族、多文化大融合，形成了多种文化有机交融的特殊的河套文化体系，蕴藏了大量珍贵的历史文化遗存。阴山岩画是世界上最大的岩画宝库之一；巴音满都呼出土了大量恐龙化石和其他哺乳类及爬行类动物蛋化石；境内赵、秦、汉长城蔚为壮观；遍布于全市各地的古城遗址和古墓葬群，尤其是沙金套海汉墓群数量之多、分布面积之广为国内仅有。据称，在这里出土的2000多年前汉代酒鼎中的烧酒，是目前国内仅有的两件液态文物之一，同时也表明这个地区的酒文化之古远。此外，还有极具地区特色的民族民间书画、音乐舞蹈、剪纸、河套二人台、爬山调、蛮汉调、民俗风情等，都是构成河套文化的重要内容。所以，"河套"不是一般意义上的地域名称，它主要是河套文化，是文化与自然的和谐彰显。

综上所述，河套文化是黄河文化和草原文化的重要组成部分，是我国北方文化中的瑰宝，是人类发展史上农耕文明与游牧文明聚集交融的典型代表，具有草原文化与农耕文化碰撞交融的独特的文化特征和强烈的文化包容性。河套文化的形成过程，对于我国的北方军事史、乌拉特草原文化史、游牧定居与垦殖发展史具有巨大作用。探寻和研讨河套文化，传承和弘扬河套文化，打造和传播河套文化，对于丰富黄河文化和草原文化的内涵和外延，提高地区经济文化的竞争力、影响力、辐射力，提高地方的知名度和吸引力、凝聚力，促进地区经济社会的全面协调发展具有重要的现实意义和深远的历史意义。

# 山顶洞人

山顶洞人（英语：Upper Cave Man）指发现于中国北方的晚期智人化石。因化石地点在周口店龙骨山顶部，北京猿人洞穴上方的"山顶洞"内而得名。其重要化石及遗物均在1941年二次世界大战期间随同北京猿人标本一起丢失而下落不明。山顶洞堆积已全部挖光，原来的洞顶已被挖掉。今后也不会再有新的发现。虽然山顶洞人化石已难于寻觅，但当时对重要的化石均制作了质量精良的模型。原始模型目前保存在中国科学院古脊椎动物与古人类研究所，科学家基本可以通过对模型的观测研究化石提供的信息。

距今约20万年至10万年前，北京猿人进化成为早期智人，考古学上称为"新洞人"。他们生活的时代，属旧石器时代的中期。距今约1.8万年前，新洞人进化为晚期智人，考古学上称为"山顶洞人"。

山顶洞人，1930年发现于北京市周口店龙骨山北京人遗址顶部的山顶洞，洞中曾发现多具北京猿人化石，但在山的最顶端石钟乳洞，即山顶洞中，称此为山顶洞人。1933～1934年中国地质调查所新生代研究室由裴文中主持进行发掘。与人类化石一起，出土了石器、骨角器和穿孔饰物，并发现了中国迄今所知最早的埋葬。地质时代为晚更新世末，据放射性碳素断代，年代为距今约3万年。

山顶洞人处于母系氏族公社时期，女性在社会生活中起主导的作用，按母系血统确立亲属关系。他们使用共有的工具，共同劳动，共同分配食物，没有贫富贵贱的差别。山顶洞人仍用打制石器，但已掌握磨光和钻孔技术。他们已会人工取火，靠采集、狩猎为生，还会捕鱼。他们能走到很远的地方同别的原始人群交换生活用品。山顶洞人已用骨针缝制衣服，懂得爱美。他们死后还要埋葬。在山顶洞人的洞穴里还发现了一些有孔的兽牙，海钳壳和磨光的石珠，大概是他们佩戴的装饰品。


## 河姆渡文化

河姆渡文化是中国长江流域下游地区古老而多姿的新石器文化，第一次发现于浙江余姚河姆渡，因而命名。它主要分布在杭州湾南岸的宁绍平原及舟山岛，经科学的方法进行测定，它的年代为公元前5000年至公元前3300年。

河姆渡文化最早在1973年被发现，在1973年到1974年和1977年到1978年两次对河姆渡遗址作发掘并有资料。在建筑方面，遗址中发现大量干栏式建筑的遗迹，在食物方面，植物遇存有水稻的大量发现，被断定是人工栽培的水稻，此外植物残存尚有葫芦、橡子、菱角、酸枣等。动物方面有羊、鹿、猴子、虎、熊等野生的，以及猪、狗、水牛等家养的牲畜。

在人工制品上，石器数量较少，主要是斧等打猎工具，亦有较多的是木器和骨器，其中发现中国最早的木制饰品"木雕鱼"，其他包括木柄骨制的耕田用具耜、和刀铲等切割器具，亦有大量纺织工具。在河姆渡并出土了中国境内所发现最早的漆器，其陶器制作有一定的水平，估计最高烧成温度达1000摄氏度。

河姆渡文化的骨器制作比较进步，有耜、鱼镖、镞、哨、匕、锥、锯形器等器物，精心磨制而成，一些有柄骨匕、骨笄上雕刻花纹或双头连体鸟纹图案，就像是精美绝伦的实用工艺品。河姆渡文化在农业上以种植水稻为主。在其遗址第4层较大范围内，普遍发现稻谷遗存这对于研究中国水稻栽培的起源及其在世界稻作农业史上的地位，具有重大意义。

河姆渡文化的农具，最具有代表性的是大量使用耒耜。河姆渡文化的建筑形式主要是栽桩架板高于地的干栏式建筑。干栏式建筑是中国长江以南新石器时代以来的重要建筑形式之一，河姆渡发现是为最早。它与北方地区同时期的半地穴房屋有着明显差别，成为当时最具有代表性的特征。因此，长江下游地区的新石器文化同样是中华文明的重要渊源。它是代表中国古代文明发展趋势的另一条主线，与中原地区的仰韶文化并不相同。

贯穿中华大地6000公里的亚洲第一大河"长江"，尽管总长超过了黄河，但长江流域诞生的古代文明以前并不为人所知，这是因为人们一直认为中华文明的发源归根到底还是黄河流域，只有黄河文明才是历史的主流，但是近年来，在长江下游一代却不断出现令人振奋的发现。首先，和半坡遗址处于同一时代的河姆渡遗址的发现。稻穗纹陶盆上印有稻穗的图案，弯弯的稻穗图案使人想象到，河姆渡时期的人们已经开始了水稻的栽培。

1987 年的发掘中从遗址中出土了大量的稻壳，据发掘报告说总量达到 150 吨之多，在已经碳化的稻壳中可以看到稻米，分析的结果确认这是 7000 前的稻米。水稻的栽培，使社会上大量的余粮屯积成为可能，随之而来的是贫富差别的出现。文化的发展也进入了新的阶段。

河姆渡文化的社会经济是以稻作农业为主，兼营畜牧、采集和渔猎。在遗址中普遍发现有稻谷、谷壳、稻杆、稻叶等遗存。遗址中还出土有许多动植物遗存，如：橡子、菱角、桃子、酸枣、葫芦、薏仁米和菌米与藻类植物遗存。

河姆渡文化时期人们的居住地已形成大小各异的村落。在村落遗址中有许多房屋建筑基址。但由于该地是属于河岸沼泽区，所以房屋的建筑形式和结构与中原地区和长江中游地区发现的史前房屋有着明显的不同。生活用器，以陶器为主，并有少量木器。河姆渡文化是长江下游以南的一种较早的新石器时代文化。

## 马家浜文化

马家浜文化是中国长江下游地区的新石器时代文化。因为浙江省嘉兴县马家浜遗址而得名。主要分布在太湖地区，南达浙江的钱塘江北岸，西北到江苏常州一带。据放射性碳素断代并经校正，年代约始于公元前 5000 年，到前 4000 年左右发展为崧泽文化。马家浜文化及其后续的崧泽文化、良渚文化的发现与确立，表明太湖地区的新石器文化源远流长，自成系统，并具有鲜明的地域特色。马家浜文化是太湖流域母系氏族公社时期的文化，因 1959 年首次发现于浙江嘉兴马家浜而定名，距今约 6000 年左右。在青浦区崧泽遗址下层和福泉山遗址西测也发现了马家浜文化村落遗址，这是上海地区历史最为久远的人类居住地，是上海地区最早的居民。

马家浜遗址位于嘉兴西南 7.5 公里，面积约 15 000 平方米，发掘区在遗址的中部，共布探方 5 个，计 213 平方米。表土层下文化层分上下两层；上层以灰黑色黏土为主，并有红烧土层和淤泥层，厚达 12 ~ 80 厘米，包含物有兽骨、石锛、砺石、骨镞和各种质地的陶片，还有建筑遗迹；下层为含有大量腐烂的兽骨碎片的黑色黏土，厚达 15 ~ 75 厘米，包含的兽骨比上一层更多，还有骨管、骨锥、骨针、骨镞以及石斧、砺石和陶片等。在上下层交接处的淤泥中发现了墓葬，出土 30 具人骨架，其中 6 具身旁有随葬品，生产工具置于腰部，装饰品置于头部，陶器位置不一。出土的器物有穿孔石斧 1 件、陶豆 2 件、罐 4 件、盆 1 件、纺轮 1 件、玉珠 2 件。还发现长方形房屋遗迹，南北 7 米，东西 3 米，门朝东，周边一圈柱洞，尚有残存的木柱，有的木柱洞底垫放木板。室内是经过加工的黄绿色土面，还有带树枝和芦苇痕迹的红烧土块堆积的墙壁残迹。在下文化层中还发现了碳化圆角菱，与现在的南湖菱相仿。

从出土的器物和遗迹看，生产工具中磨制石器有孔石斧、弧背石锛；生活用具中的夹砂红陶素面腰沿釜、牛鼻式双耳罐、带嘴平底盉，以及地面木构建筑住房、公共墓地和俯身直肢葬式等等，都是马家浜文化时期的主要特征，是一种与黄河流域原始文化不同的文化形态。

# 大汶口文化

　　大汶口文化（公元前 4200 —前 2600 年），是新石器时代后期父系氏族社会的典型文化形态。以泰山地区为中心，东起黄海之滨，西到鲁西平原东部，北至渤海南岸，南及今安徽的淮北一带，河南省也有少部分这类遗存的发现。因首先发现于大汶口，遂把以大汶口遗址大汶口文化遗存为代表的一类遗存，命名为"大汶口文化"。大汶口文化的发现，使黄河下游原始文化的历史，由 4000 多年前的龙山文化向前推进了 200 多年。在大汶口文化的后期墓葬中，出现了夫妻合葬和夫妻带小孩的合葬，它标志着母系社会的结束，开始或已经进入了父系氏族社会。

　　文化特征：以农业生产为主，兼营畜牧业，辅以狩猎和捕鱼业。已发现许多大小不等的村落遗址。村落遗址所选择的地点，有在靠近河岸的台地上，也有在平原地带的高地上。农业以种植粟为主。在三里河遗址的一个窖穴中，曾发现 1 立方米的碳化粟。还发掘出大量牛、羊、猪、狗等家畜骨骼。

　　房屋多数属于地面建筑，但也有少数半地穴式房屋。在呈子遗址中曾发掘出一座大汶口文化近方形的房屋，房基东西长 4.65 米，南北长 4.55 米，房门朝南。筑法是先在地坪上挖 0.5 米的基槽，槽内填土夯实。墙基内有密集的柱洞，室内有四个柱洞。在大墩子的大汶口文化墓葬中，还出土有陶房模型。一件立面呈长方形，短檐，攒尖顶，前面开门，三面设窗，门口及周围墙上刻有狗的形象。一件立面呈三角形，前面开门，左右及后墙也开窗。另一件横断面呈圆形，上有一周短檐，攒尖顶，无窗。这些陶房模型，为我们提供了相当形象的大汶口文化房屋形状。大汶口文化的灰坑有圆形竖穴和椭圆形竖穴，原先的用途可能是储藏东西的窖穴。也有口大于底的不规则形灰坑。

大汶口文化的生产工具仍以石器为主，兼有一些骨器、角器和蚌器。石器有铲、锛、斧、凿、刀、匕首、矛等，有的石铲和石斧钻有圆孔。还有一些带柄石铲和石锛。骨器有镰、鱼镖、镞、匕首和矛。角器有锄、鱼镖、镞、匕首。蚌器有镰和镞。另有少量的陶网坠和陶纺轮。石器、骨器和角器都有一些变化，根据它们的出土层位可分早、中、晚3期。

制陶技术：大汶口文化的制陶技术较前已有很大提高，陶质有红陶、灰陶、黑陶和白陶四类。陶器装饰以镂刻和编织纹最具特色。常见的纹饰则有锥刺纹、附加堆纹、弦纹、划纹和篮纹。彩陶不多。彩陶上以黑彩和红彩绘平行线纹、弦纹、叶纹、花瓣纹、八角星纹等几何图案。陶器盛行三足器和圈足器。器形有罐形鼎、钵形鼎、壶形鼎、背壶、长颈壶、深腹罐、高柄豆等。高柄豆和白陶器是大汶口文化中最具特征的陶器。在早、中、晚3期中，陶器的陶色、纹饰、器形都略有变化。陶色早期以红陶为主，兼有一些灰陶与黑灰陶。中期红陶减少，灰陶增多，兼有一些黑陶和白陶。晚期黑陶大为增多，并有少量红陶、灰陶和白陶。陶器的制法，早期以手制为主，到了晚期轮制逐渐增多。陶器纹饰，早期有锥刺纹、划纹和少量彩陶。彩陶上多为黑彩线条纹和叶脉纹。主要器形有釜形鼎、钵形鼎、小口带柄壶形鼎、敛口平底钵，也有在上腹部饰彩的陶钵、高柄豆、高柄觚、双耳壶等。中期又出现了附加堆纹、篮纹、压印纹和镂刻纹，以及施黑赭色和红色的彩陶。彩陶纹样有直线、斜线，弧线组成的花瓣纹和八角星纹等。中期的陶器器类较早期明显增多，主要有小口深腹罐形鼎、钵形鼎、盂形鼎、小口深腹罐、平底盂、三实足鬶、敛口钵、高柄喇叭形座豆，小口长颈带鼻壶、圈足尊、高柄杯、盆、簋、勺与漏器等。晚期陶器纹饰有弦纹、附加堆纹、篮纹、镂刻纹等，彩陶则以涡汶为主。器类有罐形鼎、瘦腹背壶（其中有白陶）、宽肩壶、高柄豆、袋足鬶（有白陶）、三实足盉、高柄豆、带把杯、长颈壶等。

大汶口文化的雕塑工艺品不仅数量多，而且有较高的艺术水平，多数是墓内的随葬品。雕塑品有象牙雕筒、象牙琮、象牙梳、雕刻骨珠、骨雕筒、骨梳、牙雕饰、嵌绿松石的骨筒、雕花骨匕、穿孔玉铲、玉珠，以及陶塑动物等。这些雕塑品，制作都相当精细，造型优美，是大汶口文化中颇具特色的艺术作品。

墓葬文化：大汶口文化的墓葬多埋于集中的墓地，每一墓地的墓葬排列有序，死者头向一致。墓室多为长方形竖穴土坑，有的仅有棺，但也有棺椁皆备的。葬式一般为单身仰身直肢葬，也有二人合葬或多人合葬的。多人合葬，少则三人，多则达二十三人。二人合葬墓有同性合葬，也有异性合葬。且有一次葬或二次葬的合葬墓。此外，还发现了一些无头葬、无尸葬和"迁出葬"（即将墓内部分骨骼迁移它处，而在原葬墓内仍保留死者的部分骨骼）。葬式有屈肢葬、俯身葬和重叠葬等。墓内多数无任何随葬品。凡有随葬品的墓，随葬品的多少十分悬殊。少者1、2件，多者百件以上。如大汶口1老年女性墓葬。墓坑东西长4.2米，南北宽3.2米，墓底有二层台和涂漆棺椁。随葬品有装饰于头和颈部的3串77件石质饰品，玉臂环、玉指环各1件，腹部置玉铲1件，还有象牙雕筒2件、骨雕筒1件、象牙梳1件。陶器达90多件（其中白陶、磨光黑陶、彩陶共38件），还有猪头、兽骨、鳄鱼鳞板等。随葬品的悬殊，反映了社会上的贫富悬殊日趋严重。

大汶口文化的早期墓葬无葬具，中、晚期出现木椁；早期有反映氏族成员间牢固血缘关系的同性合葬墓，中、晚期有属于父权制确立后葬俗的夫妻合葬墓。在大汶口墓地，1959年发掘墓葬133座，时代相当于大汶口文化的中、晚期。这里的大、中、小墓差别极大。

大墓不但规模大，且常有木椁葬具，随葬品丰富精美，如有洁净的白陶、乌黑而略带光泽的黑陶和优雅的彩陶，还有玉器、石器、象牙器、骨器等。小墓墓坑窄小，有的仅随葬 1 件陶鼎或再加 1 件獐牙。大小墓的鲜明对比，表明私有制产生，已出现贫富分化。在莒县陵阳河、大朱村、杭头和诸城前寨等遗址，还发现刻在陶尊上的陶文，引起考古学家和古文字学家的重视。大汶口文化渊源于北辛文化（见青莲岗文化），后继为山东龙山文化。该文化的种族，通常被认为是黄帝族的一部分东迁形成的少皞族。

经济水平：大汶口文化的农业生产，以种植粟为主。居民饲养猪、狗等家畜，也从事渔猎和采集。生产工具有石制的斧、铲、刀、镰，骨角制的锄、鱼镖、鱼钩和镞等。制陶业较发达，小型陶器开始用轮制法生产。陶器以三足器、圈足器和平底器较多，也有圜底器，主要有鼎、豆、觚形杯、壶、高柄杯和鬶等。石器、玉器、骨角牙器和镶嵌的手工业也很兴盛，出土的玉钺、花瓣纹象牙筒、透雕象牙梳等，制作精致，工艺水平很高。

大汶口文化以农业经济为主，同黄河流域其它原始文化一样，主要种植粟。三里河遗址的一个窖穴中出土了 1 立方米的朽粟，说明粮食生产已有相当可观的数量。农业生产工具主要是磨制石器。早期除使用一些磨制粗糙保留打制疤痕的石铲、石斧外，已大量使用磨砺精良的穿孔斧、刀、铲等，收割工具还有骨镰和蚌镰，加工谷物的工具则是石杵和石磨盘、石磨棒。在这一文化的中晚期，出现了有肩石铲、石镐和一些鹿角锄。

这个原始部落集团从早期起，家畜饲养就比较发达，各遗址出土有猪、狗、牛、鸡等家畜家禽的骨骼，墓地中常发现用狗和猪随葬的。大汶口文化中期以后，以猪随葬的风气渐盛，墓葬中不断发现整猪、半只猪、猪头或猪下颚骨，在大汶口墓地，用猪随葬的墓占 1/3 以上，胶县三里河一座墓中随葬猪下颚骨多达 32 个，表明各氏族部落在中晚期养猪业已十分兴旺。

渔猎和采集经济在社会经济生活中仍比较重要。一些遗址发现的渔猎工具有尾部带孔的双倒刺或三倒刺的骨、角质鱼鳔、鱼钩，有扁平三角式、短梃圆柱式、长梃双翼起脊式等各种骨镞、角镞、牙镞，有石质和角质的匕首，还有石矛、骨矛等大型投刺猎具及较多的网坠。遗址中发现有獐、斑鹿、狸、麋鹿的残骨，这些野生动物当是狩猎的对象。在兖州王因遗址出土了 20 多个扬子鳄的残骸，与鱼、龟、鳖、蚌等同弃于垃圾坑中，这一现象表明当时的氏族成员已经能集体捕获大的、凶猛的水生动物。

大汶口文化时期，手工业经济也发展到较高的水平。制陶业、玉石制造业从农业中分离出来，成为独立的经济部门。

民俗习惯：当时居民中盛行枕骨人工变形和青春期拔除一对侧上门齿，有的长期口含小石球或陶球，造成颌骨内缩变形。还流行在死者腰部放穿孔龟甲，死者手握獐牙或獐牙钩形器。这些习俗为中国其他史前文化所罕见。

文字：据已有资料显示，在大汶口文化的陶器上发现了文字，可以认为它是已发现的较早的汉字。不过这些文字也可以看作是一种刻符，是表达有明确意义的刻符，形、义一目了然，甚至读音也许也已确定了，所以它又非普通的刻符。

## 黄帝大战蚩尤

在 5000 年以前的上古时期，我国的黄河、长江流域有许许多多氏族和部落。他们为了生存，或迁移，或联盟，或拼争，经常发生部落间、氏族间的纠纷或拼杀。其中有两个部族较为强大，一个是以神农氏为首的炎帝部族，另一个是以轩辕氏为首领的黄帝部族。

　　炎帝部族最早居住在我国西北方姜水附近，据说同黄帝部族是近亲。后来炎帝部族日渐衰落，而黄帝部族却兴盛起来。

　　以黄帝为首领的部落，最早住在我国西北方的姬水附近，后来搬到涿鹿（今河北省涿鹿、怀来一带），在那里定居下来。

　　正值黄帝部族强盛时期，出现了一个九黎族部落，首领名叫蚩尤。据说蚩尤有 81 个兄弟，个个都高大勇猛，力大无比。他们还能制造各种兵器，用于征讨、掠夺其他部落。

　　一次，蚩尤率部侵犯了炎帝的一个地盘。炎帝仓促带兵抵抗，被蚩尤杀得大败而归。炎帝只好退避到涿鹿，请求黄帝出兵相救。黄帝很早就想除掉蚩尤这个祸害，他马上联合各部落，准备好精兵强将，在涿鹿郊外与蚩尤部落展开了一场大战。

　　关于这场大决战，流传着好多神话式的说法。据说，黄帝平日里驯养了熊、罴（音 pí）、貔（音 pí）、貅（音 xiū）、貙（音 chū）、虎六种凶猛的野兽。当打仗的时候，他就把这些野兽放出来助战。蚩尤部落的士兵虽然凶猛，但遇到黄帝率领的强大的联合部落，再加上训练有素的凶猛野兽的助战，他们很快抵挡不住，丢盔弃甲，落荒而逃。

　　黄帝率兵乘胜追杀，眼看蚩尤部落即将全军覆没。就在这时，蚩尤施展妖术，制造了一场毒雾，把黄帝的兵士团团围住，黄帝的兵士一时间辨不清方向，有的东逃西窜，有的当场晕倒死亡。蚩尤乘机向南逃去。面对这个局势，黄帝毅然决然地踏上指南车，指挥兵士冲破围困，顺着蚩尤逃跑的方向继续追击。突然间狂风大作，暴雨倾盆而下，阻挡了黄帝追兵的步伐。原来是蚩尤又请来"风伯雨师"助战。但黄帝也不甘示弱，请来天女帮忙。黄帝最终打败了蚩尤。

　　关于蚩尤的死，有好多传说。有的说黄帝捉住他后将他杀死，他死的地方长出一片红枫林，红红的枫叶上还带着斑斑血迹。也有的说蚩尤的血流出来变成一个大盐池，盐池里的水始终是鲜红的。还有的说黄帝捉住蚩尤后砍下了他的脑袋，后来那个地方就被称做"解"。

由于黄帝打败了蚩尤，得到了众部落的热烈拥护，便被推举为部落联盟首领。

传说在黄帝时代，有许多发明创造，如养蚕、舟车、文字、音律、医学、算术等。黄帝有个妻子名叫嫘祖，她亲自参加劳动。那时人们还不知道蚕的用处，只有野生的蚕。嫘祖是第一个了解蚕的人。她教妇女学会了养蚕、缫丝，织帛。于是，丝和帛出现了。

黄帝有一个史官叫仓颉，传说他创造了古代文字。当然，由于年代久远，现已无法考证。

由于黄帝在远古时代为创造华夏文明作出了巨大贡献，备受后人推崇，在后人心目中占据了极其重要的位置，所以人们都尊黄帝为中华民族的始祖，自称是黄帝的子孙。因为炎帝族和黄帝族原本是近亲，后来又融合在一起，所以有时也称为炎黄子孙。为纪念这位传说中的祖先，后人在现今陕西黄陵县北的桥山上建了一座"黄帝陵"。

## 仓颉造字

我国古代记载大小史实都用"结绳记事"法，即根据绳结的大小、远近和形状来区分。时间一久，问题便出现了，无数个绳结堆在一起，实在无法辨认它究竟说的是什么。仓颉是黄帝的史官，专门负责记载史实。有一次，黄帝要和炎帝谈判，他让仓颉整理这几年来炎帝入侵杀民的史实。于是，仓颉准备到库房里去寻找材料，但是这里边的东西太多了，他找了几天，弄得头昏脑涨，耳鸣目眩，最后还是出了差错，使自己的部落受到了损失，黄帝也指责他没有尽职。这件事深深地刺痛了仓颉的心，他暗下决心，一定要搞出一种简单易记的符号，让大家都能用符号表达思想，传授经验，记载历史。

有了创造记事符号这一想法，仓颉便开始研究。但说来容易，做起来太难了，他坐在家里冥思苦想，想得饭吃不下、觉睡不着，最后也没有想出来。看着仓颉愁眉苦脸的样子，母亲对他说："你应该出去走一走，向大家请教，众人智慧多嘛。"受到母亲的启发，仓颉眼前一亮，立即收拾好东西上了路。

仓颉翻山越岭，走访了许多村庄，拜访了成百上千位善于思考的人。有一次，他来到一个村子，正赶上他们集体狩猎，仓颉也参加了，走到一个三岔路口时，几个老人为往哪条路走争辩起来。一个老人坚持要往东，说有羚羊；一个老人要往北，说前边不远处可以追到鹿群；一个老人偏要往西，说有两只老虎，不及时打死，就会错过机会。仓颉一问，原来他们都是看着地面上野兽脚印的形状来认定的。仓颉恍然大悟，既然一个脚印的形状能代表一种野兽，我为什么不能用各种东西的形状来编成符号呢？

于是，仓颉怀着激动的心情回到了家乡，开始整理这段时间收集到的资料，准备创造能代表事物的符号。

为了不受外界干扰，他独自躲进村西头的沟里，日夜忙着创造新的符号，吃饭也由母亲送到沟口。为了叫起来方便，他给符号取了名字，叫做字，这些字都是仿照万物的形态造出来的。比如"日"字，是照着太阳圆圆的模样画的；"月"字，是仿着月牙儿的形态描的；"人"字，是端详着人的侧影画的，"爪"字，是观察着鸟兽爪印涂的……仓颉认真地为他所能见到的所有事物都找到了对应的字。

那时，笔墨纸砚还没有发明出来，他就用折来的树枝，把字写在山洞的墙壁上，一个山洞写满了，他又挖出第二个山洞继续写。

第二个山洞写满了，仓颉又挖出第三个山洞，时间一天天、一月月地过去了，一年过去了，两年过去了，就这样，仓颉整整造了三个山洞的字。

当仓颉写满了第三个洞回到家中后，人已疲惫不堪，面黄肌瘦。母亲见儿子如此辛苦，便劝他在家中多休息几天。但是仓颉并没有这样做，他要把山洞里的字教给大家，使这些字能够流传下去。于是他开始不辞辛苦地办学校，教人们认字，他不仅教本村的人，还到其他村子去讲学，就这样一传十，十传百，中国人终于开始使用并普及文字了。

虽然，历史上并不能确定是否仓颉造字确有其事，但这至少证明了中国人的智慧和坚韧不拔的精神。文字是古代劳动人民共同创造的辉煌成就。

## 共工怒撞不周山

历史上的"五帝"是指黄帝和之后的颛顼、帝喾、尧、舜这五个部落联盟首领。

传说，颛顼是黄帝的孙子。他有勇有谋，擅长琴瑟之技，善于利用鬼神迷信来管制部族成员，在群众中有很高的威信。颛顼视察过许多地方，北边到过现在的河北一带，南边到过南岭以南，西边到过现在的甘肃一带，东边到过东海中的一些岛屿。

颛顼也做过错事，他曾颁布过一道法令：妇女在路上遇到男人，必须避让。这道法令宣告了中国历史上的男尊女卑思想开始形成了。

与颛顼同时代还有共工氏，姓姜，是炎帝的后代。他聪明，有力气，懂得生产方面的许多事情。共工氏非常善良，很乐意为公共的利益工作。那个时候，人类主要从事农业生产，共工氏是继神农氏之后为发展农业生产作出过巨大贡献的人。

共工氏的儿子叫后土，他也很懂得农业生产技术。为了发展农业生产，他们父子二人考察了我国古代九个州（冀、兖、青、徐、扬、荆、豫、梁、雍）的土地情况。九个州的老百姓们都很欢迎共工和后土，他们尊称后土为社神，即土地神；尊称共工为水师，也就是管理水利灌溉的神。

共工氏和儿子后土考察了九个州的土地情况后，认为有的地方地势太高，田地不能用水灌溉；有的地方地势太低，容易被淹：都不利于农业生产。因此，共工氏制订了一个计划，要把高地削平，低地垫高。他认为挖下高地的土填在低洼的地方，就可以在更多的土地上种上庄稼。但是，这个计划遭到了颛顼的反对。

为了争夺部族的领导权，颛顼与共工氏之间发生了一场十分激烈的斗争。颛顼大力宣传鬼神迷信，吓唬群众，叫他们不要帮助共工氏。当时社会生产力很低，人们还很迷信，不少人害怕共工氏一旦平整土地，会触怒鬼神，引来灾难，便纷纷支持颛顼。然而，共工氏具有坚定的信念。他认定自己平整土地的主张是正确的，所以决不认输。他决定用生命来实现自己的理想。共工氏毅然用自己的脑袋去撞怪石嶙峋、高耸入云的不周山（即现在的昆仑山），想把不周山的峰顶撞下来，填平山边的洼地。

不周山被共工氏猛然一撞，立即拦腰折断，泥土石块哗啦啦地崩塌下来。顷刻之间，整个天空剧烈地摇晃起来，整个地面剧烈地颠簸起来。原来这不周山是天地之间的支柱，天柱折断了，系着大地的绳子崩断了，大地向东南塌陷，天空向西北倾倒。因为天空向西北倾倒，太阳、月亮和星星就每日里从东边升起，向西边降落；因为大地向东南塌陷，大江大河的水就都奔腾向东，流入东边的大海里去了。共工氏虽然撞得头痛欲裂、眼冒金星，但是他撞崩了不周山，在我国北方造成了有利于农业生产的大片平原。

虽然关于共工氏怒撞不周山的故事只是个传说，历史上并没有这一人物；但他那坚韧不拔、勇往直前、不肯向鬼神和强大势力屈服的精神值得每一个人学习。

## 尧舜让帝位

传说在黄帝以后，又相继出现了 3 个很有名的部落联盟首领，他们就是尧、舜、禹。

那个时候，正处于原始社会父系氏族社会后期。部落联盟的首领在决策之前，必须把各部落首领召集到一起广泛听取意见，共同商量后才能行事。

尧是黄帝的后代，16 岁时便被推举为部落首领。

尧是位宽厚、朴实的首领，生活特别节俭，他的生活起居、衣食住行同平常百姓没有区别。他经常到百姓中体察民情，了解百姓的心声。当然，他的主要目的是为了更好地治理国家，使人民的生活过得安定、幸福。

尧还是个任人唯贤的首领，他能够合理地安排、使用各种人才，让他们能够充分地发挥自己的聪明才智，做到人尽其才，物尽其用。他在位期间，特别重视农业。曾设官掌管时令，观察天象，制定历法，以便指导人们按时令从事劳作。

他在位几十年，将国家治理得井井有条，百姓过着祥和、幸福的生活。但尧已越来越老了，他感觉到自己的精力已大不如前，于是决定为自己选一个继承人。

尧一共有 9 个儿子。有人向他推荐他的一个儿子丹朱为继承人。尧却说，我的 9 个儿子均不成器，尤其是丹朱，他不仅性情暴躁，还不务正业，我怎能放心把国家大事交给他呢。

　　有人提议让管水利的共工接替首领职位，尧听后直摇头，说：
"共工能说会道，表面上看很恭谨、圆滑，而心里想的却是另一套。
这种人也不能当首领。"

　　这次讨论没有推举出继承人，尧命令大家继续为他物色、推荐
合适的人选。

　　过了一些日子，尧又把部落首领召集到一起，继续商讨继承人
的人选问题。

　　这次，好多人向他推荐舜，并介绍说：舜的父亲名叫瞽叟。生
母去世早，继母对他很刻薄。继母还生了一个儿子，名叫象。象不
明事理，非常傲慢。可是稀里糊涂的父亲却宠着他。舜无法在家里
待下去了，就离家出走。由于他为人谦逊，品德高尚，人们都乐于
同他相处。据说只要是他住过的地方，一年为村，二年成镇，三年
则成为都邑。

　　尧听后，便决定派人先去考察一下舜的能力、为人与才干，并
把自己的两个宝贝女儿娥皇、女英嫁给他。同时，还为舜修筑了一
个粮仓，又分给他好多牛和羊。

　　舜的继母和弟弟象看到这些财富，嫉妒得要死，他们定下毒计
要加害于舜。

　　有一天，舜去修补粮仓的顶盖。当他顺着梯子爬到仓顶的时候，
象就偷偷地撤走梯子，并在粮仓下面放起火来，想烧死舜，好占有
美女和那些财富。舜在仓顶上一见大火，便急忙找梯子，没想到梯
子已不知去向。幸好舜随身带着斗笠，他双手举着斗笠，像小鸟张
开翅膀一样，从空中跳了下来，落到地面后竟毫发无损。

　　象和继母见舜没有被烧死，便又生一计。他们让舜去淘一口古
井。舜下到井里后，他们就在上面往井里扔石头，想砸死舜。由于
古井年代久远，上质疏松，旁边形成一个侧洞，舜就躲在洞里。

　　这回，象以为舜必死无疑，便和父亲跑到舜的房子里抢夺财物。

他们没有料到，舜竟从外面不慌不忙地走进来了。他们都惊得目瞪口呆，不知所措。舜什么也没说，也没有深究，依然像从前那样同他们相处。后来，象和继母、父亲再也不敢加害舜了。

尧知道这些事情后，深受感动，他非常敬佩舜的品德，便令人将舜召到自己身边任职。又经过一段时间的考察，他认定舜是一个有才干的年轻人，便将自己的帝位让给了舜。历史上称为"禅让"。

舜接任后，继续保持着勤劳朴实的作风，同百姓共同劳动，很快就得到了百姓的拥护和爱戴。他代尧行政事 8 年，制定法律，惩奸除恶，招贤纳士，政绩显赫。已过百岁的尧最后无所牵挂地闭上眼睛去世了。舜为他举行了隆重的葬礼。3 年后，舜正式接任了首领的位置。

又过了几年，舜也逐渐衰老了，他也像当年的尧一样，选拔了一个有才能、威望高的人接任自己的位置，这个人便是治水的禹。

于是，尧舜让贤的千古佳话一直流传至今。

大禹继位后，舜为了让他充分行使职权，在百姓中树立起首领的威望，便带着妻子去各地巡游。后来，在舜 110 岁时，他在途中不幸患病，死在苍梧山。他的妻子娥皇、女英都伤心不已，二人的泪水打湿了路旁的翠竹，现在我们还能看到带着斑斑泪痕的斑竹。后来，娥皇、女英双双投身湘水殉情。百姓传说她们二人已成为湘水之神，称她们为湘妃，又把那种带泪痕的斑竹叫做湘妃竹。

大禹也为舜举行了隆重的葬礼，以纪念这位贤德的君主，并修筑了陵庙。

尧、舜早已作古，但他们任人唯贤、宽容圣明的高尚情操却被人们世世代代赞扬传颂。

## 大禹治水

黄河，是中华民族的骄傲，黄河水养育了世世代代的中华民族子孙，但有时它的肆虐、泛滥也给平民百姓带来灾难。

传说，尧在位的时候，黄河流域发生了很大的水灾，庄稼、土地被淹没了，百姓的房屋、财产也被冲毁了。不少地方还有毒蛇、猛兽时常出没，闹得百姓苦不堪言。

为了治理肆虐的洪水，尧召开了部落联盟会议，决定派居住在崇地的部落首领鲧负责治水。

由于那时连年降雨，黄河水暴涨，鲧用了9年时间，也没有把洪水制服。当时的山川土石都归天帝管辖，因为治水紧迫，鲧没有得到天帝允许，就率人搬运土石，修堤建坝，阻止洪水。鲧的这一做法惹怒了天帝。天帝派人面兽身的火神祝融把鲧杀死了。鲧死后，黄河水愈加泛滥成灾。

鲧的尸体长期没有腐烂，于是众人剖开他的肚子，一个小男孩从里面跳了出来，这个小男孩便是大禹。大禹长大成人后，被封为部落首领。尧的继承人舜命令大禹接任父亲之职，继续负责治理洪水。

鲧当年治水的方法是用土石筑坝，结果洪水冲毁了堤坝，反而闹得更凶了。大禹吸取父亲的经验教训，改变方法。他率领百姓挖渠排水，疏通河道，将洪水乖乖地引到大海中去。

为了治水，禹在婚后没几天就离开了家门，他为了完成父亲未实现的心愿，带着助手踏上了漫长而艰难的治水之路。

那时人烟稀少，所到之处不是河流，就是荒山，到处沟壑纵横。禹只能一边开山铺路，一边前进。凭借顽强的意志他跋山涉水，不停地勘察、测量、筹划，使这项宏伟的工程一天天进展着。

大禹治水 13 年，最值得称道的是他 13 年中三过家门而不入。有一回，他妻子涂山氏生下了儿子启，孩子正在哇哇哭，禹正巧从门外经过，听见了哭声，也狠下心没进去探望。因为禹是这么想的：水还没有治好，百姓仍受洪水之苦，无家可归。我有何脸面见家乡父老呢？

有一次，禹率众来到黄河中游（今山西河津和陕西韩城交界），发现一座大山挡住了黄河的去路，把河道挤得十分狭窄，浩荡的黄河水盘旋不止，随着泥沙的不断淤积，河床越来越高，河水高出地面，溢出河道。禹经过周密的观察、计算，命人将大山劈开一个大大的缺口。被困的河水狂叫着倾泻而出，水声之大震耳欲聋。从此，河水常年畅通无阻。禹当时将此处命名为龙门。

禹继续顺着河水的流向往前走，又发现一座山挡住了水路。禹当即令人将此山开凿出三道门，并分别命名为神门、鬼门、人门，也就是今天著名的三门峡。

大禹的足迹遍及黄河两岸，他终于治理好了全国的水患。

禹因治水有功，被舜选定为继承人，所以舜死后，大禹便担任了部落联盟的首领。在他的治理下，部落和平，九州安定。后来，大禹命人铸造了象征九州安定和平的九鼎。

为纪念这位功臣，人们把他当年休息时靠着的一棵柏树称做神柏，柏树所在的山峪被称为神柏峪，附近还建有一座纪念大禹的神庙。

据说，在三门峡附近有 7 口石井和两个马蹄坑，都是大禹当年治水留下的印痕。

大禹死后，他所在部落的贵族拥戴他的儿子启做了他的继承人。那个时候，氏族公社时期的部落联盟的选举制度已正式废除，变成了王位世袭的制度。启建立了中国历史上第一个奴隶制国家——

夏朝。

## 神箭手后羿

夏启当上国王以后，有一个部落有扈（音 hù）氏不服，起兵反抗。启和有扈氏的部落发生了一场战争，最后启把有扈氏灭了，把俘虏来的人罚做牧奴。其他部落看到有扈氏的样子，没有人再反抗了。

夏启死后，他的儿子太康即位。太康是个十分昏庸的君主。他不管政事，专爱打猎。有一次，太康带着随从到洛水南岸去打猎。他越打越起劲，去了一百天还没有回家。

那时候，黄河下游的夷族，有个部落首领名叫后羿（羿音 yì），野心勃勃，想夺取夏王的权力。他看到太康出去打猎，觉得是个机会，就亲自带兵守住洛水北岸。等到太康带着一大批猎得的野兽，兴高采烈地回来的时候，走到洛水边，对岸全是后羿的军队，拦住他的归路。太康没法，只好在洛水南面过着流亡生活。后羿还不敢自立为王，另立太康的兄弟仲康当夏王，把实权抓在自己手里。

后羿是一个著名的弓箭手，他的射箭百发百中。有一个神话，说古时候天空里本来有十个太阳，地面上热得像烤焦似的，给庄稼带来严重的灾害。大家请后羿想法子，后羿拈弓搭箭，"嗖嗖"地几下，把天空里的九个太阳射了下来，只留下一个太阳。这样，地面上气候适宜，不再闹干旱了。又说，古时候大河里有许多怪兽，经常兴风作浪，造成水灾，把禾苗淹没，人畜淹死，也是后羿用箭把这些怪兽都射死了，人们的生活才恢复了正常。这些神话说明后羿的箭术很高明，是大家公认的。

后羿开始还只是做个仲康的助手。到了仲康一死，他干脆把仲康的儿子相撵（音 niǎn）走，夺了夏朝的王位。他仗着射箭的本领，也作威作福起来。他和太康一样，四出打猎，把国家政事交给他的亲信寒浞（音 zhuó）。寒浞瞒着后羿，收买人心。有一次，后羿打猎回来，寒浞派人把他杀了。

寒浞杀了后羿，夺了王位，怕夏族再跟他争夺，一定要杀死被后羿撵走的相。

相逃到哪儿，寒浞就追到哪儿。后来，相终于被寒浞杀了。那时候，相的妻子正怀着孕，被寒浞逼得没法，从墙洞里爬了出去，逃到娘家有仍氏部落，生下个儿子叫少康。

少康长大后，给姥姥家看牲口；后来听到寒浞正在派人追捕他，又逃到舜的后代有虞氏那儿。

少康从小在艰难的环境中长大，练了一身本领。他在有虞氏那里招收人马，开始有了自己的队伍；后来，又得到忠于夏朝的大臣、部落帮助，反攻寒浞，终于把王位夺了回来。

夏朝从太康到少康，中间经过大约一百年的混战，才恢复过来。历史上称作"少康中兴"。

少康灭了寒浞，可是夷族和夏朝之间的斗争还没完。夷族人有很多出名的射手，他们的弓箭很厉害。后来少康的儿子帝杼（音 shù）即位，发明了一种可以避箭的护身衣，叫做"甲"，战胜了夷族，夏的势力又向东发展了。

## 商汤和伊尹

黄河下游有个部落叫商。传说商的祖先契在尧舜时期，跟禹一起治过洪水，是个有功的人。后来，商部落因为畜牧业发展得快，到了夏朝末年，汤做了首领的时候，已经成为一个强大的部落了。

夏王朝统治了大约四百多年，到了公元前 16 世纪，夏朝最后的一个王夏桀在位。夏桀是个出名的暴君，他和奴隶主贵族残酷压迫人民，对奴隶镇压更重。夏桀还大兴土木，建造宫殿，过着荒淫奢侈的生活。

大臣关龙逄劝说夏桀，认为这样下去会丧失人心。夏桀勃然大怒，把关龙逄杀了。百姓恨透了夏桀，诅咒说："这个太阳什么时候才会灭亡，我们宁愿跟你同归于尽。"

商汤看到夏桀十分腐败，决心消灭夏朝。他表面上对桀服从，暗地里不断扩大自己的势力。

那时候，部落的贵族都是迷信鬼神的，把祭祀天地祖宗看作最要紧的事。商部落附近有一个部落叫葛，那儿的首领葛伯不按时祭祀。汤派人去责问葛伯。葛伯回答说："我们这儿穷，没有牲口作祭品。"

汤送了一批牛羊给葛伯作祭品。葛伯把牛羊杀掉吃了，又不祭祀。汤又派人去责问，葛伯说："我没有粮食，拿什么来祭呢？"

汤又派人帮助葛伯耕田，还派一些老弱的人给耕作的人送酒送饭，不料在半路上，葛伯把那些酒饭都抢走，还杀了一个送饭的小孩。

葛伯这样做，激起了大家的公愤。汤抓住这件事，就出兵把葛先消灭了。接着，又连续攻取了附近几个部落。商汤的势力渐渐发展了，但是并没引起昏庸的夏桀注意。商汤妻子带来的陪嫁奴隶中，有一个名叫伊尹。传说伊尹开始到商汤家的时候，做个厨师，服侍商汤。后来，商汤渐渐发现伊尹跟一般奴隶不一样，商汤和他交谈以后，才知道他是有心装扮作陪嫁奴隶来找汤的。伊尹向汤谈了许多治国的道理，汤马上把伊尹提拔做他的助手。

商汤和伊尹商量讨伐夏桀的事。伊尹说："现在夏桀还有力量，我们先不去朝贡，试探一下，看他怎么样。"

　　商汤按照伊尹的计策，停止了对夏桀的进贡。夏桀果然大怒，命令九夷发兵攻打商汤。伊尹一看夷族还服从夏桀的指挥，赶快向夏桀请罪，恢复了进贡。

　　过了一年，九夷中一些部落忍受不了夏朝的压榨勒索，逐渐叛离夏朝，汤和伊尹才决定大举进攻。

　　自从夏启以来，同姓相传已经四百多年，要把夏王朝推翻，也不是一件简单的事。汤和伊尹商量了一番，决定召集商军将士，由汤亲自向大家誓师。

　　汤说："我不是敢进行叛乱，实在是夏桀作恶多端，上帝的意旨要我消灭他，我不敢不听从天命啊！"他接着又宣布了赏罚的纪律。

　　商汤借上帝的意旨来动员将士，再加上将士恨不得夏桀早早灭亡，因此，作战非常勇敢。夏、商两军在鸣条（今山西运城安邑镇北）打了一仗，夏桀的军队被打败了。最后，夏桀逃到南巢（今安徽巢县西南），汤追到那里，把桀流放在南巢，一直到他死去。

　　这样，夏朝就被新建立的商朝代替了。历史上把商汤伐夏称为商汤革命，因为古代统治阶级把改朝换代说成是天命的变革，所以称为"革命"。这和现在所说的革命完全是两回事。


## 盘庚迁都

　　商汤建立商朝的时候，最早的国都在亳（音 bó，今河南商丘）。在以后三百年当中，都城一共搬迁了五次。这是因为王族内部经常争夺王位，发生内乱；再加上黄河下游常常闹水灾。有一次发大水，把都城全淹了，就不得不搬家。

　　从商汤开始传了二十个王，王位传到盘庚手里。盘庚是个能干的君主。他为了改变当时社会不安定的局面，决心再一次迁都。

可是，大多数贵族贪图安逸，都不愿意搬迁。一部分有势力的贵族还煽动平民起来反对，闹得很厉害。

盘庚面对强大的反对势力，并没有动摇迁都的决心。他把反对迁都的贵族找来，耐心地劝说他们："我要你们搬迁，是为了想安定我们的国家。你们不但不谅解我的苦心，反而发生无谓的惊慌。你们想要改变我的主意，这是办不到的。"

由于盘庚坚持迁都的主张，挫败了反对势力，终于带着平民和奴隶，渡过黄河，搬迁到殷（今河南安阳小屯村）。在那里整顿商朝的政治，使衰落的商朝出现了复兴的局面，以后二百多年，一直没有迁都。所以商朝又称作殷商，或者殷朝。

从那时候起，经过三千多年的漫长日子，商朝的国都早就变为废墟了。到了近代，人们在安阳小屯村一带发掘出大量古代的遗物，证明那里曾经是商朝国都的遗址，就叫它"殷墟"。

从殷墟发掘出来的遗物中，有龟甲（就是龟壳）和兽骨十多万片，在这些龟甲和兽骨上面都刻着很难认的文字。经过考古学家的研究，才把这些文字弄清楚。原来商朝的统治阶级是十分迷信鬼神的。他们在祭祀、打猎、出征的时候，都要用龟甲和兽骨来占卜一下，是吉利或是不吉利。占卜之后，就把当时发生的情况和占卜的结果用文字刻在龟甲、兽骨上。这种文字和现在的文字有很大的不同，后来就把它叫做"甲骨文"。现在我们使用的汉字就是从甲骨文演变过来的。

在殷墟发掘的遗物中，还发现大量的青铜器皿、兵器，种类很多，制作很精巧。有一个叫做"司母戊"的大方鼎，重量有875公斤，高130多厘米，大鼎上还刻着富丽堂皇的花纹。这样大的青铜器，说明在殷商时期，冶铜的技术和艺术水平都是很高的。但是也可以想象得出，像这样巨大的精美的大鼎，不知道渗透着多少奴隶的血汗哩！

考古工作者还在殷墟发掘了殷商奴隶主的墓穴。在安阳武官村一座商王大墓中，除了大量的珍珠宝玉等奢侈的陪葬品之外，还有许多奴隶被活活杀死殉葬。在大墓旁边的墓道里，一面堆着许多无头尸骨，一面排列着许多头颅。据甲骨片上的文字记载，他们祭祀祖先，也大批屠杀奴隶做供品，最多的竟达到二千六百多个。这是当年奴隶主残酷迫害奴隶的罪证。

从殷墟出土的甲骨文中，我们对殷商时期的社会情况有了比较确凿的考证。所以说，我国最早有文字记载的历史，是从商朝开始的。


## 姜太公钓鱼


盘庚死后又传了十一个王，最后一个王叫做纣，纣原来是一个相当聪敏，又有勇气的人。他早年曾经亲自带兵和东夷进行一场长期的战争。他很有军事才能，在作战中百战百胜，最后平定了东夷，把商朝的文化传播到淮水和长江流域一带。在这件事上，商纣是起了一定作用的。但是在长期战争中，消耗也大，加重了商朝人民的负担，人民的痛苦越来越深了。

纣和夏桀一样，只知道自己享乐，根本不管人民的死活。他没完没了地建造宫殿，他在他的别都朝歌（今河南淇县）造了一个富丽堂皇的"鹿台"，把搜刮得来的金银珍宝都贮藏在里面；他又造了一个极大的仓库，叫做"钜桥"，把剥削来的粮食堆积起来。他把酒倒在池里，把肉挂得像树林一样。他和宠姬妲己过着穷奢极欲的生活。他还用各种残酷的刑罚来镇压人民。凡是诸侯背叛他或者百姓反对他，他就把人捉起来放在烧红的铜柱上烤死。叫做"炮烙"。

纣的残暴行为，加速了商朝的灭亡。这时候，在西部的一个部落却正在一天天兴盛起来，这就是周。

周本是一个古老的部落。夏朝末年，这个部落在现在陕西、甘肃一带活动。后来，因为遭到戎、狄等游牧部落的侵扰，周部落的首领古公亶父（亶音 dǎn）率领周人迁移到岐山（今陕西岐山县东北）下的平原定居下来。

到了古公亶父的孙子姬昌（后来称为周文王）继位的时候，周部落已经很强大了。周文王是一个能干的政治家。他的生活跟纣王正相反。纣王喜欢喝酒、打猎，对人民滥施刑罚。周文王禁止喝酒，不准贵族打猎，糟蹋庄稼。他鼓励人民多养牛羊，多种粮食。他还虚心接待一些有才能的人，因此，一些有才能的人都来投奔他。

周部落强大起来，对商朝是个很大的威胁。有个大臣崇侯虎在纣王面前说周文王的坏话，说周文王的影响太大了，这样下去，对商朝不利。纣王下了一道命令，把周文王拿住，关在羑里（在今河南汤阴县一带，羑音 yǒu）地方。周部落的贵族把许多美女、骏马和珍宝，献给纣王，又送了许多礼物给纣王的亲信大臣。

纣王见了美女珍宝，高兴得眉开眼笑，说："光是一样就可以赎姬昌了。"立刻把周文王释放了。

周文王见纣王昏庸残暴，丧失民心，就决定讨伐商朝。可是他身边缺少一个有军事才能的人来帮助他指挥作战。他暗暗想办法物色这种人才。

有一天，周文王坐着车，带着他儿子和兵士到渭水北岸去打猎。在渭水边，他看见一个老头儿在河岸上坐着钓鱼。大队人马过去，那个老头儿只当没看见，还是安安静静钓他的鱼。文王看了很奇怪，就下了车，走到老头儿跟前，跟他聊起来。

经过一番谈话，知道他叫姜尚（又叫吕尚，"吕"是他祖先的封地），是一个精通兵法的能人。

文王非常高兴，说："我祖父在世时曾经对我说过，将来会有个了不起的能人帮助你把周族兴盛起来。您正是这样的人。我的祖父盼望您已经很久了。"说罢，就请姜尚一起回宫。那老人家理了理胡子，就跟着文王上了车。

因为姜尚是文王的祖父所盼望的人，所以后来叫他太公望；在民间传说中，叫他姜太公。

太公望是周文王的好帮手。他一面提倡生产，一面训练兵马。周族的势力越来越大。有一次，文王问太公望："我要征伐暴君，您看咱们应当先去征伐哪一国？"

太公望说："先去征伐密须。"

有人反对他，说："密须国君厉害得很，恐怕打不过他。"

太公望说："密须国君虐待老百姓，早已失去民心，他就是再厉害十倍，也用不到怕。"

周文王发兵到了密须，还没开战，密须的老百姓先暴动了。他们绑着密须的国君归附了文王。

过了三年，文王又发兵征伐崇国（在今陕西省沣水县）。是商朝西边最大的一个属国。文王灭了崇国，就在那里筑起城墙，建立了都城，叫做丰邑。没过几年，周族逐渐占领了大部分商朝统治的地区，归附文王的部落也越来越多了。


# 奴隶倒戈

周文王死了以后，他儿子姬发即位，就是周武王。周武王拜太公望为师，并且要他的兄弟周公旦、召公奭（音 shì）作他的助手，继续整顿内政，扩充兵力，准备讨伐商纣。第二年，周武王把军队开到盟津（今河南孟津东北）地方，举行一次检阅，有八百多个小国诸侯，不约而同地来到盟津会师。大家都向武王提出，要他带领大家伐商。但是武王认为时机未到，检阅结束后又回到丰京。

这时候，纣的暴政越来越厉害了。商朝的贵族王子比干和箕子、微子非常担心，苦苦地劝说他别这样胡闹下去。纣不但不听，反而发起火来，把比干杀了，还惨无人道地叫人剖开比干的胸膛，把他的心掏出来，说要看看比干长的是什么心眼儿。箕子装作发疯，总算免了一死，被罚作奴隶，囚禁起来。微子看见商朝已经没有希望，就离开别都朝歌出走了。

大约在公元前11世纪的一年，武王听到探子的报告，知道纣已经到了众叛亲离的地步，认为时机已经成熟，就发兵五万，请精通兵法的太公望做元帅，渡过黄河东进。到了盟津，八百诸侯又重新会师在一起。周武王在盟津举行一次誓师大会，宣布了纣残害人民的罪状，鼓励大家同心伐纣。

在武王进军的路上，一天，有两个老人挡住了大军去路，要见武王。有人认出来，这两人本来是孤竹国（在今河北卢龙）国王的两个儿子，哥哥叫伯夷，弟弟叫叔齐。孤竹国王钟爱叔齐，想把王位传给他，伯夷知道父王的心意，主动离开孤竹；叔齐不愿接受哥哥让给他的王位，也躲了起来。在周文王在世的时候，他们两人一起投奔周国，定居下来。这回听到武王伐纣，就赶来阻止。

周武王接见他们时，两人拉住武王的马缰绳说："纣王是天子，你是个臣子。臣子怎能讨伐天子，这可是大逆不道的事啊。"

武王左右将士听了这些话，非常生气。有的把剑拔出来，想杀他们。

太公望知道这两人不过是两个书呆子，吩咐左右将士不要为难他们，把他们拉开。哪知道这两个人想不开，后来，竟躲到首阳山（在今山西永济西南）上，绝食自杀。

周武王的讨纣大军士气旺盛，一路上势如破竹，很快就打到离开朝歌仅仅七十里的牧野（今河南淇县西南）。

　　纣听到这个消息，立刻拼凑了七十万人马，由他亲自率领，到牧野迎战。他想，武王的兵力不过五万人，七十万人还打不过五万吗？

　　可是，那七十万商军有一大半是临时武装起来的奴隶和从东夷抓来的俘虏。他们平日受尽纣的压迫和虐待，早就对纣恨透了，谁也不想为纣卖命。在牧野战场上，当周军勇猛进攻的时候，他们就掉转矛头，纷纷倒戈，大批奴隶配合周军一起攻打商军。七十万商军，一下子就土崩瓦解。太公望指挥周军，趁势追击，一直追到商都朝歌。商纣逃回朝歌，眼看大势已去，当夜，就躲进鹿台，放了一把火，跳到火堆里自杀了。

　　周武王灭了商朝，把国都从丰搬到镐京（今陕西西安市西），建立了周王朝。

　　为了巩固周朝的统治，从周武王起，把自己的亲属和功臣分封各地，建立诸侯国，像太公望被封在齐国；他的弟弟周公旦被封在鲁国，召公奭被封在燕国。据说从武王到他的儿子成王，一共封了七十多个诸侯国。

　　商朝虽然灭亡了，但是它留下的贵族和奴隶主在社会上还有一部分势力。为了安抚这些人，武王把纣王的儿子武庚封为殷侯，留在殷都，又派自己的三个兄弟管叔、蔡叔和霍叔去帮助武庚。名义上是帮助，实际上是监视，所以叫做"三监"。

## 周公辅成王

　　周武王建立了周王朝以后，过了两年就害病死了。他的儿子姬诵继承王位，这就是周成王。那时候，周成王才十三岁，再说，刚建立的周王朝还不大稳固。于是由武王的弟弟周公旦辅助成王掌管国家大事，实际上是代理天子的职权。历史上通常不称周公旦的名字，只叫他周公。

周公的封地在鲁国，因为他要留在京城处理政事，不能到封地去，等他的儿子伯禽长大了，就派伯禽代他到鲁国去做国君。

伯禽临走的时候，问他父亲有什么嘱咐。周公说："我是文王的儿子，武王的弟弟，当今天子的叔叔，你说我的地位怎么样？"

伯禽说："那自然是很高的了。"

周公说："对呀！我的地位确实很高，但是我每次洗头发的时候，一碰到急事，就马上停止洗发，把头发握在手里去办事；每次吃饭的时候，听说有人求见，我就把来不及咽下的饭菜吐出来，去接见那些求见的人。我这样做，还怕天下的人才不肯到我这儿来呢。你到了鲁国，不过是个国君，可不能骄傲啊！"

伯禽连连点头，表示一定记住父亲的教导。

周公尽心尽意辅助成王，管理国事，可是他的弟弟管叔、蔡叔却在外面造谣，说周公有野心，想要篡夺王位啦！

纣王的儿子武庚虽然被封为殷侯，但是受到周朝的监视，觉得很不自由，巴不得周朝发生内乱，重新恢复他的殷商的王位，就和管叔、蔡叔串通一气，联络了一批殷商的旧贵族，还煽动东夷中几个部落，闹起叛乱来。

武庚和管叔等人制造的谣言，闹得镐京也沸沸扬扬，连召公奭听了也怀疑起来。成王年小不大懂事，更闹不清是真是假，对这位辅助他的叔父也有点信不过。

周公心里很难过，他首先向召公奭披肝沥胆地谈了一次话，告诉召公奭，他决没有野心，要他顾全大局，不要轻信谣言。召公奭被他这番诚恳的话感动，消除了误会，重新和周公合作。周公在安定了内部之后，毅然调动大军，亲自率领大军东征。

这时候，东方有几个部落像淮夷、徐戎等，都配合武庚，蠢蠢欲动。周公下命令给太公望，授权给他，各国诸侯，有不服周朝的，都由太公望征讨。这样，由太公望控制了东方，他自己全力对付武庚。

费了三年的工夫，周公终于平定了武庚的叛乱，把带头叛乱的武庚杀了。管叔一看武庚失败，自己觉得没有面目见他的哥哥和侄儿，上吊自杀了。周公平定了叛乱，把霍叔革了职，对蔡叔办了一个充军的罪。

在周公东征的过程中，一大批商朝的贵族成了俘虏。因为他们反抗周朝，所以叫他们是"顽民"。周公觉得让这批人留在原来的地方不大放心；同时，又觉得镐京在西边，要控制东部的广大中原地区很不方便，就在东面新建一座都城，叫做洛邑（今河南洛阳市），把殷朝的"顽民"都迁到那里，派兵监视他们。

打那以后，周朝就有了两座都城。西部是镐京，又叫宗周；东部是洛邑，又叫成周。周公辅助成王执政了七年，总算把周王朝的统治巩固下来，他还制订了周朝一套典章制度。到周成王满二十岁的时候，周公把政权交给成王管理。

从周成王到他的儿子康王两代，前后约五十多年，是周朝强盛和统一的时期，历史上叫做"成康之治"。


## 国人暴动

在成王、康王统治的时期，周朝政局比较安定。后来，由于奴隶主贵族加重剥削，加上不断发动战争，平民和奴隶的不满情绪也随着增长。周朝的统治者为了镇压人民，采用十分严酷的刑罚。周穆王的时候，制定了三千条刑法，犯法的人受的刑罚有五种，叫做"五刑"。像额上刺字、割鼻、砍脚等等。但是，刑罚再严，也阻止不了人民的反抗。

到了西周第十个王周厉王即位后，对人民的压迫更重了。周厉王宠信一个名叫荣夷公的大臣，实行"专利"，他们霸占了一切湖泊、河流，不准人民利用这些天然资源谋生；他们还勒索财物，虐待人民。

那时候，住在野外的农夫叫"野人"，住在都城里的平民叫"国人"。周都镐京的国人不满厉王的暴虐措施，怨声载道。

大臣召公虎听到国人的议论越来越多，进宫告诉厉王说："百姓忍受不了啦，大王如果不趁早改变做法，出了乱子就不好收拾了。"

厉王满不在乎地说："你不用急，我自有办法对付。"

于是，他下了一道命令，禁止国人批评朝政，还从卫国找来一个巫师，要他专门刺探批评朝政的人，说：如果发现有人在背后诽谤我，你就立即报告。"

卫巫为了讨好厉王，派了一批人到处察听。那批人还敲诈勒索，谁不服他们，他们就随便诬告。

厉王听信了卫巫的报告，杀了不少国人。在这样的压力下，国人真的不敢在公开场合里议论了。人们在路上碰到熟人，也不敢交谈招呼，只交换了一个眼色，就匆匆地走开。

厉王见卫巫报告批评朝政的人渐渐少了下来，十分满意。有一次，召公虎去见厉王，厉王洋洋得意地说："你看，这会儿不是已经没有人议论了吗？"

召公虎叹了一口气说："唉，这怎么行呢？堵住人的嘴，不让人说话，比堵住河流还要危险哪！治水必须疏通河道，让水流到大海；治国家也是一样，必须引导百姓说话。硬堵住河流，就要决口；硬堵住人的嘴，是要闯大祸的呀！"

厉王撇撇嘴，不去理他，召公虎只好退出。

厉王和荣夷公的暴政越来越厉害，过了三年，也就是公元前841

年，国人忍无可忍，终于举行了一次大规模的暴动。起义的国人围攻王宫，要杀厉王。厉王得知风声，慌慌忙忙带了一批人逃命，一直逃过黄河，到彘（音 zhì，今山西霍县东北）地方才停下来。

国人打进王宫，没有搜到厉王。有人探知厉王的太子靖逃到召公虎家躲了起来，又围住召公虎家，要召公虎交出太子。召公虎没奈何，只好把自己的儿子冒充太子送出去，才算把太子保护了下来。

厉王出走后，朝廷里没有国王，怎么办呢。经大臣们商议，由召公虎和另一个大臣周公主持贵族会议，暂时代替周天子行使职权，历史上称为"共和行政"。从共和元年，也就是公元前841年起，中国历史才有了确切的纪年。

共和行政维持了十四年之后，周厉王在彘死去。大臣们立太子姬静即位，就是周宣王。宣王在政治上比较开明，得到诸侯的支持。但是，经过这一场国人暴动，周朝统治者已经外强中干，兴盛不起来啦！

## 烽火戏诸侯

周宣王死了以后，儿子姬宫涅即位，就是周幽王。周幽王什么国家大事都不管，光知道吃喝玩乐，打发人到处找美女。有个大臣名褒珦劝谏幽王，周幽王不但不听，反把褒珦下了监狱。

褒珦在监狱里被关了三年。褒家的人千方百计要把褒珦救出来。他们在乡下买了一个挺漂亮的姑娘，教会她唱歌跳舞，把她打扮起来，献给幽王，替褒珦赎罪。这个姑娘算是褒家人，叫褒姒。

幽王得了褒姒，高兴得不得了，就把褒珦释放了。他十分宠爱褒姒，可是褒姒自从进宫以后，心情闷闷不乐，没有露过一次笑脸。幽王想尽办法叫她笑，她怎么也笑不出来。

周幽王出了一个赏格：有谁能让王妃娘娘笑一下，就赏他一千两金子。

有个马屁鬼叫虢石父，替周幽王想了一个鬼主意。原来，周王朝为了防备犬戎的进攻，在骊山一带造了二十多座烽火台，每隔几里地就是一座。如果犬戎打过来，把守第一道关的兵士就把烽火烧起来；第二道关上的兵士见到烟火，也把烽火烧起来。这样一个接一个烧着烽火，附近的诸侯见到了，就会发兵来救。

虢石父对周幽王说："现在天下太平，烽火台长久没有使用了。我想请大王跟娘娘上骊山去玩几天。到了晚上，咱们把烽火点起来，让附近的诸侯见了赶来，上个大当。娘娘见了这许多兵马扑了个空，保管会笑起来。"

周幽王拍着手说："好极了，就这么办吧！"

他们上了骊山，真的在骊山上把烽火点了起来。临近的诸侯得了这个警报，以为犬戎打过来了，赶快带领兵马来救。没想到赶到那儿，连一个犬戎兵的影儿也没有，只听到山上一阵阵奏乐和唱歌的声音，大伙儿都楞了。

幽王派人告诉他们说，辛苦了大家，这儿没什么事，不过是大王和王妃放烟火玩儿，你们回去吧！

诸侯知道上了当，憋了一肚子气回去了。

褒姒不知道他们闹的是什么玩意，看见骊山脚下来了好几路兵马，乱哄哄的样子，就问幽王是怎么回事。幽王一五一十告诉了她。褒姒真的笑了一下。

幽王见褒姒开了笑脸，就赏给虢石父一千两金子。

幽王宠着褒姒，后来干脆把王后和太子废了，立褒姒为王后，立褒姒生的儿子伯服为太子。原来王后的父亲是申国的诸侯，得到这个消息，就连结犬戎进攻镐京。

幽王听到犬戎进攻的消息，惊慌失措，连忙下命令把骊山的烽火点起来。烽火倒是烧起来了，可是诸侯因为上次上了当，谁也不来理会他们。

烽火台上白天冒着浓烟，夜里火光烛天，可就是没有一个救兵到来。

犬戎兵一到，镐京的兵马不多，勉强抵挡了一阵，被犬戎兵打得落花流水。犬戎的人马像潮水一样涌进城来，把周幽王、虢石父和褒姒生的伯服杀了。把那个褒姒，也给抢走了。

到这时候，诸侯们知道犬戎真的打进了镐京，这才联合起来，带着大队人马来救。犬戎的首领看到诸侯的大军到了，就命令手下的人把周朝多少年聚敛起来的宝贝财物一抢而空，放了一把火才退走。

中原诸侯打退了犬戎，立原来的太子姬宜臼为天子，就是周平王。诸侯也回到各自的封地去了。

没想到诸侯一走，犬戎又打过来，周朝西边大多土地都被犬戎占了去。平王恐怕镐京保不住，打定主意，把国都搬到洛邑去。

公元前 770 年，周平王迁都洛邑。因为镐京在西边，洛邑在东边，所以历史上把周朝在镐京做国都的时期，称为西周；迁都洛邑以后，称为东周。


# 囚车里的人才

周平王东迁洛邑以后的东周，又分"春秋"和"战国"两个时期。春秋时期，周王室衰落，周天子名义上是各国共同的君主，实际上他的地位只相当一个中等国的诸侯。一些比较强大的诸侯国家用武力兼并小国，大国之间也互相争夺土地，经常打仗。战胜的大国诸侯，可以号令其他诸侯。这种人称做霸主。

春秋时期第一个称霸的是齐国（都城临淄，在今山东淄博）。齐国是周武王的大功臣太公望的封国，本来是个大国，再加上它利用沿海的资源，生产比较发达，国力就比较强。公元前686年，齐国发生了一次内乱。国君齐襄公被杀。襄公有两个兄弟，一个叫公子纠，当时在鲁国（都城在今山东曲阜）；一个叫公子小白，当时在莒（音jǔ）国（都城在今山东莒县）。两个人身边都有个师傅，公子纠的师傅叫管仲，公子小白的师傅叫鲍叔牙。两个公子听到齐襄公被杀的消息，都急着要回齐国争夺君位。

鲁国国君鲁庄公决定亲自护送公子纠回齐国。管仲对鲁庄公说："公子小白在莒国，离齐国很近。万一让他先进齐国，事情就麻烦了。让我先带一支人马去截住他。"

不出管仲所料，公子小白正在莒国的护送下赶回齐国，路上，遇到管仲的拦截。管仲拈弓搭箭，对准小白射去。只见小白大叫一声，倒在车里。

管仲以为小白已经死了，就不慌不忙护送公子纠回到齐国去。哪里知道，他射中的不过是公子小白衣带的钩子，公子小白大叫倒下，原来是他的计策。等到公子纠和管仲进入齐国国境，小白和鲍叔牙早已抄小道抢先到了国都临淄，小白当上了齐国国君，这就是齐桓公。

齐桓公即位以后，立即发兵打败鲁国，并且通知鲁庄公一定要鲁国杀了公子纠，把管仲送回齐国办罪。鲁庄公没有办法，只好照办。

管仲被关在囚车里送到齐国。鲍叔牙立即向齐桓公推荐管仲。

齐桓公气愤地说："管仲拿箭射我，要我的命，我还能用他吗？"

鲍叔牙说："那回他是公子纠的师傅，他用箭射您，正是他对公子纠的忠心。论本领，他比我强得多。主公如果要干一番大事业，管仲可是个用得着的人。"

齐桓公也是个豁达大度的人，听了鲍叔牙的话，不但不治管仲的罪，还立刻任命他为相，让他管理国政。

管仲帮着齐桓公整顿内政，开发资源，大开铁矿，多制农具，提高耕种技术，又大规模拿海水煮盐，鼓励老百姓入海捕鱼。离海比较远的诸侯国不得不依靠齐国供应食盐和海产。别的东西可以不买，盐是非吃不可的。齐国就越来越富强了。

齐桓公一心想当诸侯的霸主，做了霸主就能够发号施令，别的诸侯就得向他进贡，听他的指挥。他对管仲说："现在咱们兵精粮足，是不是可以会合诸侯，共同订立个盟约呢？"

管仲说："咱们凭什么去会合诸侯呢？大家都是周天子下面的诸侯，谁能服谁呢？天子虽说失了势，毕竟是天子，比谁都大。如果主公能够奉天子的命令，会合诸侯，订立盟约，共同尊重天子，抵抗别的部落，往后谁有难处，大伙儿帮他，谁不讲理，大伙儿管他。到了那时候，主公就是自己不要做霸主，别人也得推举您。"

齐桓公说："你说得对，可是怎么着手呢？"

管仲说："办法倒有一个。这回新天子（指周釐王，釐音 xī）才即位。主公可以派个使者向天子朝贺，顺便帮他出个主意，说宋国（都城在今商丘南）现在正发生内乱，新国君位子不稳，国内很不安定。请天子下命令，明确宣布宋国国君的地位。主公拿到天子的命令，就可以用天子的命令来召集诸侯了。这样做，谁也不能反对。"

齐桓公听了，连连点头，决定照着管仲的意见办。

这时候，周朝的天子早已没有实权了。列国诸侯只知道抢夺地盘，兼并土地，已经全忘记还有朝见天子这回事。周釐王刚刚即位，居然有齐国这样一个大国打发使臣来朝贺，打心眼里喜欢。他就请齐桓公去宣布宋君的君位。

公元前 681 年，齐桓公奉了周釐王的命令，通知各国诸侯到齐国西南边境上北杏（今山东东阿县北）开会。

这时候，齐桓公的威望还不高。发出通知以后，一共只来了宋、陈、蔡、邾四个国家。还有几个诸侯国，像鲁、卫、曹、郑（都城在今河南新郑）等国，想瞧瞧风头再说，没有来。

在北杏会议上，大家公推齐桓公当盟主，订立了盟约。盟约上主要的是三条：一是尊重天子，扶助王室；二是抵御别的部落，不让他们进入中原；第三是帮助弱小的和有困难的诸侯国。

## 曹刿抗击齐军

齐桓公即位后，依靠管仲的帮助，争取霸主的地位。但是，在他对鲁国的战争中，却遭到一次不小的挫折。

在齐桓公即位的第二年，也就是公元前684年，齐桓公派兵进攻鲁国。鲁庄公认为齐国一再欺负他们，忍无可忍，决心跟齐国拼一死战。

齐国进攻鲁国，也激起鲁国人民的愤慨。有个鲁国人曹刿（音guì），准备去见鲁庄公，要求参加抗齐的战争。有人劝曹刿说："国家大事，有当大官的操心，您何必去插手呢？"

曹刿说："当大官的目光短浅，未必有好办法。眼着国家危急，哪能不管呢？"说完，他一直到宫门前求见鲁庄公。鲁庄公正在为没有个谋士发愁，听说曹刿求见，连忙把他请进来。

曹刿见了鲁庄公提出了自己的要求，并且问："请问主公凭什么去抵抗齐军？"

鲁庄公说："平时有什么好吃好穿的，我没敢独占，总是分给大家一起享用。凭这一点，我想大家会支持我。"

曹刿听了直摇头，说："这种小恩小惠，得到好处的人不多，百姓不会为这个支持您。"

鲁庄公说："我在祭祀的时候，倒是挺虔诚的。"

曹刿笑笑说："这种虔诚也算不了什么，神帮不了您的忙。"

鲁庄公想了一下，说："遇到百姓吃官司的时候，我虽然不能一件件查得很清楚，但是尽可能处理得合情合理。"

曹刿才点头说："这倒是件得民心的事，我看凭这一点可以和齐国打上一仗。"

曹刿请求跟鲁庄公一起上阵，鲁庄公看曹刿这种胸有成竹的样子，也巴不得他一起去。两个人坐着一辆兵车，带领人马出发。

齐鲁两军在长勺（今山东莱芜东北）摆开阵势。齐军仗人多，一开始就擂响了战鼓，发动进攻。鲁庄公也准备下令反击，曹刿连忙阻止，说："且慢，还不到时候呢！"

当齐军擂响第二通战鼓的时候，曹刿还是叫鲁庄公按兵不动。鲁军将士看到齐军张牙舞爪的样子，气得摩拳擦掌，但是没有主帅的命令，只好憋着气等待。

齐军主帅看鲁军毫无动静，又下令打第三通鼓。齐军兵士以为鲁军胆怯怕战，耀武扬威地杀过来。

曹刿这才对鲁庄公说："现在可以下令反攻了。"

鲁军阵地上响起了进军鼓，兵士士气高涨，像猛虎下山般扑了过去。齐军兵士没防到这一着，招架不住鲁军的凌厉攻势，败下阵来。

鲁庄公看到齐军败退，忙不迭要下令追击，曹刿又拉住他说："别着急！"说着，他跳下战车，低下头观察齐军战车留下的车辙；接着，又上车爬到车杆子上，望了望敌方撤退的队形，才说："请主公下令追击吧！"

鲁军兵士听到追击的命令，个个奋勇当先，乘胜追击，终于把齐军赶出鲁国国境。

鲁军取得反攻的胜利，鲁庄公对曹刿镇静自若的指挥，暗暗佩服，但是心里总还有个没打开的闷葫芦。回到宫里，他先向曹刿慰劳了几句，就问："头两回齐军击鼓，你为什么不让我反击？"

曹刿说："打仗这件事，全凭士气。对方擂第一通鼓的时候，士气最足；第二通鼓，气就松了一些，到第三通鼓，气已经泄了。对方泄气的时候，我们的兵士却鼓足士气，哪有不打赢的道理？"

鲁庄公接着又问为什么不立刻追击。曹刿说："齐军虽然败退，但它是个大国，兵力强大，说不定他们假装败退，在什么地方设下埋伏，我们不能不防着点儿。后来我看到他们的旗帜东倒西歪，车辙也乱七八糟，才相信他们阵势全乱了，所以才请您下令追击。"

鲁庄公这才恍然大悟，称赞曹刿想得周到。在曹刿指挥下，鲁国击退了齐军，局势才稳定了下来。


## 齐桓公九合诸侯

齐国虽然在长勺打了一次败仗，但是这并没有影响齐桓公后来的霸主地位。过了十多年，北方的燕国（都城在今北京）派使者来讨救兵，说燕国被附近的一个部落山戎侵犯，打了败仗。齐桓公就决定率领大军去救燕国。

公元前663年，齐国大军到了燕国，山戎已经抢了一批百姓和财宝逃回去了。

齐国和燕国的军队联合起来，一直向北追去。没想到他们被敌人引进了一个迷谷。那迷谷就像大海一样，没边没沿，怎么也找不到原来的道儿。

还是管仲想出一个主意来。他对齐桓公说："马也许能认得路，不如找几匹当地的老马，让它们在头里走，也许能走出这个地方。"

齐桓公叫人挑了几匹老马，让它们领路。这几匹老马果然领着人马出了迷谷。

齐桓公帮助燕国打败山戎以后，邢国也遭到另一个部落狄人的侵犯。齐桓公又带着人马去赶跑了狄人，帮助邢国重筑了城墙。接着，狄人又侵犯卫国，齐桓公帮助卫国在黄河南岸重建国都。就因为这几件事，齐桓公的威望就提高了。只有南方的楚国（都城在今湖北江陵西北），不但不服齐国，还跟齐国对立起来，要跟齐国比个高低。

楚国在中国南部，向来不和中原诸侯来往。那时候，中原诸侯把楚国当做"蛮子"看待。但是，楚国人开垦南方的土地，逐步收服了附近的一些部落，慢慢地变成了大国。后来，干脆自称楚王，不把周朝的天子放在眼里。

公元前656年，齐桓公约会了宋、鲁、陈、卫、郑、曹、许七国军队，联合进攻楚国。

楚成王得知消息，也集合了人马准备抵抗。他派了使者去见齐桓公，说："我们大王叫我来请问，齐国在北面，楚国在南面，两国素不往来，真叫做风马牛不相及。为什么你们的兵马要跑到这儿来呢？"

管仲责问说："我们两国虽然相隔很远，但都是周天子封的。当初齐国太公受封的时候，曾经接受一个命令：谁要是不服从天子，齐国有权征讨。你们楚国本来每年向天子进贡包茅（用来滤酒的一种青茅），为什么现在不进贡呢？"使者说："没进贡包茅，这是我们的不是，以后一定进贡。"

使者走后，齐国和诸侯联军又拔营前进，一直到达召陵（今河南郾城县，召音 shào）。楚成王又派屈完去探问。齐桓公为了显示自己的军威，请屈完一起坐上车去看中原来的各路兵马。屈完一看，果然军容整齐，兵强马壮。

齐桓公趾高气扬地对屈完说："你瞧瞧，这样强大的兵马，谁能抵挡得了？"

屈完淡淡地笑了笑，说："君侯协助天子，讲道义，扶助弱小，人家才佩服你。要是光凭武力的话，那么，咱们国力虽不强，但是用方城（楚国所筑的长城，在今河南方城北至泌阳东北）作城墙，用汉水作壕沟。您就是再多带些人马来，也未必能打得进去。"

齐桓公听屈完说得挺强硬，估计也未必能轻易打败楚国，而且楚国既然已经认了错，答应进贡包茅，也算有了面子。就这样，中原八国诸侯和楚国一起在召陵订立了盟约，各自回国去了。

后来，周王室发生纠纷，齐桓公又帮助太子姬郑巩固了地位。太子即位后，就是周襄王。周襄王为了报答齐桓公，特地派使者把祭祀太庙的祭肉送给齐桓公，算是一份厚礼。

齐桓公趁此机会，又在宋国的葵丘（今河南兰考东）会合诸侯，招待天子使者。并且订立了一个盟约，主要内容是：修水利，防水患，不准把邻国作为水坑；邻国有灾荒来买粮食，不应该禁止；凡是同盟的诸侯，在订立盟约以后，都要友好相待。

这是齐桓公最后一次会合诸侯。像这样大的会合，一共有许多次，历史上称做"九合诸侯"。

公元前 645 年，管仲病死。过了两年，齐桓公也死去。齐桓公一死，他的五个儿子抢夺君位，齐国发生了内乱，公子昭逃到宋国。齐国的霸主地位也就结束了。

## 愚蠢的宋襄公

宋襄公见齐国发生内乱，就通知各国诸侯，请他们共同护送公子昭到齐国去接替君位。但是宋襄公的号召力不大，多数诸侯把宋国的通知搁在一边，只有三个小国带了点人马前来。

宋襄公率领四国的兵马打到齐国去。齐国一批大臣一见四国人马打来，就投降了宋国，迎接公子昭即位。这就是齐孝公。

齐国本来是诸侯的盟主国，如今齐孝公靠宋国帮助得了君位，宋国的地位就自然提高了。宋襄公雄心勃勃，想继承齐桓公的霸主事业。这次他约会诸侯，只有三个小国听从他的命令，几个中原大国没理他。宋襄公想借重大国去压服小国，就决定去联络楚国。他认为要是楚国能跟他合作的话，那么在楚国势力底下的那些国家自然也都归服他了。

他把这个主张告诉了大臣们，大臣公子目夷不赞成这么办。他认为宋国是个小国，想要当盟主，不会有什么好处。宋襄公哪里肯听他的话，他邀请楚成王和齐孝公先在宋国开个会，商议会合诸侯订立盟约的事。楚成王、齐孝公都同意，决定那年（公元前639年）七月约各国诸侯在宋国盂（今河南睢县西北，盂音 yú）地方开大会。

到了七月，宋襄公驾着车去开大会。公子目夷说："万一楚君不怀好意，可怎么办？主公还得多带些兵马去。"

宋襄公说："那不行，我们为了不再打仗才开大会，怎么自己倒带兵马去呢？"

公子目夷怎么也说不服他，只好空着手跟着去。

果然，在开大会的时候，楚成王和宋襄公都想当盟主，争闹起来。楚国的势力大，依附楚国的诸侯多。宋襄公气呼呼地还想争论，只见楚国的一班随从官员立即脱了外衣，露出一身亮堂堂的铠甲，一窝蜂地把宋襄公逮了去。

后来，经过鲁国和齐国的调解，让楚成王做了盟主，才把宋襄公放了回去。

宋襄公回去后，怎么也不服气，特别是邻近的郑国国君也跟楚成王一起反对他，更加使他恼恨。宋襄公为了出这口气，决定先征伐郑国。

公元前 638 年，宋襄公出兵攻打郑国。郑国向楚国求救。楚成王可厉害，他不去救郑国，反倒派大将带领大队人马直接去打宋国。宋襄公没提防这一着，连忙赶回来。宋军在泓水（在河南柘城西北，泓音 hóng）的南岸，驻扎下来。

两军隔岸对阵以后，楚军开始渡过泓水，进攻宋军。公子目夷瞧见楚人忙着过河，就对宋襄公说："楚国仗着他们人多兵强，白天渡河，不把咱们放在眼里。咱们趁他们还没渡完的时候，迎头打过去，一定能打个胜仗。"

宋襄公说："不行！咱们是讲仁义的国家。敌人渡河还没有结束，咱们就打过去，还算什么仁义呢？"

说着说着，全部楚军已经渡河上岸，正在乱哄哄地排队摆阵势。公子目夷心里着急，又对宋襄公说："这会儿可不能再等了！趁他们还没摆好阵势，咱们赶快打过去，还能抵挡一阵。要是再不动手，就来不及了。"

宋襄公责备他说："你太不讲仁义了！人家队伍都没有排好，怎么可以打呢。"

不多工夫，楚国的兵马已经摆好阵势。一阵战鼓响，楚军像大水冲堤坝那样，哗啦啦地直冲过来。宋国军队哪儿挡得住，纷纷败下阵来。

宋襄公指手划脚，还想抵抗，可是大腿上已经中了一箭。还亏得宋国的将军带着一部分兵马，拼着命保护宋襄公逃跑，总算保住了他的命。

宋襄公逃回国都商丘，宋国人议论纷纷，都埋怨他不该跟楚国人打仗，更不该那么打法。

公子目夷把大家的议论告诉宋襄公。宋襄公揉着受伤的大腿，说："依我说，讲仁义的人就应该这样打仗。比如说，见到已经受了伤的人，就别再去伤害他；对头发花白的人，就不能捉他当俘虏。"

公子目夷真的耐不住了，他气愤地说："打仗就为了打胜敌人。如果怕伤害敌人，那还不如不打；如果碰到头发花白的人就不抓，那就干脆让人家抓走。"

宋襄公受了重伤，过了一年死了。临死时，他嘱咐太子说："楚国是我们的仇人，要报这个仇。我看晋国（都城在今山西翼城东南）的公子重耳是个有志气的人，将来一定是个霸主。你有困难的时候，找他准没错儿。"

## 流亡公子重耳

公子重耳是晋献公的儿子。晋献公年老的时候，宠爱一个妃子骊姬，想把骊姬生的小儿子奚齐立为太子，把原来的太子申生杀了。太子一死，献公另外两个儿子重耳和夷吾都感到危险，逃到别的诸侯国去避难了。

晋献公死后，晋国发生了内乱。后来夷吾回国夺取了君位，也想除掉重耳，重耳不得不到处逃难。重耳在晋国算是一个有声望的公子。因此一批有才能的大臣都愿意跟着他。

重耳先在狄国住了十二年，因为发现有人行刺他，又逃到卫国。卫国看他是个倒运的公子，不肯接待他。他们一路走去。走到五鹿（今河南濮阳东南）地方，实在饿得厉害，正瞧见几个庄稼人在田边吃饭。重耳他们看得更加口馋，就叫人向他们讨点吃的。

庄稼人懒得理他们，其中有一个人跟他们开个玩笑，拿起一块泥巴给他们。重耳冒了火，他手下的人也想动手揍人了。随从的有个叫狐偃的连忙拦住，接过泥巴，安慰重耳说：

"泥巴就是土地，百姓给我们送土地来啦，这不是一个好兆头吗?"

重耳也只好趁此下了台阶,苦笑着向前走去。

重耳一班人流亡来到齐国。那时齐桓公还在,待他挺客气,送给重耳不少车马和房子,还把本族一个姑娘嫁给重耳。

重耳觉得留在齐国挺不错,可是跟随的人都想回晋国。

随从们背着重耳,聚集在桑树林里商量回国的事。没想到桑树林里有一个女奴在采桑叶,把他们的话偷听了去,告诉重耳的妻子姜氏。姜氏对重耳说:"听说你们要想回晋国去,这很好哇!"

重耳赶快辩白,说:"没有那回事。"

姜氏一再劝他回国,说:"您在这儿贪图享乐,是没有出息的。"可重耳总是不愿意走。当天晚上,姜氏和重耳的随从们商量好,把重耳灌醉了,放在车里,送出齐国,等重耳醒来,已离开齐国很远了。

以后,重耳又到了宋国。宋襄公正在害病,他手下的臣子对狐偃说:"宋襄公是非常器重公子的。但是我们实在没有力量发兵送他回去。"

狐偃说:"这我们全明白,我们就不再打扰你们了。"

离开宋国,又到了楚国。楚成王把重耳当做贵宾,还用招待诸侯的礼节招待他。楚成王对待重耳好,重耳也对成王十分尊敬。两个人就这样交上了朋友。

有一次,楚成王在宴请重耳的时候,开玩笑地说:"公子要是回到晋国,将来怎样报答我呢?"

重耳说:"金银财宝贵国有的是,叫我拿什么东西来报答大王的恩德呢?"

楚成王笑着说:"这么说,难道就不报答了吗?"

重耳说:"要是托大王的福,我能够回到晋国,我愿意跟贵国交好,让两国的百姓过太平的日子。万一两国发生战争,在两军相遇的时候，我一定退避三舍。"（古时候行军，每三十里叫做一"舍"。"退避三舍"就是自动撤退九十里的意思。）

楚成王听了并不在意，却惹恼了旁边的楚国大将成得臣。等宴会结束，重耳离开后，成得臣对楚成王说："重耳说话没有分寸，将来准是个忘恩负义的家伙。还不如趁早杀了他，免得以后吃他的亏。"

楚成王不同意成得臣的意见，正好秦穆公派人来接重耳，就把重耳送到秦国（都城雍，在今陕西凤翔东南）去了。

原来秦穆公曾经帮助重耳的异母兄弟夷吾当了晋国国君。没想到夷吾做了晋国国君以后，反倒跟秦国作对，还发生了战争。夷吾一死，他儿子又同秦国不和。秦穆公才决定帮助重耳回国。

公元前636年，秦国护送重耳的大军过了黄河，流亡了十九年的重耳回国即位。这就是晋文公。

## 晋文公退避三舍

晋文公即位以后，整顿内政，发展生产，把晋国治理得渐渐强盛起来。他也想能像齐桓公那样，做个中原的霸主。

这时候，正好周朝的天子周襄王派人来讨救兵。周襄王有个异母兄弟叫太叔带，联合了一些大臣，向狄国借兵，夺了王位。周襄王带着几十个随从逃到郑国。他发出命令，要求各国诸侯护送他回洛邑去。列国诸侯有派人去慰问天子的，也有送食物去的，可就是没有人愿意发兵打狄人。

有人对周襄王说："现在诸侯当中，只有秦、晋两国有力量打退狄人，别人恐怕不中用。"襄王才打发使者去请晋文公护送他回朝。

晋文公马上发兵往东打过去，把狄人打败，又杀了太叔带和他那一帮人，护送天子回到京城。

过了两年，又有宋襄公的儿子宋成公来讨救兵，说楚国派大将成得臣率领楚、陈、蔡、郑、许五国兵马攻打宋国。大臣们都说："楚国老是欺负中原诸侯，主公要扶助有困难的国家，建立霸业，这可是时候啦。"

晋文公早就看出，要当上中原霸主，就得打败楚国。他就扩充队伍，建立了三个军，浩浩荡荡去救宋国。

公元前 632 年，晋军打下了归附楚国的两个小国——曹国和卫国，把两国国君都俘虏了。

楚成王本来并不想同晋文公交战，听到晋国出兵，立刻派人下命令叫成得臣退兵。可是成得臣以为宋国迟早可以拿下来，不肯半途而废。他派部将去对楚成王说："我虽然不敢说一定打胜仗，也要拼一个死活。"

楚成王很不痛快，只派了少量兵力归成得臣指挥。

成得臣先派人通知晋军，要他们释放卫、曹两国国君。晋文公却暗地通知这两国国君，答应恢复他们的君位，但是要他们先跟楚国断交。曹、卫两国真的按晋文公的意思办了。

成得臣本想救这两个国家，不料他们倒先来跟楚国绝交。这一来，真气得他双脚直跳。他嚷着说："这分明是重耳这个老贼逼他们做的。"他立即下令，催动全军赶到晋军驻扎的地方去。

楚军一进军，晋文公立刻命令往后撤。晋军中有些将士可想不开啦，说："我们的统帅是国君，对方带兵的是臣子，哪有国君让臣子的理儿？"

狐偃解释说："打仗先要凭个理，理直气就壮。当初楚王曾经帮助过主公，主公在楚王面前答应过：要是两国交战，晋国情愿退避三舍。今天后撤，就是为了实现这个诺言啊。要是我们对楚国失了信，那么我们就理亏了。我们退了兵，如果他们还不罢休，步步进逼，那就是他们输了理，我们再跟他们交手还不迟。"

晋军一口气后撤了九十里，到了城濮（今山东鄄城西南），才停下来，布置好了阵势。楚国有些将军见晋军后撤，想停止进攻。可是成得臣却不答应，一步盯一步地追到城濮，跟晋军遥遥相对。

成得臣还派人向晋文公下战书，措词十分傲慢。晋文公也派人回答说："贵国的恩惠，我们从来都不敢忘记，所以退让到这儿。现在既然你们不肯谅解，那末只好在战场上比个高低啦。"

大战展开了。才一交手，晋国的将军用两面大旗，指挥军队向后败退。他们还在战车后面拖着伐下的树枝，战车后退时，地下扬起一阵阵的尘土，显出十分慌乱的模样。

成得臣一向骄傲自大，不把晋人放在眼里。他不顾前后地直追上去，正中了晋军的埋伏。晋军的中军精锐，猛冲过来，把成得臣的军队拦腰切断。原来假装败退的晋军又回过头来，前后夹击，把楚军杀得七零八落。

晋文公连忙下令，吩咐将士们只要把楚军赶跑就是了，不再追杀。成得臣带了败兵残将回到半路上，自己觉得没法向楚成王交代，就自杀了。

晋军占领了楚国营地。把楚军遗弃下来的粮食吃了三天，才凯旋回国。

晋国打败楚国的消息传到周都洛邑，周襄王和大臣都认为晋文公立了大功。周襄王还亲自到践土（今河南原阳西南，践音 jiàn）慰劳晋军。晋文公趁此机会，在践土给天子造了一座新宫，还约了各国诸侯开个大会，订立盟约。这样，晋文公就当上了中原的霸主。


## 弦高智退秦军


晋文公打败了楚国，会合诸侯，连一向归附楚国的陈、蔡、郑三国的国君也都来了。郑国虽然跟晋国订了盟约，但是因为害怕楚国，暗地里又跟楚国结了盟。

晋文公知道这件事，打算再一次会合诸侯去征伐郑国。大臣们说："会合诸侯已经好几次了。咱们本国兵马已足够对付郑国，何必去麻烦人家呢？"

晋文公说："也好，不过秦国跟我们约定，有事一起出兵，可不能不去请他。"

秦穆公正想向东扩张势力，就亲自带着兵马到了郑国。晋国的兵马驻扎在西边，秦国的兵驻扎在东边，声势十分浩大。郑国的国君慌了神，派了个能说会道的烛之武去劝说秦穆公退兵。

烛之武对秦穆公说："秦晋两国一起攻打郑国，郑国准得亡国了。但是郑国和秦国相隔很远，郑国一亡，土地全归了晋国，晋国的势力就更大了。它今天在东边灭了郑国，明天也可能向西侵犯秦国，对您有什么好处呢？再说，要是秦国和我们讲和，以后你们有什么使者来往，经过郑国，我们还可以当个东道主接待使者，对您也没有坏处。您瞧着办吧。"

秦穆公考虑到自己的利害关系，答应跟郑国单独讲和，还派了三个将军带了两千人马，替郑国守卫北门，自己带领其余的兵马回国了。

晋国人一瞧秦军走了，都很生气。有的主张追上去打一阵子，有的说把留在北门外的两千秦兵消灭掉。

晋文公说："我要是没有秦君的帮助，怎么能回国呢？"他不同意攻打秦军，却想办法把郑国拉到晋国一边，订了盟约，撤兵回去了。

留在郑国的三个秦国将军听到郑国又投靠了晋国，气得吹胡子瞪眼睛，连忙派人向秦穆公报告，要求再讨伐郑国。秦穆公得到消息，虽然很不痛快，但是他不愿跟晋文公扯破脸，只好暂时忍着。

过了两年，也就是公元前628年，晋文公病死，他的儿子襄公即位。有人再一次劝说秦穆公讨伐郑国。他们说："晋国国君重耳刚死去，还没举行丧礼。趁这个机会攻打郑国，晋国决不会插手。"

留在郑国的将军也送信给秦穆公说："郑国北门的防守掌握在我们手里，要是秘密派兵来偷袭，保管成功。"

秦穆公召集大臣们商量怎样攻打郑国。两个经验丰富的老臣蹇叔（蹇音jiǎn）和百里奚都反对。蹇叔说："调动大军想偷袭这么远的国家，我们赶得精疲力乏，对方早就有了准备，怎么能够取胜；而且行军路线这样长，还能瞒得了谁？"

秦穆公不听，派百里奚的儿子孟明视为大将，蹇叔的两个儿子西乞术、白乙丙为副将，率领三百辆兵车，偷偷地去打郑国。

第二年二月，秦国的大军进入滑国地界（在今河南省）。忽然有人拦住去路，说是郑国派来的使臣，求见秦国主将。

孟明视大吃一惊，亲自接见那个自称使臣的人，并问他前来干什么。

那"使臣"说："我叫弦高。我们的国君听到三位将军要到郑国来，特地派我送上一份微薄的礼物，慰劳贵军将士，表示我们一点心意。"接着，他献上四张熟牛皮和十二头肥牛。

孟明视原来打算在郑国毫无准备的时候，进行突然袭击。现在郑国使臣老远地跑来犒劳军队，这说明郑国早已有了准备，要偷袭就不可能了。

他收下了弦高送给他们的礼物，对弦高说："我们并不是到贵国去的，你们何必这么费心。你就回去吧。"

弦高走了以后，孟明视对他手下的将军说："郑国有了准备，偷袭没有成功的希望。我们还是回国吧。"说罢，就灭掉滑国，回国了。

其实，孟明视上了弦高的当。弦高是个牛贩子。他赶了牛到洛邑去做买卖，正好碰到秦军。他看出了秦军的来意，要向郑国报告已经来不及。他急中生智，冒充郑国使臣骗了孟明视，一面派人连夜赶回郑国向国君报告。

郑国的国君接到弦高的信，急忙叫人到北门去观察秦军的动静。果然发现秦军把刀枪磨擦得雪亮，马匹喂得饱饱的，正在作打仗的准备。他就不客气地向秦国的三个将军下了逐客令，说："各位在郑国住得太久，我们实在供应不起。听说你们就要离开，就请便吧。"

三个将军知道已经泄露了机密，眼看呆不下去，只好连夜把人马带走。

## 崤山大战

秦国的大军想偷袭郑国，晋国那边早就得到情报。晋国的大将先轸认为这是打击秦国的好机会，劝说新即位的晋襄公在崤山（今河南洛宁县北，崤音 yáo）地方拦击。

晋襄公亲自率领大军开到崤山。崤山本是形势十分险要的地方，晋军在那里布下了天罗地网，只等秦军到来。孟明视他们一进崤山，就中了埋伏，被晋军团团围住，进退两难。秦国的士卒死的死，降的降。孟明视、西乞术、白乙丙三员大将全都被活捉了。

晋襄公得胜回朝。他的母亲文嬴（音 yíng）原是秦国人，不愿同秦国结仇，对襄公说："秦国和晋国原是亲戚，一向彼此帮助。孟明视这帮武人为了自己要争功，闹得两国伤了和气。要是把这三个人杀了，恐怕两国的冤仇越结越深，不如把他们放了，让秦君自己去惩办他们。"

晋襄公听母亲说得有道理，就把孟明视等三个俘虏释放了。

大将先轸一听让孟明视跑了，立刻去见晋襄公，说："将士们拼死拼活，好容易把他们捉住，怎么轻易把他们放走呢？"

一面说，一面气得向地上吐唾沫。

晋襄公听了，也感到后悔，立刻派将军阳处父带领一队人马飞快地追上去。

孟明视三人被释放之后，使劲地逃跑。到了黄河边，发现后面已经有晋兵追上来。在这紧急的关头，幸好有一只小船停在河边，他们就跳了下去。

等阳处父赶到，船已经离了岸。阳处父在岸边大声喊叫："请你们回来！我们主公忘了给你们准备车马，特地叫我赶来送几匹好马，请你们收下！"

孟明视哪里肯上这个当。他站在船头上行了礼，说："承蒙晋君宽恕了我们，已经万分感激，哪里还敢再收受礼物。要是我们回去还能保全性命，那末，过了三年，再来报答贵国吧。"

阳处父还想说什么，那只小船哗啦哗啦地，已经越划越远了。

阳处父回去向晋襄公回报了孟明视的话，晋襄公懊悔不及，但也无可奈何了。

孟明视等三个人回到秦国。秦穆公听到全军覆没，穿了素服，亲自到城外去迎接他们。

孟明视三个人跪在地上请罪。秦穆公说："这是我的不是，没有听你们父亲的劝告，害得你们打了败仗，哪儿能怪你们呢？再说，我也不能因为一个人犯了一点小过失，就抹杀他的大功啊。"

三个人感激得直淌眼泪，打这以后，他们认真操练兵马，一心一意要为秦国报仇。

公元前625年，孟明视要求秦穆公发兵去报崤山的仇，秦穆公答应了。孟明视等三员大将率领四百辆兵车打到晋国。没想到晋襄公早有防备，孟明视又打了败仗。

秦穆公仍旧没有办他的罪，但孟明视实在过意不去，好像对国家欠下一笔债。他把自己的财产和俸禄全拿出来，送给在战争中死亡将士的家属。他跟兵士一块儿过苦日子。兵士吃粗粮，他也吃粗粮：兵士啃菜根，他也啃菜根，天天苦练兵马，一心要报仇雪耻。

这年冬天，晋国联合了宋、陈、郑三国打到秦国的边界上来了。孟明视嘱咐将士守住城，不准随便跟晋国人交战，结果又让晋国夺去了两座城。

这一来，秦国就有人说孟明视的坏话，说他不该这么胆小。附近的小国和西戎瞧着秦国一连打了三个败仗，纷纷脱离秦国，不受管了。

公元前 624 年，也就是崤山交战以后第三年的夏天。孟明视作好一切准备，挑选了国内精兵，出发了五百辆兵车。秦穆公拿出大量的粮食和财帛，把将士的家属安顿好。将士的斗志旺盛，整装出发。

大军渡黄河的时候，孟明视对将士说："咱们这回出来，可是有进没退，我想把船烧了，大家看怎么样？"大伙说："烧吧！打胜了还怕没有船吗？打败了，也别回来了。"

孟明视的兵士们憋了几年的气闷和仇恨，全在这时候迸发出来。没有几天工夫，就一举夺回了上次丢了的两个城，接着又攻下晋国的几座大城。

晋国这才感到秦国攻势的厉害，上上下下都着了慌。晋襄公跟大臣商量以后，下了命令：只许守城，不许跟秦国人开战。秦国的大军在晋国的地面上来回挑战，没有一个晋国人敢出来。

有人对秦穆公说："晋国已经认输了。他们不敢出来交战。主公不如埋了崤山的尸骨回去，也可以洗刷以前的耻辱了。"

秦穆公就率领大军到崤山，把三年前作战死亡将士留下的尸骨收拾起来，埋在山坡里。秦穆公带领孟明视等将士，祭奠了一番，才班师回国。

西部小国和西戎部落，一听到秦国打败了中原的霸主晋国，争先恐后地向秦国进贡。秦国从此就做了西戎的霸主。

## 一鸣惊人的楚庄王

秦国打败晋国以后，一连十几年两国没有发生战事。可是南方的楚国却一天比一天强大，一心要跟中原的霸主晋国争夺地位。

公元前613年，楚成王的孙子楚庄王新即位，做了国君。晋国趁这个机会，把几个一向归附楚国的国家又拉了过去，订立盟约。楚国的大臣们很不服气，都向楚庄王提出要他出兵争霸权。

无奈楚庄王不听那一套，白天打猎，晚上喝酒，听音乐，什么国家大事，全不放在心上，就这样窝窝囊囊地过了三年。他知道大臣们对他的作为很不满意，还下了一道命令：谁要是敢劝谏，就判谁的死罪。

有个名叫伍举的大臣，实在看不过去，决心去见楚庄王。楚庄王正在那里寻欢作乐，听到伍举要见他，就把伍举召到面前，问："你来干什么？"

伍举说："有人让我猜个谜儿，我猜不着。大王是个聪明人，请您猜猜吧。"

楚庄王听说要他猜谜儿，觉得怪有意思，就笑着说："你说出来听听。"

伍举说："楚国山上，有一只大鸟，身披五彩，样子挺神气。可是一停三年，不飞也不叫，这是什么鸟？"

楚庄王心里明白伍举说的是谁。他说："这可不是普通的鸟。这种鸟，不飞则已，一飞将要冲天；不鸣则已，一鸣将要惊人。你去吧，我已经明白了。"

过了一段时期，另一个大臣苏从看看楚庄王没有动静，又去劝说楚庄王。

楚庄王问他："你难道不知道我下的禁令吗？"

苏从说："我知道。只要大王能够听我的意见，我就是触犯了禁令，被判了死罪，也是心甘情愿的。"

楚庄王高兴地说："你们都是真心为了国家好，我哪会不明白呢？"

打这以后，楚庄王决心改革政治，把一批奉承拍马的人撤了职，把敢于进谏的伍举、苏从提拔起来，帮助他处理国家大事；一面制造武器，操练兵马。当年，就收服了南方许多部落。第六年，打败了宋国。第八年，又打败了陆浑（在今河南嵩县东北）的戎族，一直打到周都洛邑附近。

为了显示楚国的兵威，楚庄王在洛邑的郊外举行一次大检阅。

这一来，可把那个挂名的周天子吓坏了。他派一个大臣王孙满到郊外去慰劳楚军。楚庄王和王孙满交谈的时候，楚庄王问起周王宫里藏着的九鼎大小轻重怎么样。九鼎是象征周王室权威的礼器。楚庄王问起九鼎，就是表示他有夺取周天子权力的野心。

王孙满是个善于应付的人。他劝说楚庄王：国家的强盛，主要靠德行服人，不必去打听鼎的轻重。楚庄王自己知道当时还没有灭掉周朝的条件，也就带兵回国了。

以后，楚庄王又请了一位楚国有名的隐士孙叔敖当令尹（楚国的国相）。孙叔敖当了令尹以后，开垦荒地，挖掘河道，奖励生产。为了免除水灾旱灾，他还组织楚国人开辟河道，能灌溉成百万亩庄稼，每年多打了不少粮食。没几年工夫，楚国更加强大起来，先后平定了郑国和陈国的两次内乱，终于和中原霸主晋国冲突起来。

公元前597年，楚庄王率领大军攻打郑国，晋国派兵救郑。在邲地（今河南郑州市东）和楚国发生了一次大战。晋国从来没有打过这么惨的败仗，人马死了一半，另一半逃到黄河边。船少人多，兵士争着渡河，许多人被挤到水里去了。掉到水里的人往船上爬，船上的兵士怕翻船，拿刀把往船上爬的兵士手指头都砍了下来。

有人劝楚庄王追上去，把晋军赶尽杀绝。楚庄王说："楚国自从城濮失败以来，一直抬不起头来。这回打了这么大的胜仗，总算洗刷了以前的耻辱，何必多杀人呢？"

说着，立即下令收兵，让晋国的残兵逃了回去。

打那以后，这个一鸣惊人的楚庄王就成了霸主。

从齐桓公、晋文公、宋襄公、秦穆公到楚庄王，前前后后总共五个霸主。历史上通常称他们是"春秋五霸"。


## 伍子胥过昭关

在诸侯大国争夺霸权的斗争中，大国兼并小国，扩张了土地。可是大国的诸侯不得不把新得到的土地分封给立了功的大夫。大夫的势力大了起来。他们之间也经常发生斗争。大国国内的矛盾尖锐起来，都想把争夺霸权的战争暂时停止下来。

为了这个缘故，宋国大夫向戍（音 shù）在晋、楚两国之间奔走，做调停人。

公元前546年，晋楚两国和其他几个国家，在宋国举行了"弭兵会议"（弭音 mǐ，弭兵就是停止战争）。在这次会议上，晋国的大夫和楚国的大夫代表南北两个集团讲了和，订了盟约。规定除齐、秦两个大国外，各小国都要向晋、楚两国同样朝贡。晋楚两国平分霸权，以后五十多年里，没发生大的战争。

到楚庄王的孙子楚平王即位之后，楚国渐渐衰落了。公元前522年，楚平王要把原来的太子建废掉。这时候，太子建和他的老师伍奢正在城父（在河南襄城西）镇守。楚平王怕伍奢不同意，先把伍奢叫来，诬说太子建正在谋反。

伍奢说什么也不承认，立刻被关进监狱。

楚平王一面派人去杀太子建，一面又逼伍奢写信给他的两个儿子伍尚和伍子胥，叫他们回来，以便一起除掉。大儿子伍尚回到郢都（今湖北江陵西北，郢音 yǐng），就跟父亲伍奢一起，被楚平王杀害。太子建事先得到风声，带着儿子公子胜逃到宋国去了。

伍奢的另一个儿子伍子胥，也从楚国逃出来，他赶到宋国，找到了太子建。不巧宋国发生内乱，伍子胥又带着太子建、公子胜逃到郑国，想请郑国帮他们报仇。可是郑国国君郑定公没有同意。

太子建报仇心切，竟勾结郑国的一些大臣想夺郑定公的权，被郑定公杀了。伍子胥只好带着公子胜逃出郑国，投奔吴国（都城在今江苏苏州）。

楚平王早就下令悬赏捉拿伍子胥，叫人画了伍子胥的像，挂在楚国各地的城门口，嘱咐各地官吏盘查。

伍子胥带着公子胜逃出郑国后，白天躲藏，晚上赶路，来到吴楚两国交界的昭关（在今安徽含山县北）。关上的官吏盘查得很紧。传说伍子胥一连几夜愁得睡不着觉，连头发也愁白了。幸亏他们遇到了一个好心人东皋公，同情伍子胥，把他接到自己家里。东皋公有个朋友，模样有点像伍子胥。东皋公让他冒充伍子胥过关。守关的逮住了这个假伍子胥，而那个真伍子胥因为头发全白，面貌变了，守关的认不出来，就被他混出关去。

伍子胥出了昭关，害怕后面有追兵，急忙往前跑。前面是一条大江拦住去路。伍子胥正在着急，江上有个打渔的老头儿划着一只小船过来，把伍子胥渡过江去。

过了大江，伍子胥感激万分，摘下身边的宝剑，交给老渔人，说："这把宝剑是楚王赐给我祖父的，值一百两金子。现在送给你，好歹表表我的心意。"

老渔人说："楚王为了追捕你，出了五万石粮食的赏金，还答应封告发人大夫爵位。我不贪图这个赏金、爵位，难道会要你这宝剑吗？"

伍子胥连忙向老渔人赔礼，收了宝剑，辞别老渔人走了。

伍子胥到了吴国，吴国的公子光正想夺取王位。在伍子胥帮助下，公子光杀了吴王僚（音liáo），自立为王。这就是吴王阖闾（音hé lú）。

吴王阖闾即位之后，封伍子胥为大夫，帮助他处理国家大事；又用了一位将军孙武，是个善于用兵的大军事家。吴王依靠伍子胥和孙武这两个人，整顿兵马，先兼并了临近几个小国。

公元前506年，吴王阖闾拜孙武为大将，伍子胥为副将，亲自率领大军，向楚国进攻，连战连胜，把楚国的军队打得一败涂地，一直打到郢都。

那时，楚平王已经死去，他的儿子楚昭王也逃走了。伍子胥恨透了楚平王，刨了他的坟，还把平王的尸首挖出来狠狠鞭打了一顿。

吴军占领了郢都。楚国人申包胥逃到秦国，向秦国求救。秦哀公没同意出兵。申包胥在秦国宫门外赖着不走，日日夜夜痛哭，竟哭了七天七夜。秦哀公终于被感动了，说："楚国虽然暴虐无道，但是有这样好的臣子，怎能眼看他们亡国！"

秦哀公派兵救楚国，击败了吴军，吴王阖闾才撤兵回国。

吴王阖闾回到吴国都城，把第一大功归给孙武。孙武不愿意做官，回乡隐居去了。他留下的一部《孙子兵法》，是我国最早的杰出的军事著作。

## 孔子周游列国

吴王阖闾在伍子胥、孙武的帮助下，大败楚国，声势很大，连中原一些大国都受到威胁，首先受到威胁的是齐国。齐国自从齐桓公死后，国内一直很不安定。后来到齐景公当了国君，用了一位有才能的大臣晏婴当相国，刷新朝政，齐国又开始兴盛起来。

公元前 500 年，齐景公和晏婴想拉拢邻国鲁国和中原诸侯，把齐桓公当年的事业重新干一下，就写信给鲁定公，约他在齐鲁交界的夹谷地方开个会。

那时候，诸侯开会，都得有个大臣当助手，称做"相礼"。鲁定公决定让鲁国的司寇（管司法的长官）孔子担任这件事。

孔子名叫孔丘，是鲁国陬邑（今山东曲阜东南，陬音 zōu）人。他父亲是个地位不高的武官。孔子三岁时就死了父亲，靠他母亲带着他搬到曲阜住下来，把他抚养成人。据说他从小很爱学礼节，没有事儿，就摆上小盆小盘什么的，学着大人祭天祭祖的样子。

孔子年轻时候，读书很用功。他十分崇拜周朝初年那位制礼作乐的周公，对古礼特别熟悉。当时读书人应当学的"六艺"，也就是礼节、音乐、射箭、驾车、书写、计算，他都比较精通。他办事认真。开头他当过管理仓库的小吏，物资从来没有缺少；后来又当管理牧业的小吏，牛羊就繁殖得很多。没到三十岁，名声就渐渐大了起来。

有些人愿意拜他做老师，他就索性办了个私塾，收起学生来。鲁国的大夫孟僖子（僖音 xī）临死时，嘱咐他的两个儿子孟懿子和南宫敬叔到孔子那儿去学礼。靠南宫敬叔的推荐，鲁昭公还让孔子到周朝的都城洛邑去考察周朝的礼乐。

孔子三十五岁那年，鲁昭公被鲁国掌权的三家大夫——季孙氏、孟孙氏、叔孙氏轰走了。孔子就到齐国去，求见齐景公，跟齐景公谈了他的政治主张。齐景公待他很客气，还想用他。但是相国晏婴认为孔子的主张不切实际，结果齐景公没用他。孔子再回到鲁国，仍旧教他的书。跟随孔子学习的学生越来越多。

到了公元前501年，鲁定公派孔子做中都（今山东汶上县）宰，第二年，做了司空（管理工程的长官），又从司空调做了司寇。

这一回，鲁定公把准备到夹谷跟齐国会盟的事告诉了孔子，孔子说："齐国屡次侵犯我边境，这次约我们会盟，我们也得有兵马防备着。希望把左右司马都带去。"

鲁定公同意孔子的主张，又派了两员大将带了一些人马，随同他上夹谷去。

在夹谷会议上，由于孔子的相礼，鲁国取得了外交上的胜利。会后，齐景公决定把从鲁国侵占过来的汶阳（今山东泰安西南）地方的三处土地还给了鲁国。

齐国的大夫黎钼认为孔子留在鲁国做官对齐国不利，劝齐景公给鲁定公送一班女乐去。齐景公同意了，就挑选了八十名歌女送到鲁国去。

鲁定公接受了这班女乐，天天吃喝玩乐，不管国家政事。孔子想劝说他，他躲着孔子。

这件事使孔子感到很失望。孔子的学生说："鲁君不办正事，咱们走吧！"

打那以后，孔子离开鲁国，带着一批学生周游列国，希望找个机会实行他的政治主张。可是，那个时候，大国都忙于争霸的战争，小国都面临着被并吞的危险，整个社会正在发生变革。孔子宣传的一套恢复周朝初年礼乐制度的主张，当然没有人接受。

他先后到过卫国、曹国、宋国、郑国、陈国、蔡国、楚国。这些国家的国君都没有用他。

有一回，孔子在陈、蔡一带，楚昭王打发人请他。陈、蔡的大夫怕孔子到了楚国，对他们不利，发兵在半路上把孔子截住。孔子被围困在那里，断了粮，几天都没吃上饭。后来，楚国派了兵来，才给他解了围。

孔子在列国奔波了七八年，碰了许多钉子，年纪也老了。末了，他还是回到鲁国，把精力放到整理古代文化典籍和教育学生上面。

孔子在晚年还整理了几种重要的古代文化典籍，像《诗经》、《尚书》、《春秋》等。

《诗经》是我国最早的一部诗歌总集，共收集西周、春秋时期的诗歌三百零五篇，其中有不少是反映古代社会生活的民间歌谣，它在我国文学史上占有很重要的地位。《尚书》是一部我国上古历史文献的汇编。《春秋》是根据鲁国史料编成的一部历史书，它记载着公元前 722 年到前 481 年的大事。

公元前 479 年，孔子去世。他死后，他的弟子继续传授他的学说，形成了一个儒家学派，孔子成了儒家学派的创始人。孔子的学术思想在后世影响很大，他被公认为我国古代第一位大思想家、大教育家。


## 句践卧薪尝胆

吴王阖闾打败楚国，成了南方霸主。吴国跟附近的越国（都城在今浙江绍兴）素来不和。公元前 496 年，越国国王句践即位。吴王趁越国刚刚遭到丧事，就发兵打越国。吴越两国在槜李（今浙江嘉兴西南，槜音 zuì）地方，发生一场大战。

吴王阖闾满以为可以打赢，没想到打了个败仗，自己又中箭受了重伤，再加上上了年纪，回到吴国，就咽了气。

吴王阖闾死后，儿子夫差即位。阖闾临死时对夫差说："不要忘记报越国的仇。"

夫差记住这个嘱咐，叫人经常提醒他。他经过宫门，手下的人就扯开了嗓子喊："夫差！你忘了越王杀你父亲的仇吗？"

夫差流着眼泪说："不，不敢忘。"

他叫伍子胥和另一个大臣伯嚭（音 pǐ）操练兵马，准备攻打越国。

过了两年，吴王夫差亲自率领大军去打越国。越国有两个很能干的大夫，一个叫文种，一个叫范蠡（音 lí）。范蠡对句践说："吴国练兵快三年了。这回决心报仇，来势凶猛。咱们不如守住城，不要跟他们作战。"

句践不同意，也发大军去跟吴国人拼个死活。两国的军队在大湖一带打上了。越军果然大败。

越王句践带了五千个残兵败将逃到会稽，被吴军围困起来。

句践弄得一点办法都没有了。他跟范蠡说："懊悔没有听你的话，弄到这步田地。现在该怎么办？"

范蠡说："咱们赶快去求和吧。"

句践派文种到吴王营里去求和。文种在夫差面前把句践愿意投降的意思说了一遍。吴王夫差想同意，可是伍子胥坚决反对。

文种回去后，打听到吴国的伯嚭是个贪财好色的小人，就把一批美女和珍宝，私下送给伯嚭，请伯嚭在夫差面前讲好话。

经过伯嚭在夫差面前一番劝说，吴王夫差不顾伍子胥的反对，答应了越国的求和，但是要句践亲自到吴国去。

文种回去向句践报告了。句践把国家大事托付给文种，自己带着夫人和范蠡到吴国去。

句践到了吴国，夫差让他们夫妇俩住在阖闾的大坟旁边一间石屋里,叫句践给他喂马。范蠡跟着做奴仆的工作。夫差每次坐车出去,句践就给他拉马,这样过了两年,夫差认为句践真心归顺了他,就放句践回国。

句践回到越国后,立志报仇雪耻。他唯恐眼前的安逸消磨了志气,在吃饭的地方挂上一个苦胆,每逢吃饭的时候,就先尝一尝苦味,还自己问:"你忘了会稽的耻辱吗?"他还把席子撤去,用柴草当作褥子。这就是后来人传颂的"卧薪尝胆"。

句践决定要使越国富强起来,他亲自参加耕种,叫他的夫人自己织布,来鼓励生产。因为越国遭到亡国的灾难,人口大大减少,他订出奖励生育的制度。他叫文种管理国家大事,叫范蠡训练人马,自己虚心听从别人的意见,救济贫苦的百姓。全国的老百姓都巴不得多加一把劲,好叫这个受欺压的国家改变成为强国。

## 范蠡和文种

越王句践整顿内政,努力生产,使国力渐渐强盛起来,他就和范蠡、文种两个大臣经常商议怎样讨伐吴国的事。

这时候,吴王夫差因为当上了霸主,骄傲起来,一味贪图享乐。文种劝说句践向吴王进贡美女。越王句践派人专门物色最美的女子。结果在苎罗山(在今浙江诸暨南)上找到一个美人,名叫西施。句践就派范蠡把西施献给夫差。

夫差一见西施,果然容貌出众,把她当作下凡的仙女,宠爱得不得了。

有一回,越国派文种去跟吴王说:越国年成不好,闹了饥荒,向吴国借一万石粮,过了年归还。夫差看在西施的面上,当然答应了。

转过年来，越国年成丰收。文种把一万石粮亲自送还吴国。

夫差见越国十分守信用，更加高兴。他把越国的粮食拿来一看，粒粒饱满，就对伯嚭说："越国的粮食颗粒比我们大，就把这一万石卖给老百姓做种子吧。"

伯嚭把这些粮食分给农民，命令大家去种。到了春天，种子下去了，等了十几天，还没有抽芽。大家想，好种子也许出得慢一点，就耐心地等着。没想到，过不了几天，那撒下去的种子全烂了，他们想再撒自己的种子，已经误了下种的时候。

这一年，吴国闹了大饥荒，吴国的百姓全恨夫差。他们哪里想到，这是文种的计策。那还给吴国的一万石粮，原来是经过蒸熟了又晒干的粮食，怎么还能抽芽呢？

句践听到吴国闹饥荒，就想趁机会发兵。

文种说："还早着呢。一来，吴国刚闹荒，国内并不空虚；二来，还有个伍子胥在，不好办。"

句践听了，觉得文种的话有道理，就继续操练兵马，扩大军队。

公元前484年，吴王夫差要去打齐国。伍子胥急忙去见夫差，说："我听说句践卧薪尝胆，跟百姓同甘共苦，看样子一定要想报吴国的仇。不除掉他，总是个后患。希望大王先去灭了越国。"

吴王夫差哪里肯听伍子胥的话，照样带兵攻打齐国，结果打了胜仗回来。文武百官全都道贺，只有伍子胥反倒批评说："打败齐国，只是占点小便宜；越国来灭吴国，才是大祸患。"

这样一来，夫差越来越讨厌伍子胥，再加上伯嚭在背后尽说伍子胥坏话。夫差给伍子胥送去一口宝剑，逼他自杀。伍子胥临死的时候，气愤地对使者说："把我的眼珠挖去，放在吴国东门，让我看看句践是怎样打进来的。"

夫差杀了伍子胥，任命伯嚭做了太宰。

公元前482年，吴王夫差约会鲁哀公、晋定公等在黄池（今河南封丘县西南）会盟，把精兵都带走了，只留了一些老弱残兵。

等夫差从黄池得意洋洋地回来，越王句践已经率领大军攻进了吴国国都姑苏。吴国士兵远道回来，已经够累了，加上越军都是经过多年训练的，士气旺盛。两下一交手，吴军被打得大败。

夫差没奈何，只好派伯嚭去向句践求和。句践和范蠡一商量，决定暂时答应讲和，退兵回去。

公元前475年，越王句践作好了充分准备，大规模地进攻吴国，吴国接连打了败仗。越军把吴都包围了两年，夫差被逼得走投无路，说："我没有面目见伍子胥了。"说着，就用衣服遮住自己的脸，自杀了。

越王句践灭了吴国，坐在夫差原来坐的朝堂里。范蠡、文种和别的官员都来朝见他。吴国的太宰伯嚭也站在那里等着受封，他认为自己帮了句践不少忙呢。

句践对伯嚭说："你是吴国的大臣，我不敢收你做臣子，你还是去陪伴你的国君吧。"

伯嚭垂头丧气地退了出去。句践派人追上去，把他杀了。

句践灭了吴国，又带着大军渡过淮河，在徐州约会中原诸侯。周天子也派使臣送祭肉给句践。打这以后，越国的兵马横行在江淮一带，诸侯都承认他是霸主。

句践得胜回国，开了个庆功大会，大赏功臣，可就少了个范蠡。传说他带着西施，隐姓埋名跑到别国去了。

范蠡走前，留给文种一封信，说，"飞鸟打光了，好的弓箭该收藏起来；兔子打完了，就轮到把猎狗烧来吃了。越王这个人，可以跟他共患难，不可以共安乐，您还是赶快走吧。"

文种不信。有一天，句践派人给他送来一口剑。文种一看，正是当年夫差叫伍子胥自杀的那口宝剑。文种后悔没听范蠡的话，只好自杀了。

吴越争霸已经是春秋时期的一个尾声。随着社会生产力的发展和奴隶起义的不断爆发，奴隶社会渐渐瓦解，到了公元前475年，进入战国时期。我国的封建社会是从那个时候算起的。

## 墨子破云梯

在战国初年的时候，楚国的国君楚惠王想重新恢复楚国的霸权。他扩大军队，要去攻打宋国。

楚惠王重用了一个当时最有本领的工匠。他是鲁国人，名叫公输般，也就是后来人们称为鲁班的。公输般使用斧子不用说是最灵巧的了，谁要想跟他比一比使用斧子的本领，那就是不自量力。所以后来有个成语，叫做"班门弄斧"。

公输般被楚惠王请了去，当了楚国的大夫。他替楚王设计了一种攻城的工具，比楼车还要高，看起来简直是高得可以碰到云端似的，所以叫做云梯。

楚惠王一面叫公输般赶紧制造云梯，一面准备向宋国进攻。楚国制造云梯的消息一传扬出去，列国诸侯都有点担心。

特别是宋国，听到楚国要来进攻，更加觉得大祸临头。

楚国想进攻宋国的事，也引起了一些人的反对。反对得最厉害的是墨子。

墨子，名翟（音dí），是墨家学派的创始人，他反对铺张浪费，主张节约；他要他的门徒穿短衣草鞋，参加劳动，以吃苦为高尚的事。如果不刻苦，就是算违背他的主张。

墨子还反对那种为了争城夺地而使百姓遭到灾难的混战。这回他听到楚国要利用云梯去侵略宋国，就急急忙忙地亲自跑到楚国去，跑得脚底起了泡，出了血，他就把自己的衣服撕下一块裹着脚走。

这样奔走了十天十夜，到了楚国的都城郢都。他先去见公输般，劝他不要帮助楚惠王攻打宋国。

公输般说："不行呀，我已经答应楚王了。"

墨子就要求公输般带他去见楚惠王，公输般答应了。在楚惠王面前，墨子很诚恳地说："楚国土地很大，方圆五千里，地大物博；宋国土地不过五百里，土地并不好，物产也不丰富。大王为什么有了华贵的车马，还要去偷人家的破车呢？为什么要扔了自己绣花绸袍，去偷人家一件旧短褂子呢？"

楚惠王虽然觉得墨子说得有道理，但是不肯放弃攻宋国的打算。公输般也认为用云梯攻城很有把握。

墨子直截了当地说："你能攻，我能守，你也占不了便宜。"

他解下了身上系着的皮带，在地下围着当做城墙，再拿几块小木板当做攻城的工具，叫公输般来演习一下，比一比本领。

公输般采用一种方法攻城，墨子就用一种方法守城。一个用云梯攻城，一个就用火箭烧云梯；一个用撞车撞城门，一个就用滚木擂石砸撞车；一个用地道，一个用烟熏。

公输般用了九套攻法，把攻城的方法都使完了，可是墨子还有好些守城的高招没有使出来。

公输般呆住了，但是心里还不服，说："我想出了办法来对付你，不过现在不说。"

墨子微微一笑说："我知道你想怎样来对付我，不过我也不说。"

楚惠王听两人说话像打哑谜一样，弄得莫名其妙，问墨子说："你们究竟在说什么？"

墨子说："公输般的意思很清楚，不过是想把我杀掉，以为杀了我，宋国就没有人帮助他们守城了。其实他打错了主意。我来到楚国之前，早已派了禽滑釐等三百个徒弟守住宋城，他们每一个人都学会了我的守城办法。即使把我杀了，楚国也是占不到便宜的。"

　　楚惠王听了墨子一番话，又亲自看到墨子守城的本领，知道要打胜宋国没有希望，只好说："先生的话说得对，我决定不进攻宋国了。"

　　这样，一场战争就被墨子阻止了。


## 三家瓜分晋国


　　经过春秋时期长期的争霸战争，许多小的诸侯国被大国并吞了。有的国家内部发生了变革，大权渐渐落在几个大夫手里。这些大夫原来也是奴隶主贵族，后来他们采用了封建的剥削方式，转变为地主阶级。有的为了扩大自己的势力，还用减轻赋税的办法，来笼络人心，这样，他们的势力就越来越大了。

　　一向称为中原霸主的晋国，到了那个时候，国君的权力也衰落了，实权由六家大夫把持。他们各有各的地盘和武装，互相攻打。后来有两家被打散了，还剩下智家、赵家、韩家、魏家。这四家中，又以智家的势力最大。

　　智家的大夫智伯瑶想侵占其他三家的土地，对三家大夫赵襄子、魏桓子、韩康子说："晋国本来是中原霸主，后来被吴、越夺去了霸主地位。为了使晋国强大起来，我主张每家都拿出一百里土地和户口来归给公家。"

　　三家大夫都知道智伯瑶存心不良，想以公家的名义来压他们交出土地。可是三家心不齐，韩康子首先把土地和一万家户口割让给智家；魏桓子不愿得罪智伯瑶，也把土地、户口让了。

　　智伯瑶又向赵襄子要土地，赵襄子可不答应，说："土地是上代留下来的产业，说什么也不送人。"

　　智伯瑶气得火冒三丈，马上命令韩、魏两家一起发兵攻打赵家。

公元前 455 年，智伯瑶自己率领中军，韩家的军队担任右路，魏家的军队担任左路，三队人马直奔赵家。

赵襄子自知寡不敌众，就带着赵家兵马退守晋阳（今山西太原市）。

没有多少日子，智伯瑶率领的三家人马已经把晋阳城团团围住。赵襄子吩咐将士们坚决守城，不许交战。逢到三家兵士攻城的时候，城头上箭好像飞蝗似的落下来，使三家人马没法前进一步。

晋阳城凭着弓箭死守了两年多。三家兵马始终没有能把它攻下来。

有一天，智伯瑶到城外察看地形，看到晋阳城东北的那条晋水，忽然想出了一个主意：晋水绕过晋阳城往下流去，要是把晋水引到西南边来，晋阳城不就淹了吗？他就吩咐兵士在晋水旁边另外挖一条河，一直通到晋阳，又在上游筑起坝，拦住上游的水。

这时候正赶上雨季，水坝上的水满了。智伯瑶命令兵士在水坝上开了个豁口。这样，大水就直冲晋阳，灌到城里去了。

城里的房子被淹了，老百姓不得不跑到房顶上去避难，灶头也被淹没在水里，人们不得不把锅子挂起来做饭。可是，晋阳城的老百姓恨透了智伯瑶，宁可淹死，也不肯投降。

智伯瑶约韩康子、魏桓子一起去察看水势。他指着晋阳城得意地对他们两人说："你们看，晋阳不是就快完了吗？早先我还以为晋水像城墙一样能拦住敌人，现在才知道大水也能灭掉一个国家呢。"

韩康子和魏桓子表面上顺从地答应，心里暗暗吃惊。原来魏家的封邑安邑（今山西夏县西北）、韩家的封邑平阳（今山西临汾县西南）旁边各有一条河道。智伯瑶的话正好提醒了他们，晋水既能淹晋阳，说不定哪一天安邑和平阳也会遭到晋阳同样的命运呢。

晋阳被大水淹了之后，城里的情况越来越困难了。赵襄子非常着急，对他的门客张孟谈说："民心固然没变，可是要是水势再涨起来，全城也就保不住了。"

张孟谈说："我看韩家和魏家把土地割让给智伯瑶，是不会心甘情愿的，我想办法找他们两家说说去。"

当天晚上，赵襄子就派张孟谈偷偷地出城，先找到了韩康子，再找到魏桓子，约他们反过来一起攻打智伯瑶。韩、魏两家正在犹豫，给张孟谈一说，自然都同意了。

第二天夜里，过了三更，智伯瑶正在自己的营里睡着，猛然间听见一片喊杀的声音。他连忙从卧榻上爬起来，发现衣裳和被子全湿了，再定睛一看，兵营里全是水。他开始还以为大概是堤坝决口，大水灌到自己营里来了，赶紧叫兵士们去抢修。但是不一会，水势越来越大，把兵营全淹了。智伯瑶正在惊慌不定，一霎时，四面八方响起了战鼓。赵、韩、魏三家的士兵驾着小船、木筏一齐冲杀过来。智家的兵士，被砍死的和淹死在水里的不计其数。智伯瑶全军覆没，他自己也被三家的人马逮住杀了。

赵、韩、魏三家灭了智家，不但把智伯瑶侵占两家的土地收了回来，连智家的土地也由三家平分。以后，他们又把晋国留下的其他土地也瓜分了。

公元前403年，韩、赵、魏三家打发使者上洛邑去见周威烈王，要求周天子把他们三家封为诸侯。周威烈王想，不承认也没有用，不如做个顺水人情，就把三家正式封为诸侯。打那以后，韩（都城在今河南禹县，后迁至今河南新郑）、赵（都城在今山西太原东南，后迁至今河北邯郸）、魏（都城在今山西夏县西北，后迁至今河南开封）都成为中原大国，加上秦、齐、楚、燕四个大国，历史上称为"战国七雄"。

## 商鞅南门立木

在战国七雄中，秦国在政治、经济、文化各方面都比中原各诸侯国落后。贴邻的魏国就比秦国强，还从秦国夺去了河西一大片地方。

公元前361年，秦国的新君秦孝公即位。他下决心发奋图强，首先搜罗人才。他下了一道命令，说："不论是秦国人或者外来的客人，谁要是能想办法使秦国富强起来的，就封他做官。"

秦孝公这样一号召，果然吸引了不少有才干的人。有一个卫国的贵族公孙鞅（就是后来的商鞅），在卫国得不到重用，跑到秦国，托人引见，得到秦孝公的接见。

商鞅对秦孝公说："一个国家要富强，必须注意农业，奖励将士；要打算把国家治好，必须有赏有罚。有赏有罚，朝廷有了威信，一切改革也就容易进行了。"

秦孝公完全同意商鞅的主张。可是秦国的一些贵族和大臣却竭力反对。秦孝公一看反对的人这么多，自己刚刚即位，怕闹出乱子来，就把改革的事暂时搁了下来。

过了两年，秦孝公的君位坐稳了，就拜商鞅为左庶长（秦国的官名），说："从今天起，改革制度的事全由左庶长拿主意。"

商鞅起草了一个改革的法令，但是怕老百姓不信任他，不按照新法令去做。就先叫人在都城的南门竖了一根三丈高的木头，下命令说："谁能把这根木头扛到北门去的，就赏十两金子。"

不一会，南门口围了一大堆人，大家议论纷纷。有的说："这根木头谁都拿得动，哪儿用得着十两赏金？"有的说："这大概是左庶长成心开玩笑吧。"

大伙儿你瞧我，我瞧你，就是没有一个敢上去扛木头的。

商鞅知道老百姓还不相信他下的命令，就把赏金提到五十两。没有想到赏金越高，看热闹的人越觉得不近情理，仍旧没人敢去扛。

正在大伙儿议论纷纷的时候，人群中有一个人跑出来，说："我来试试。"他说着，真的把木头扛起来就走，一直搬到北门。

商鞅立刻派人传出话来，赏给扛木头的人五十两黄澄澄的金子，一分也没少。

这件事立即传了开去，一下子轰动了秦国。老百姓说：

"左庶长的命令不含糊。"

商鞅知道，他的命令已经起了作用，就把他起草的新法令公布了出去。新法令赏罚分明，规定官职的大小和爵位的高低以打仗立功为标准。贵族没有军功的就没有爵位；多生产粮食和布帛的，免除官差；凡是为了做买卖和因为懒惰而贫穷的，连同妻子儿女都罚做官府的奴婢。

秦国自从商鞅变法以后，农业生产增加了，军事力量也强大了。不久，秦国进攻魏国的西部，从河西打到河东，把魏国的都城安邑也打了下来。

公元前 350 年，商鞅又实行了第二次改革，改革的主要内容是：

一、废井田，开阡陌（阡陌就是田间的小路或渠道）。秦国把这些阡陌铲平，也种上庄稼，还把以前作为划分疆界用的土堆、荒地、树林、沟地等，也开垦起来。谁开垦荒地，就归谁所有。土地可以买卖。

二、建立县的组织，把市镇和乡村合并起来，组织成县，由国家派官吏直接管理。这样，中央政权的权力更集中了。

三、迁都咸阳。为了便于向东发展，把国都从原来的雍城（今陕西凤翔县）迁移到渭河北面的咸阳（今陕西咸阳市东北）。

这样大规模的改革，当然要引起激烈的斗争。许多贵族、大臣都反对新法。有一次，秦国的太子犯了法。商鞅对秦孝公说："国家的法令必须上下一律遵守。要是上头的人不能遵守，下面的人就不信任朝廷了。太子犯法，他的师傅应当受罚。"

结果，商鞅把太子的两个师傅公子虚和公孙贾都办了罪，一个割掉了鼻子，一个在脸上刺上字。这一来，一些贵族、大臣都不敢触犯新法了。

这样过了十年，秦国果然越来越富强，周天子打发使者送祭肉来给秦孝公，封他为"方伯"（一方诸侯的首领），中原的诸侯国也纷纷向秦国道贺。魏国不得不割让河西土地，把国都迁到大梁（今河南开封）。

## 孙膑庞涓斗智

魏惠王也学秦孝公的样，要找一个商鞅式的人才。他花了好些金钱招徕天下豪杰。当时有个魏国人叫庞涓的来求见，向他讲了些富国强兵的道理。魏惠王听了挺高兴，就拜庞涓为大将。

庞涓真有点本领。他天天操练兵马，先从附近几个小国下手，一连打了几个胜仗，后来连齐国也给他打败了。打那时候起，魏惠王更加信任庞涓。

庞涓自以为是了不起的能人。可是他知道，他有一个同学齐国人孙膑（音 bìn），本领比他强。据说孙膑是吴国大将孙武的后代，只有他知道祖传的《孙子兵法》。

魏惠王也听到孙膑的名声，有一次跟庞涓说起孙膑。庞涓派人把孙膑请来，跟他一起在魏国共事。哪儿知道庞涓存心不良，背后在魏惠王面前诬陷孙膑私通齐国。魏惠王十分恼怒，把孙膑办了罪，在孙膑的脸上刺了字，还剜掉了他的两块膝盖骨。

幸好齐国有一个使臣到魏国访问，偷偷地把孙膑救了出来，带回齐国。齐国大将田忌听说孙膑是个将才，把他推荐给齐威王。齐威王也正在改革图强。他跟孙膑谈论兵法后，大为赏识，只恨没早点见面。

公元前354年，魏惠王派庞涓进攻赵国，围了赵国的国都邯郸（音hándān，今河北邯郸西南）。第二年，赵国向齐威王求救。齐威王想拜孙膑为大将，孙膑忙推辞说："不行。我是个受过刑的残废人，当了大将，会给人笑活。大王还是请拜田大夫为大将吧。"

齐威王就拜田忌为大将，孙膑为军师，发兵去救赵国。孙膑坐在一辆有篷帐的车子里，帮助田忌出主意。

孙膑对田忌说："现在魏国把精锐的兵力都拿去攻赵国，国内大多是些老弱残兵，十分空虚。咱们不如去攻魏国大梁。庞涓听到了，一定要放弃邯郸，往回跑。我们在半道上等着，迎头痛击他一顿，准能把他打败。"

田忌就按照这个计策做去。庞涓的军队已经攻下邯郸，忽然听说齐国打大梁去了，立刻吩咐退兵。刚退到桂陵（今河南长垣西北）地方，正碰上齐国兵马。两下里一开仗，庞涓大败。

齐国大军得胜而归，邯郸之围也解除了。

公元前341年，魏国又派兵攻打韩国。韩国也向齐国求救。那时候，齐威王已经死了。他的儿子齐宣王派田忌、孙膑带兵救韩国。孙膑又使出他的老法子，不去救韩，却直接去攻魏国。

庞涓得到本国的告急文书，只好退兵赶回去，齐国的兵马已经进魏国了。

魏国发动大量兵力，由太子申率领，抵抗齐军。这时候，齐军已经退了。庞涓察看一下齐军扎过营的地方，发现齐军的营盘占了很大的地方。他叫人数了数做饭的炉灶，足够十万人吃饭用的。庞涓吓得说不出话来。

第二天，庞涓带领大军赶到齐国军队第二回扎营的地方，数了数炉灶，只有能够供五万人用的了。

第三天，他们追到齐国军队第三回扎营的地方，仔细数了数炉灶，只剩了两万人用的了。庞涓这才放了心，笑着说："我早知道齐军都是胆小鬼。十万大军到了魏国，才三天工夫，就逃散了一大半。"他吩咐魏军没日没夜地按着齐国军队走过的路线追上去。

一直追到马陵（今河北大名县东南），正是天快黑的时候。马陵道十分狭窄，路旁边都是障碍物。庞涓恨不得一步赶上齐国的军队，就吩咐大军摸黑往前赶去。忽然前面的兵士回来报告说："前面的路给木头堵住啦！"

庞涓上前一看，果然见道旁的树全砍倒了，只留下一棵最大的没砍，细细瞧去，那棵树的一面还刮去了树皮，露出一条树瓢来，上面影影绰绰还写着几个大字，因为天色昏暗，看不清楚。

庞涓叫兵士拿火来照。有几个兵士点起火把来。趁着火光一瞧，那树瓢上面写的是："庞涓死于此树下。"

庞涓大吃一惊，连忙吩咐将士撤退，已经晚了。四周不知道有多少箭，像飞蝗似的冲魏军射来。一时间，马陵道两旁杀声震天，到处是齐国的兵士。

原来这是孙膑设下的计策，他故意天天减少炉灶的数目，引诱庞涓追上来。他算准魏兵在这时辰到达马陵，预先埋伏着一批弓箭手，吩咐他们只等树下有火光，就一齐放箭。庞涓走投无路，只得拔剑自杀。

齐军乘胜大破魏军，把魏国的太子申也俘虏了。打这以后，孙膑的名气传遍了各诸侯国。他写的《孙膑兵法》一直流传到现在。

## 毛遂自荐

秦国大军攻打赵都邯郸，赵国虽然竭力抵抗，但因为在长平遭到惨败后，力量不足。赵孝成王要平原君赵胜想办法向楚国求救。平原君是赵国的相国，又是赵王的叔叔。他决心亲自上楚国去跟楚王谈判联合抗秦的事。

平原君打算带二十名文武全才的人跟他一起去楚国。他手下有三千个门客，可是真要找文武双全的人才，却并不容易。挑来挑去，只挑中十九个人，其余都看不中了。

他正在着急的时候，有个坐在末位的门客站了起来，自我推荐说："我能不能来凑个数呢？"

平原君有点惊异，说："您叫什么名字？到我门下来有多少日子了？"

那个门客说："我叫毛遂，到这儿已经三年了。"

平原君摇摇头，说："有才能的人活在世上，就像一把锥子放在口袋里，它的尖儿很快就冒出来了。可是您来到这儿三年，我没有听说您有什么才能啊。"

毛遂说："这是因为我到今天才叫您看到这把锥子。要是您早点把它放在袋里，它早就戳出来了，难道光露出个尖儿就算了吗？"

旁边十九个门客认为毛遂在说大话，都带着轻蔑的眼光笑他。可平原君倒赏识毛遂的胆量和口才，就决定让毛遂凑上二十人的数，当天辞别赵王，上楚国去了。

平原君跟楚考烈王在朝堂上谈判合纵抗秦的事。毛遂和其他十九个门客都在台阶下等着。从早晨谈起，一直谈到中午，平原君为了说服楚王，把嘴唇皮都说干了，可是楚王说什么也不同意出兵抗秦。

台阶下的门客等得实在不耐烦，可是谁也不知道该怎么办。有人想起毛遂在赵国说的一番豪言壮语，就悄悄地对他说："毛先生，看你的啦！"

毛遂不慌不忙，拿着宝剑，上了台阶，高声嚷着说："合纵不合纵，三言两语就可以解决了。怎么从早晨说到现在，太阳都直了，还没说停当呢？"

楚王很不高兴，问平原君："这是什么人？"

平原君说："是我的门客毛遂。"

楚王一听是个门客，更加生气，骂毛遂说："我跟你主人商量国家大事，轮到你来多嘴？还不赶快下去！"

毛遂按着宝剑跨前一步，说："你用不着仗势欺人。我主人在这里，你破口骂人算什么？"

楚王看他身边带着剑，又听他说话那股狠劲儿，有点害怕起来，就换了和气的脸色对他说："那您有什么高见，请说吧。"

毛遂说："楚国有五千多里土地，一百万兵士，原来是个称霸的大国。没有想到秦国一兴起，楚国连连打败仗，甚至堂堂的国君也当了秦国的俘虏，死在秦国。这是楚国最大的耻辱。秦国的白起，不过是个没有什么了不起的小子，带了几万人，一战就把楚国的国都——郢都夺了去，逼得大王只好迁都。这种耻辱，就连我们赵国人也替你们害羞。想不到大王倒不想雪耻呢。老实说，今天我们主人跟大王来商量合纵抗秦，主要是为了楚国，也不是单为我们赵国啊。"

毛遂这一番话，真像一把锥子一样，一句句戳痛楚王的心。他不由得脸红了，接连说："说得是，说得是。"

毛遂紧紧盯了一句："那么合纵的事就定了吗？"

楚王说："决定了。"

毛遂回过头，叫楚王的侍从马上拿鸡、狗、马的血来。他捧着铜盘子，跪在楚王的跟前说："大王是合纵的纵约长，请您先歃血（歃血就是把牲畜的血涂在嘴上，表示诚意，是古代订立盟约的时候的一种仪式）。"

楚王歃血后，平原君和毛遂也当场歃了血。楚、赵结盟以后，楚考烈王就派春申君黄歇为大将，率领八万大军，奔赴赵国。

## 张仪拆散联盟

　　自从孙膑打败魏军，魏国失了势，秦国却越来越强大。秦孝公死后，他儿子秦惠文王掌了权，不断扩张势力，引起了其他六国的恐慌。怎样对付秦国的进攻呢？有一些政客帮六国出主意，主张六国结成联盟，联合抗秦。这种政策叫做"合纵"。还有一些政客帮助秦国到各国游说，要他们靠拢秦国，去攻击别的国家。这种政策叫做"连横"。其实这些政客并没有固定的政治主张，不过凭他们能说会道的嘴皮子混饭吃。不管哪国诸侯，不管哪种主张，只要谁能给他做大官就行。在这些政客中，最出名的要数张仪。张仪是魏国人，在魏国穷困潦倒，跑到楚国去游说，楚王没接见他。楚国的令尹把他留在家里作门客。有一次，令尹家里丢失了一块名贵的璧。令尹家看张仪穷，怀疑璧是被张仪偷去的，把张仪抓起来打个半死。

　　张仪垂头丧气回到家里，他妻子抚摸着张仪满身伤痕，心疼地说："你要是不读书，不出去谋官做，哪会受这样的委屈！"

　　张仪张开嘴，问妻子说："我的舌头还在吗？"

　　妻子说："舌头当然还长着。"

　　张仪说："只要舌头在，就不愁没有出路。"

　　后来，张仪到了秦国，凭他的口才，果然得到秦惠文王的信任，当上了秦国的相国。这时候，六国正在组织合纵。公元前318年，楚、赵、魏、韩、燕五国组成一支联军，攻打秦国的函谷关。其实，五国之间内部也有矛盾，不肯齐心协力。经不起秦军一反击，五国联军就失败了。

　　在六国之中，齐、楚两国是大国。张仪认为要实行"连横"，非把齐国和楚国的联盟拆散不可。他向秦惠文王献了个计策，就被派到楚国去了。

　　张仪到了楚国，先拿贵重的礼物送给楚怀王手下的宠臣靳尚（靳音 jìn），求见楚怀王。

　　楚怀王听到张仪的名声很大，认真地接待他，并且向张仪请教。

　　张仪说："秦王特地派我来跟贵国交好。要是大王下决心跟齐国断交，秦王不但情愿跟贵国永远和好，还愿意把商于（今河南淅川县西南）一带六百里的土地献给贵国。这样一来，既削弱了齐国的势力，又得了秦国的信任，岂不是两全其美。"

　　楚怀王是个糊涂虫，经张仪一游说，就挺高兴地说："秦国要是真能这么办，我何必非要拉着齐国不撒手呢？"

　　楚国的大臣们听说有这样便宜事儿，都向楚怀王庆贺。只有陈轸提出反对意见。他对怀王说："秦国为什么要把商于六百里地送给大王呢？还不是因为大王跟齐国订了盟约吗？楚国有了齐国作自己的盟国，秦国才不敢来欺负咱们。要是大王跟齐国绝交，秦国不来欺负楚国才怪呢。秦国如果真的愿意把商于的土地让给咱们，大王不妨打发人先去接收。等商于六百里土地到手以后，再跟齐国绝交也不算晚。"

　　楚怀王听信张仪的话，拒绝陈轸的忠告，一面跟齐国绝交，一面派人跟着张仪到秦国去接收商于。

　　齐宣王听说楚国同齐国绝交，马上打发使臣去见秦惠文王，约他一同进攻楚国。

　　楚国的使者到咸阳去接收商于，想不到张仪翻脸不认账，说："没有这回事，大概是你们大王听错了吧。秦国的土地哪儿能轻易送人呢？我说的是六里，不是六百里，而且是我自己的封地，不是秦国的土地。"

　　使者回来一回报，气得楚怀王直翻白眼，发兵十万人攻打秦国。秦惠文王也发兵十万人迎战，同时还约了齐国助战。楚国一败涂地。十万人马只剩了两三万，不但商于六百里地没到手，连楚国汉中六百里的土地也给秦国夺了去。楚怀王只好忍气吞声地向秦国求和，楚国从此大伤元气。

　　张仪用欺骗手段收服了楚国，后来又先后到齐国、赵国、燕国，说服各国诸侯"连横"亲秦。这样，六国"合纵"联盟终于被张仪拆散了。


## 蔺相如完璧归赵

　　公元前283年，秦昭襄王派使者带着国书去见赵惠文王，说秦王情愿让出十五座城来换赵国收藏的一块珍贵的"和氏璧"，希望赵王答应。

　　赵惠文王就跟大臣们商量，要不要答应。要想答应，怕上秦国的当，丢了和氏璧，拿不到城；要不答应，又怕得罪秦国。议论了半天，还不能决定该怎么办。

　　当时有人推荐蔺（音 lìn）相如，说他是个挺有见识的人。

　　赵惠文王就把蔺相如召来，要他出个主意。

　　蔺相如说："秦国强，赵国弱，不答应不行。"

　　赵惠文王说："要是把和氏璧送了去，秦国取了璧，不给城，怎么办呢？"

　　蔺相如说："秦国拿出十五座城来换一块璧玉，这个价值是够高的了。要是赵国不答应，错在赵国。大王把和氏璧送了去，要是秦国不交出城来，那么错在秦国。宁可答应，叫秦国担这个错儿。"

　　赵惠文王说："那么就请先生上秦国去一趟吧。可是万一秦国不守信用，怎么办呢？"

　　蔺相如说："秦国交了城，我就把和氏璧留在秦国；要不然，我一定把璧完好地带回赵国。"（原文是"完璧归赵"。）

　　蔺相如带着和氏璧到了咸阳。秦昭襄王得意地在别宫里接见他。蔺相如把和氏璧献上去。

秦昭襄王接过璧，看了看，挺高兴。他把璧递给美人和左右侍臣，让大伙儿传着看。大臣们都向秦昭襄王庆贺。

蔺相如站在朝堂上等了老半天，也不见秦王提换城的事。他知道秦昭襄王不是真心拿城来换璧。可是璧已落到别人手里，怎么才能拿回来呢？

他急中生智，上前对秦昭襄王说："这块璧虽说挺名贵，可是也有点小毛病，不容易瞧出来，让我来指给大王看。"

秦昭襄王信以为真，就吩咐侍从把和氏璧递给蔺相如。

蔺相如一拿到璧，往后退了几步，靠着宫殿上的一根大柱子，瞪着眼睛，怒气冲冲地说："大王派使者到赵国来，说是情愿用十五座城来换赵国的璧。赵王诚心诚意派我把璧送来。可是，大王并没有交换的诚意。如今璧在我手里。大王要是逼我的话，我宁可把我的脑袋和这块璧在这柱子上一同砸碎！"

说着，他真的拿着和氏璧，对着柱子做出要砸的样子。

秦昭襄王怕他真的砸坏了璧，连忙向他赔不是，说："先生别误会，我哪儿能说了不算呢？"

他就命令大臣拿上地图来，并且把准备换给赵国的十五座城指给蔺相如看。

蔺相如想，可别再上他的当，就说："赵王送璧到秦国来之前，斋戒了五天，还在朝堂上举行了一个很隆重的仪式。大王如果诚意换璧，也应当斋戒五天，然后再举行一个接受璧的仪式，我才敢把璧奉上。"

秦昭襄王想，反正你也跑不了，就说："好，就这么办吧。"

他吩咐人把蔺相如送到宾馆去歇息。

蔺相如回到宾馆，叫一个随从的人打扮成买卖人的模样，把璧贴身藏着，偷偷地从小道跑回赵国去了。

过了五天，秦昭襄王召集大臣们和别国在咸阳的使臣，在朝堂举行接受和氏璧的仪式，叫蔺相如上朝。蔺相如不慌不忙地走上殿去，向秦昭襄王行了礼。

秦昭襄王说："我已经斋戒五天，现在你把璧拿出来吧。"

蔺相如说："秦国自秦穆公以来，前后二十几位君主，没有一个讲信义的。我怕受欺骗，丢了璧，对不起赵王，所以把璧送回赵国去了。请大王治我的罪吧。"

秦昭襄王听到这里，大发雷霆。说："是你欺骗了我，还是我欺骗你？"

蔺相如镇静地说："请大王别发怒，让我把话说完。天下诸侯都知道秦是强国，赵是弱国。天下只有强国欺负弱国，决没有弱国欺压强国的道理。大王真要那块璧的话，请先把那十五座城割让给赵国，然后打发使者跟我一起到赵国去取璧。赵国得到了十五座城以后，决不敢不把璧交出来。"

秦昭襄王听蔺相如说得振振有辞，不好翻脸，只得说："一块璧不过是一块璧，不应该为这件事伤了两家的和气。"

结果，还是让蔺相如回赵国去了。

蔺相如回到赵国，赵惠文王认为他完成了使命，就提拔他为上大夫。秦昭襄王本来也不存心想用十五座城去换和氏璧，不过想借这件事试探一下赵国的态度和力量。蔺相如完璧归赵后，他也没再提交换的事。


## 廉颇负荆请罪

秦昭襄王一心要使赵国屈服，接连侵入赵国边境，占了一些地方。公元前279年，他又耍了个花招，请赵惠文王到秦地渑池（今河南渑池县西，渑音 miǎn）去会见。赵惠文王开始怕被秦国扣留，不敢去。大将廉颇和蔺相如都认为如果不去，反倒向秦国示弱。

赵惠文王决定硬着头皮去冒一趟险。他叫蔺相如随同他一块儿去，让廉颇留在本国辅助太子留守。

为了防备意外。赵惠文王又派大将李牧带兵五千人护送，相国平原君带兵几万人，在边境接应。

到了预定会见的日期，秦王和赵王在渑池相会，并且举行了宴会，高兴地喝酒谈天。

秦昭襄王喝了几盅酒，带着醉意对赵惠文王说："听说赵王弹得一手好瑟。请赵王弹个曲儿，给大伙儿凑个热闹。"说罢，真的吩咐左右把瑟拿上来。

赵惠文王不好推辞，只好勉强弹一个曲儿。

秦国的史官当场就把这事记了下来，并且念着说："某年某月某日，秦王和赵王在渑池相会，秦王令赵王弹瑟。"

赵惠文王气得脸都发紫了。正在这时候，蔺相如拿了一个缶（音 fǒu，一种瓦器，可以打击配乐），突然跪到秦昭襄王跟前，说："赵王听说秦王挺会秦国的乐器。我这里有个瓦盆，也请大王赏脸敲几下助兴吧。"

秦昭襄王勃然变色，不去理他。

蔺相如的眼睛射出愤怒的光，说："大王未免太欺负人了。秦国的兵力虽然强大，可是在这五步之内，我可以把我的血溅到大王身上去！"

秦昭襄王见蔺相如这股势头，十分吃惊，只好拿起击棒在缶上胡乱敲了几下。

蔺相如回过头来叫赵国的史官也把这件事记下来，说："某年某月某日，赵王和秦王在渑池相会。秦王给赵王击缶。"

秦国的大臣见蔺相如竟敢这样伤秦王的体面，很不服气。

有人站起来说："请赵王割让十五座城给秦王上寿。"

蔺相如也站起来说："请秦王把咸阳城割让给赵国，为赵王上寿。"

秦昭襄王眼看这个局面十分紧张。他事先已探知赵国派大军驻扎在临近地方，真的动起武来，恐怕也得不到便宜，就喝住秦国大臣，说："今天是两国君王欢会的日子，诸位不必多说。"

这样，两国渑池之会总算圆满而散。

蔺相如两次出使，保全赵国不受屈辱，立了大功。赵惠文王十分信任蔺相如，拜他为上聊，地位在大将廉颇之上。

廉颇很不服气，私下对自己的门客说："我是赵国大将，立了多少汗马功劳。蔺相如有什么了不起？倒爬到我头上来了。哼！我见到蔺相如，总要给他个颜色看看。"

这句话传到蔺相如耳朵里，蔺相如就装病不去上朝。

有一天，蔺相如带着门客坐车出门，正是冤家路窄，老远就瞧见廉颇的车马迎面而来。他叫赶车的退到小巷里去躲一躲。让廉颇的车马先过去。

这件事可把蔺相如手下的门客气坏了，他们责怪蔺相如不该这样胆小怕事。

蔺相如对他们说："你们看廉将军跟秦王比，哪一个势力大？"

他们说："当然是秦王势力大。"

蔺相如说："对呀！天下的诸侯都怕秦王。为了保卫赵国，我就敢当面责备他。怎么我见了廉将军倒反怕了呢。因为我想过，强大的秦国不敢来侵犯赵国，就因为有我和廉将军两人在。要是我们两人不和，秦国知道了，就会趁机来侵犯赵国。就为了这个，我宁愿容让点儿。"

有人把这件事传给廉颇听，廉颇感到十分惭愧。他就裸着上身，背着荆条，跑到蔺相如的家里去请罪。他见了蔺相如说："我是个粗鲁人，见识少，气量窄。哪儿知道您竟这么容让我，我实在没脸来见您。请您责打我吧。"

蔺相如连忙扶起廉颇，说："咱们两个人都是赵国的大臣。将军能体谅我，我已经万分感激了，怎么还来给我赔礼呢。"

两个人都激动得流了眼泪。打这以后，两人就做了知心朋友。

# 李斯谏逐客

秦国虽然在邯郸打了一次败仗，但是它的实力还很强。第二年（公元前256年）又进攻韩、赵两国，打了胜仗。后来，索性把挂名的东周王朝也灭掉了。秦昭襄王死去后，他的孙子秦庄襄王即位不到三年也死去，年才十三岁的太子赢政即位。

当时，秦国的朝政大权掌握在相国吕不韦手里。

吕不韦原是阳翟（今河南禹县）地方的一个富商，因为帮助庄襄王取得王位，当上了相国。吕不韦当相国以后，也学孟尝君的样子，收留了大批门客，其中有不少是列国来的。

战国时期有许多学派，纷纷著书立说，历史上把这种情况称做"百家争鸣"。吕不韦自己不会写书，他组织他的门客一起编写一部书，叫《吕氏春秋》。书写成后，吕不韦还派人把它挂在咸阳城门上，还发布告示，说谁能对这部书提出意见，不论添个字或者删掉个字，就赏金千两。这一来，他的名气就更响了。

秦王政年纪渐渐大起来，在他二十二岁那年，宫里发生一起叛乱，牵连到吕不韦。秦王政觉得留着吕不韦碍事，把吕不韦免了职。后来又发现吕不韦势力不小，就逼他自杀。

吕不韦一倒台，秦国一些贵族、大臣就议论起来，说列国的人跑到秦国来，都是为他本国打算，有的说不定是来当间谍的。他们请秦王政把客卿统统撵出秦国。

秦王政接受这个意见，就下了一道逐客令。大小官员，凡不是秦国人，都得离开秦国。

有个楚国来的客卿李斯，原是著名儒家学派代表荀况的学生。他来到秦国，被吕不韦留下来当了客卿。这一回，李斯也挨到被驱逐的份儿，心里挺不服气。离开咸阳的时候，他上了一道奏章给秦王。

李斯在奏章上说："从前秦穆公用了百里奚、蹇叔，当了霸主；秦孝公用了商鞅，变法图强；惠文王用了张仪，拆散了六国联盟；昭襄王有了范雎，提高了朝廷的威望，这四位君主，都是依靠客卿建立了功业。现在到大王手里，却把外来的人才都撵走，这不是帮助敌国增加实力吗？"

秦王政觉得李斯说得有道理，连忙打发人把李斯从半路上找回来，恢复他的官职，还取消了逐客令。

秦王政用李斯当谋士后，一面加强对各国的攻势，一面派人到列国游说诸侯，还用反间、收买等手段，配合武力进攻。韩王安看到这形势，害怕起来，派公子韩非到秦国来求和，表示愿意做秦国的属国。

韩非也是荀况的学生，跟李斯同学。他在韩国看到国家一天天削弱，几次三番向韩王进谏，韩王就是不理他。韩非满肚子学问，没被重用，就关起门来写了一部书，叫《韩非子》。他在书中主张君主要集中权力，加强法治。这部书传到秦国，秦王政看到了十分赞赏，说："如果我能和这个人见见面，该多好啊。"

这一回，韩非受韩王委派来到秦国，看到秦国的强大，上书给秦王，表示愿为秦国统一天下出力。这份奏章一送上去，秦王还没考虑重用韩非，李斯倒先着急起来，怕韩非夺了他的地位。他在秦王面前说："韩非是韩国的公子，大王兼并诸侯，韩非肯定要为韩国打算；如果让他回国，也是个后患，不如找个罪名把他杀了。"

秦王政听了这话，有点犹豫，下令先把韩非扣押起来，准备审问。韩非进了监狱，想辩白也没机会。李斯却给他送来了毒药，韩非只好服药自杀了。

秦王政扣押了韩非，也有点后悔，打发人把韩非放出来，可是已经晚了。秦王政十分懊恼。正在这时候，有个魏国人缭到秦国来，秦王政找他一谈，觉得他是个难得的人才，就任用缭为秦国尉，后来人们称他尉缭。

## 荆轲刺秦王

秦王政重用尉缭，一心想统一中原，不断向各国进攻。他拆散了燕国和赵国的联盟，使燕国丢了好几座城。

燕国的太子丹原来留在秦国当人质，他见秦王政决心兼并列国，又夺去了燕国的土地，就偷偷地逃回燕国。他恨透了秦国，一心要替燕国报仇。但他既不操练兵马，也不打算联络诸侯共同抗秦，却把燕国的命运寄托在刺客身上。他把家产全拿出来，找寻能刺秦王政的人。

后来，太子丹物色到了一个很有本领的勇士，名叫荆轲。他把荆轲收在门下当上宾，把自己的车马给荆轲坐，自己的饭食、衣服让荆轲一起享用。荆轲当然很感激太子丹。

公元前230年，秦国灭了韩国；过了两年，秦国大将王翦（音jiān）占领了赵国都城邯郸，一直向北进军，逼近了燕国。

燕太子丹十分焦急，就去找荆轲。太子丹说："拿兵力去对付秦国，简直像拿鸡蛋去砸石头；要联合各国合纵抗秦，看来也办不到了。我想，派一位勇士，打扮成使者去见秦王，挨近秦王身边，逼他退还诸侯的土地。秦王要是答应了最好，要是不答应，就把他刺死。您看行不行？"

荆轲说："行是行，但要挨近秦王身边，必定得先叫他相信我们是向他求和去的。听说秦王早想得到燕国最肥沃的土地督亢（在河北涿县一带）。还有秦国将军樊于期，现在流亡在燕国，秦王正在悬赏通缉他。我要是能拿着樊将军的头和督亢的地图去献给秦王，他一定会接见我。这样，我就可以对付他了。"

太子丹感到为难，说："督亢的地图好办；樊将军受秦国迫害来投奔我，我怎么忍心伤害他呢?"

荆轲知道太子丹心里不忍，就私下去找樊于期，跟樊于期说:"我有一个主意，能帮助燕国解除祸患，还能替将军报仇，可就是说不出口。"

樊于期连忙说:"什么主意，你快说啊!"

荆轲说:"我决定去行刺，怕的就是见不到秦王的面。现在秦王正在悬赏通缉你，如果我能够带着你的头颅去献给他，他准能接见我。"

樊于期说:"好，你就拿去吧!"说着，就拔出宝剑，抹脖子自杀了。

太子丹事前准备了一把锋利的匕首，叫工匠用毒药煮炼过。谁只要被这把匕首刺出一滴血，就会立刻气绝身死。他把这把匕首送给荆轲，作为行刺的武器，又派了个年才十三岁的勇士秦舞阳，做荆轲的副手。

公元前227年，荆轲从燕国出发到咸阳去。太子丹和少数宾客穿上白衣白帽，到易水（在今河北易县）边送别。临行的时候，荆轲给大家唱了一首歌:

"风萧萧兮易水寒，壮士一去兮不复还。"

大家听了他悲壮的歌声，都伤心得流下眼泪。荆轲拉着秦舞阳跳上车，头也不回地走了。

荆轲到了咸阳。秦王政一听燕国派使者把樊于期的头颅和督亢的地图都送来了，十分高兴，就命令在咸阳宫接见荆轲。

朝见的仪式开始了。荆轲捧着装了樊于期头颅的盒子，秦舞阳捧着督亢的地图，一步步走上秦国朝堂的台阶。

秦舞阳一见秦国朝堂那副威严样子，不由得害怕得发起抖来。

秦王政左右的侍卫一见，吆喝了一声，说:"使者干么变了脸色?"

荆轲回头一瞧，果然见秦舞阳的脸又青又白，就赔笑对秦王说:

"粗野的人，从来没见过大王的威严，免不了有点害怕，请大王原谅。"

秦王政毕竟有点怀疑，对荆轲说："叫秦舞阳把地图给你，你一个人上来吧。"

荆轲从秦舞阳手里接过地图，捧着木匣上去，献给秦王政。秦王政打开木匣，果然是樊于期的头颅。秦王政又叫荆轲拿地图来。荆轲把一卷地图慢慢打开，到地图全都打开时，荆轲预先卷在地图里的一把匕首就露出来了。

秦王政一见，惊得跳了起来。荆轲连忙抓起匕首，左手拉住秦王政的袖子，右手把匕首向秦王政胸口直扎过去。

秦王政使劲地向后一转身，把那只袖子挣断了。他跳过旁边的屏风，刚要往外跑。荆轲拿着匕首追了上来，秦王政一见跑不了，就绕着朝堂上的大铜柱子跑。荆轲紧紧地逼着。

两个人像走马灯似的直转悠。

旁边虽然有许多官员，但是都手无寸铁；台阶下的武士，按秦国的规矩，没有秦王命令是不准上殿的，大家都急得六神无主，也没有人召台下的武士。

官员中有个伺候秦王政的医生，急中生智，拿起手里的药袋对准荆轲扔了过去。荆轲用手一扬，那只药袋就飞到一边去了。

就在这一眨眼的工夫，秦王政往前一步，拔出宝剑，砍断了荆轲的左腿。

荆轲站立不住，倒在地上。他拿匕首直向秦王政扔过去。秦王政往右边只一闪，那把匕首就从他耳边飞过去，打在铜柱子上，"嘣"的一声，直迸火星儿。

秦王政见荆轲手里没有武器，又上前向荆轲砍了几剑。荆轲身上受了八处剑伤，自己知道已经失败，苦笑着说："我没有早下手，本来是想先逼你退还燕国的土地。"

这时候，侍从的武士已经一起赶上殿来，结果了荆轲的性命。

台阶下的那个秦舞阳，也早就被武士们杀了。

## 秦王灭六国

秦王政杀了荆轲，当下就命令大将王翦加紧攻打燕国。燕太子丹带着兵马抵抗，哪里是秦军对手，马上给秦军打得稀里哗啦。燕王喜和太子丹逃到辽东。秦王政又派兵追击，非把太子丹拿住不肯罢休。燕王喜逼得没有办法，只好杀了太子丹，向秦国谢罪求和。

秦王政又向尉缭讨主意。尉缭说："韩国已经被咱们兼并，赵国只剩下一座代城（今河北蔚县）燕王已逃到辽东，他们都快完了。目前天冷，不如先去收服南方的魏国和楚国。"

秦王政听从尉缭的计策，就派王翦的儿子王贲（音 bēn）带兵十万人先攻魏国。魏王派人向齐国求救，齐王建没有理他。公元前225 年，王贲灭了魏国，把魏王和大臣都拿住，押到咸阳。

接着，秦王政就打算去打楚国。他召集将领们议论了一下，先问青年将领李信，打楚国要多少人马。李信说："不过二十万吧。"

他又问老将军王翦。王翦回答说："楚国是个大国，用二十万人去打楚国是不够的。依臣的估计，非六十万不可。"

秦王政很不高兴，说："王将军老了，怎么这样胆小？我看还是李将军说得对。"就派李信带兵二十万往南方去。

王翦见秦王不听他的意见，就告病回老家去了。

李信带了二十万人马到了楚国，不出王翦所料，打了个大败仗，兵士死伤无数，将领也死了七个，只好逃了回来。

秦王政大怒，把李信革了职，亲自跑到王翦的家乡，请他出来带兵，说："上回是我错了，没听将军的话。李信果然误事。这回非请将军出马不可。"

王翦说："大王一定要我带兵，还是非六十万人不可。楚国地广人多，他们要发动一百万人马也不难。我说我们要出兵六十万，还怕不大够呢。再要少，那就不行了。"

秦王政赔笑说："这回听将军的啦！"就给王翦六十万人马。出兵那天，还亲自到灞上给王翦摆酒送行。"

王翦大军浩浩荡荡向楚国进攻。楚国也出动全国兵力抵抗。

王翦到了前方，要兵士修筑壁垒，不让出战。楚国大将项燕一再挑战，他也不去理睬。

过了一段时间，项燕想："王翦原来是上这儿驻防的。"他就不怎么把秦国的军队放在心上了。没想到在项燕不防备的时候，秦军突然发起攻势，六十万人马像排山倒海似地冲杀过去。楚国的将士好像在梦里被人家当头一棍子，晕头转向地抵抗了一阵，各自逃命。楚国的兵马越打越少，地方越失越多。秦军一直打到寿春（今安徽寿县西）俘虏了楚王负刍。

项燕得知楚王被俘的消息，渡过长江，想继续抵抗。王翦造了不少战船，训练了水军，渡江追击。项燕觉得大势已去，叹了口气，拔剑自杀。

王翦灭楚之后，回到咸阳。由他的儿子王贲接替做大将，再去收拾燕国。燕国本来已经十分虚弱，哪里抵挡得住秦军的进攻。公元前 222 年，王贲灭掉燕国，还攻占了赵国最后留下的代城。

到这时候，剩下的只有一个齐国啦。齐国大臣早已被秦国重金收买过去。齐王建向来是不敢得罪秦国的。每回逢到诸侯向他求救，他总是拒绝。他满以为齐国离秦国远，只要死心塌地听秦国的话，就不用担心秦国的进攻。到了其他五国——被秦国并吞掉，他才着急起来，派兵去守西面的边界。

可是已经晚了。

公元前 221 年，王贲带了几十万秦兵像泰山压顶一样，从燕国南部直扑临淄。这时候，齐王建才觉得自己势孤力单，可是其他诸侯国已经完了，往哪儿去讨救兵呢？没有几天，秦军就进了临淄，齐王建没说的，投降了。

六国诸侯只想保持自己的地位，彼此之间互相攻打，想拿别国的土地来补偿自己的损失，企图维持小规模割据的局面，给秦国以各个击破的机会。秦国当时不但在政治、经济上和军事上占了优势，更重要的是符合统一的历史趋势，所以在不到十年的时间，把六国一个一个灭掉了。

自从公元前475年进入战国时期起，各诸侯国经过250多年的纷争，终于结束了长期的诸侯割据的局面，建立了一个统一的多民族的封建制国家——秦王朝。

## 第一个皇帝——秦始皇

秦王政兼并了六国，结束了战国割据的局面，统一了中国。他觉得自己的功绩比古代传说中的三皇五帝还要大，不能再用"王"的称号，应该用一个更加尊贵的称号才配得上他的功绩，就决定采用了"皇帝"的称号。他是中国第一个皇帝，就自称是始皇帝。他还规定：子孙接替他皇位的按照次序排列，第二代叫二世皇帝，第三代叫三世皇帝，这样一代一代传下去，一直传到千世万世。

全国统一了，该怎样来治理这样大的国家呢？

在一次朝会上，丞相王绾（音 wǎn）等对秦始皇说："现在诸侯刚刚消灭，特别是燕、楚、齐三国离咸阳很远，不在那里封几个王不行，请皇上把几位皇子封到那里去。"

秦始皇要大臣议论一下，许多大臣都赞成王绾的意见，只有李斯反对。他说："周武王建立周朝的时候，封了不少诸侯。到后来，像冤家一样互相残杀，周天子也没法禁止。可见分封的办法不好，不如在全国设立郡县。"

李斯的意见正合秦始皇的心意。他决定废除分封的办法，改用郡县制，把全国分为三十六个郡，郡下面再分县。

郡的长官都由朝廷直接任命。国家的政事，不论大小，都由皇帝决定。据说秦始皇每天看下面送来的奏章，要看一百二十一斤（那时的奏章都是刻在竹简上的），不看完不休息。可见他的权力是多么集中了。

在秦始皇统一中原之前，列国向来是没有统一的制度的，就拿交通来说，各地的车辆大小就不一样，因此车道也有宽有窄。国家统一以后，车辆要在不同的车道上行走，多不方便。从那时候起，规定车辆上两个轮子的距离一律改为六尺，使车轮的轨道相同。这样，全国各地车辆往来就方便了。这叫做"车同轨"。

在秦始皇统一中原之前，列国的文字也很不统一。就是一样的文字，也有好几种写法。从那时候起，采用了比较方便的书法，规定了统一的文字。这样，各地的文化交流也方便多了。这叫做"书同文"。

各地交通便利，商业也发达起来，但是原来列国的尺寸、升斗、斤两的标准全不一样。从那时候起，又规定了全国用统一的度、量、衡制。这样，各地的买卖交换也没有困难了。

秦始皇正在从事国内的改革，没想到北方的匈奴打了进来。匈奴本来是我国北部一个古老的少数民族。战国后期，匈奴贵族趁北方的燕国、赵国衰落，一步步向南侵犯，把黄河河套一带大片土地夺了过去。秦始皇统一中原以后，就派大将蒙恬（音 tián）带领三十万大军去抵抗，把河套一带地区都收了回来，设置了四十四个县。

为了防御匈奴的侵犯，秦始皇又征用民夫，把原来燕、赵、秦三国北方的城墙连接起来，又新造了不少城墙。这样从西面的临洮（今甘肃岷县）到东面的辽东（今辽宁辽阳西北），连成一条万里长城。这座举世闻名的古建筑，一直成为我们中华民族古老悠久文明的象征。

后来，秦始皇又派出大军五十万人，平定南方，添设了三个郡；

第二年，蒙恬打败了匈奴，又添了一个郡。这样，全国总共有四十个郡。

公元前 213 年，秦始皇因为开辟了国土，在咸阳宫里举行了一个庆祝宴会，许多大臣都赞颂秦始皇统一国家的功绩。博士淳于越却重新提出分封制度不能废除，他认为不按照古代的规矩办事是行不通的。

这时候，李斯已经做了丞相。秦始皇要听听他的意见。

李斯说："现在天下已经安定，法令统一。但是有一批读书人不学现在，却去学古代，对国家大事乱发议论，在百姓中制造混乱。如果不加禁止，会影响朝廷的威信。"

秦始皇采用了李斯的主张，立刻下了一道命令：除了医药、种树等书籍以外，凡是有私藏《诗》、《书》、百家言论的书籍，一概交出来烧掉；谁要是再私下谈论这类书，办死罪；

谁要是拿古代的制度来批评现在，满门抄斩。

第二年，有两个方士（一种用求神仙、炼仙丹骗钱的人）叫做卢生、侯生，在背后议论秦始皇的不是。秦始皇得知这个情况，派人去抓他们，他们早已逃跑了。

秦始皇大为恼火，再一查，又发现咸阳有一些儒生也一起议论过他。秦始皇把那些儒生抓来审问。儒生经不起拷打，又东拉西扯地供出一大批人来。秦始皇下令，把那些犯禁严重的四百六十多个儒生都埋了，其余犯禁的就流放到边境去。

这就是历史上所说的"焚书坑儒"事件。

秦始皇正在火头上，大臣们谁也不敢劝他。他的大儿子扶苏认为这样处置儒生太严厉，劝谏他不要这样做。这一来，触怒了秦始皇，命令扶苏离开咸阳，到北方去和蒙恬一起守边疆。